饭店经理人丛书

U0793647

饭店危机服务

从冷漠、抱怨、投诉到诉讼

王　伟/著

危机虽不可避免，但有规律可循

危机管理的实质乃是服务。只有以服务精神来化解危机，饭店的经营收益才有保障。

旅游教育出版社
·北　京·

策划编辑：赖春梅
责任编辑：赖春梅

图书在版编目(CIP)数据

饭店危机服务：从冷漠、抱怨、投诉到诉讼 / 王伟著.
北京：旅游教育出版社，2008.6
(饭店经理人丛书)
ISBN 978 - 7 - 5637 - 1748 - 4

Ⅰ.饭… Ⅱ.王… Ⅲ.饭店—商业服务 Ⅳ.F719.2

中国版本图书馆 CIP 数据核字（2008）第 052056 号

饭店经理人丛书
饭店危机服务——从冷漠、抱怨、投诉到诉讼
王 伟著

出版单位	旅游教育出版社
地　　址	北京市朝阳区定福庄南里 1 号
邮　　编	100024
发行电话	(010)65778403　65728372　65767462(传真)
本社网址	www.tepcb.com
E-mail	tepfx@163.com
印刷单位	北京科普瑞印刷有限责任公司
经销单位	新华书店
开　　本	787×960　1/16
印　　张	15.5
字　　数	236 千字
版　　次	2008 年 6 月第 1 版
印　　次	2008 年 6 月第 1 次印刷
印　　数	1-5000 册
定　　价	33.00 元

（图书如有装订差错请与发行部联系）

出版说明

饭店业是中国经济社会改革开放的前沿窗口。从20世纪80年代建国饭店聘请半岛集团管理饭店以来，我国的饭店经营人员、管理人员就开始参照国际饭店经营管理的经验，来运营我国的饭店业务。

经过20余年的成长，我国的饭店业从组织形态到管理理念都发生了深刻的变化，突出表现为：企业形态由单体饭店向集团化方向发展，管理理念由模仿西方饭店管理思想向管理模式创新发展。此外，我国的一些饭店企业已经开始将触角伸展到国外，迈出了拓展国际业务的步伐，开始在国际市场上与国际知名饭店集团角力。我国的饭店经营管理者在放眼世界的同时，更为关注经营管理理念如何与我国、与本组织的文化相融合。在这一发展变革中，我国的饭店经营管理者总结出了诸多发展民族饭店业及国内饭店国际化拓展的经验。及时地展示饭店经营者、管理者的探索与尝试，总结他们的经验，对于中国饭店业的发展助莫大焉！

在我国由计划经济向市场经济过渡的转型时期，我国的饭店业正处于国际饭店管理经验本土化、国内企业发展国际化的紧要关头，在这样的历史时期，我们有必要在经济全球化、国内竞争国际化的大背景下，审视我国饭店业的发展，思考如何提高中国饭店组织的国际竞争能力。作为全国的旅游教育类专业出版社，我们有责任、有义务倾注我们的理性、热情去关注我国饭店业在经济转型期的每一步发展。在与众多饭店经理人深度访谈和大量调研的基础上，我们推出了“饭店经理人丛书”。

“饭店经理人丛书”涉及战略、品牌、企业文化、质量管理、人力资源、市场营销、财务、法律知识、收益管理、安全管理及创新力等饭店运营中的重大专题，由管理经验丰富的饭店人或研究饭店企业的专家学者执笔，力求用通俗的语言讲述中国饭店经理人自己的探索与实践经验。此丛书以服务现实为出发点，以解决饭店管理中的症结为主线，以国际上饭店管理的新趋势、新理念为参照，以提升饭店经理人的管理水平为最终目的，以向饭店经理人传输新思想为最高追求。通过对写作专题的严格选择与对写作质量的“苛求”，使得丛书具有“内容领先，实践有效”的特质。

在“饭店经理人丛书”的筹划和组织编写的过程中，我们得到了以下单位的大力支持：中国旅游饭店业协会、首旅集团、锦江集团、钟山宾馆集团、金陵饭店、开元旅业集团、北京第二外国语学院等；同时，有诸多饭店业管理者、学术研究机构的专家学者及饭店经理人给我们提出了宝贵的意见和建议，他们是中国旅游协会蒋其康副秘书长、中国旅游饭店业协会马伟萍副处长、上海市旅游协会饭店业分会赵仁荣副秘书长、北京派雷斯酒店管理公司张志军总经理、曙光控股集团江夫友董事长、浦江饭店毕纪根总经理、上海富豪环球东亚酒店郑超然副总经理、扬子饭店嵇东明总经理、香港京华酒店许慕寒总经理、浙江钱塘旅业资产经营管理公司胡晓洁总经理、杭州西软科技公司王敏敏常务副总经理等。在此，向以上给予我们帮助的单位和个人表示衷心的感谢！同时，也向未能一一列举的每一位关注我社丛书出版的朋友表示诚挚的谢意！此外，我们的作者在工作之余花费了大量的时间和精力尽心尽力地写作，将他们对饭店业的管理经验与读者诸君共享，于此，也向我们的作者致以谢忱。

“饭店经理人丛书”是一个开放的体系，我们希望有更多的饭店业经营者、管理者与专家学者加入到丛书的写作队伍，在读者、作者与我出版社的共同努力培育下，让这套饭店经理人的图书永远反映时代的脉动。

旅游教育出版社

目 录
CONTENTS

埃菲尔铁塔的启示（代序）

自下而上攀登埃菲尔铁塔，再自上而下去俯瞰；细细体会，我们能够发现一个体系的架构和思维。

如果说，饭店危机服务是一个体系，那么，这个体系将是一个“埃菲尔铁塔”，缺乏其中任何一个环节（服务），体系的运作都将面临危机。

1. 或许，我们无法洞察整体和背后，但我们能看到坚固的材料与鲜明的色彩，这正是一切体系不可或缺的基础和特征。它象征了体系的力量：有软的文化，也有硬的功能。

2. 任何一个基础的实力，都是由同样坚固的架构组成。这个架构可能并不醒目，但却是体系赖以维护的背后支撑。它与上图鲜明的色彩形成了对比，正如一个体系的表里。在这里，每一个主要管理者，都是一颗铁打的螺丝。

3. 最伟大的扩张，是体系内部互相支撑网络的建设。

4. 支撑网络在继续扩张，而且更加严密。每一个节点，都有不同职责的螺丝，在环环相扣地“织网”。就如危机服务体系中的授权，因分工不同而呈现出不同的特点。

5. 核心构件的基础夯实之后，才能建立分支，而每一个分支都应服务于核心部件，并由核心发挥支撑作用。

危机服务，就是要确保这样的核心时时刻刻处于核心位置，并能发挥作用。

6. 各个主构架之间，还需要软环节的联系，否则，这个构架将缺乏筋脉与粗神经。在危机服务体系里，很多前期预警都可能发生在这里。因此，“软环节”必须成为关注与维护的重要部位。

7. 纵横交错，短长相接，粗中有细，钩心斗角，看上去复杂的架构，正焕发着一体化了的稳固而坚强的生机。坚实的架构让人知道：每一个环节都不能少。这是任何一个正常的危机服务体系都应具备的特征。

以上是埃菲尔铁塔的基本架构，也是危机服务体系的基本架构。

8. 基本架构组合好之后，为更好地发挥作用，必须增加其应用功能，从而为达成最终目的奠定基础。

垃圾桶是其中之一，负责管理废弃物。

9. 照明功能也非常重要，否则，铁塔形象将被黑暗淹没。危机服务中的市场企划、财务预算等功能与之相似。

10. 动力系统当然更加关键，有了它，埃菲尔铁塔才成为“一台机器”、“伟大的建筑”，而非“一堆铁”。危机服务体系的动力，源于经营管理者及其所运用的一切资材，包括人力资源、资金、物资能源、市场、社会、生存环境等。

11. 勤勤恳恳的劳动者，是埃菲尔铁塔乃至一切体系灵魂的载体。

12. 埃菲尔铁塔乃至危机服务体系，将因为他们的劳动而终于成为货真价实的体系。

13. 埃菲尔铁塔——危机服务体系渐起之一。

14. 埃菲尔铁塔——危机服务体系渐起之二。

15. 埃菲尔铁塔——危机服务体系渐起之三。

16. 埃菲尔铁塔——危机服务体系拔地而起。

17. 罗浮宫方向。

埃菲尔铁塔不是孤立的。如果孤立，它可能失去其真正的价值，它成为游览者俯瞰世界的平台，同时，也成为世界瞩目的焦点。

立足危机服务体系的制高点，我们也将看到广袤的风景。

18. 香榭丽舍大道方向。

19. 塞纳河方向。

20. 最终，它将发挥服务人群的功能。危机服务体系的运作又何尝不如此呢？

21. 埃菲尔铁塔的入口管理处，不大，但很精致。危机服务体系的运作，一样要有一个提纲挈领的“入口管理处”。但“管理处”的精神不在“管理”，而在“服务”。在危机服务的立场上说，我们不必夸大“管理”、“控制”、“处理”的作用，因为它们的实质只是服务，也只有将那些措施落实在服务上，其体系的运作才可能有作用，有价值。

至此，我们拾阶而上，浏览了埃菲尔铁塔。

现在，我们还可以自上而下再度浏览埃菲尔铁塔，相信又能给你以全新的启迪。

希望这本饭店危机服务的小书，能成为这样一个“埃菲尔铁塔”。

第一章

饭店危机服务及其体系

服务危机与危机服务

危机服务体系

饭店预警服务系统

危机反应机制

危机恢复与防扩散体系

一、服务危机与危机服务

何谓“危机服务”

常识告诉我们，任何组织体系自其诞生之时起，就伴随着使之解体的危机，故组织体系运作本身，即无休止的“危机处理”过程。

这个过程，通常称之为“管理”。

然而，这个逻辑里有一个严重问题，就是将危机放到了服务的对立面，即树立了一个服务的“敌人”，然后去“打倒”（处理）它。而实际上，危机是永远无法被“打倒”的。

所以，这个“常识”从其出发点上讲，就已经有偏差了，是错误的。

为此，我们提出“危机服务”的概念，旨在强调危机乃服务之不可或缺的组成部分，是与服务一体的，就如同伴随我们肌体的种种毛病一样。毛病是层出不穷的，如果你视之如仇雠、邪恶毒瘤，那么，你将被纠缠，郁郁终生，说不好会不得好死；反之，认可它，接受它，治愈它，它将远离你，你或将不断浴火重生。

饭店的运作正是这样。

它时刻被种种服务危机围追堵截着。这些危机，包括客人或员工的冷漠反应、抱怨、投诉以至诉讼等种种情形，五花八门。它们破坏心情，影响服务，常常给经营绩效带来致命一击，甚至病来如山倒般地令饭店体系瘫痪。很多饭店经营者梦想着：“如果没有这些危机多好啊！”或咬牙切齿道：“处理！处理！”但反过来说，它们恰是这心情、服务、经营绩效、饭店体系的一个组成部分，消灭它们之时，就是消灭饭店之日。

唯一的出路，是化“处理”为“服务”：认可它，接受它，治愈它，然后浴火重生。

这是一个基本立场的问题。

我们由此出发，下潜至饭店面临的种种服务危机深处，并搭建起危机服务体系。然后，就如何把握饭店危机服务的基本工具、认识客人冷漠反应、抱怨与投诉的由来等展开讨论，进而梳理饭店危机服务的基本技巧，并在饭店危机服务组织化管理方面提供指南，阐发饭店危机服务的知识与智慧，力求实现化抱怨、投诉为支持的目标，并在最大程度上降低诉讼的风险。

相信，危机服务的实践，将引导我们重新审视饭店“管理”的立场。

服务危机

服务的危机，主要指宾客对我们服务缺欠所表现出来的冷漠反应、抱怨、投诉乃至诉讼等状况。

其中，“冷漠反应”的表现，看上去最“温和”，也最容易被忽略，但危害最大，因为他们将用“脚”来表达自己的态度：不再光临。这种不明示问题的态度，也使得服务者难以防范或补救。

“抱怨”，则有其可爱的一面，他们当面或在背后发泄不满，但不提任何要求。对这类宾客问题的处理应主动、及时，一次到位，一般都可以挽回影响。但很多时候，服务者常常忽略他们的意见，或抱持得过且过、不以为意的心态，甚至认为客人小题大做、无理取闹，从而敷衍或刻意回避他们的抱怨，结果，看似“挺过去了”或“送走了瘟神”，实际上积怨已经形成，我们已经失去了他们。

“投诉”，是服务业最常见的客我冲突形式，指的是宾客在表达强烈不满的同时，要求服务者给一个补救或补偿的说法。解决这个冲突的过程，即投诉处理，一般要经历过程分析、把握事实、现场处理、过后整改、追究责任等几个阶段，所以，投诉处理往往是我们提升服务质量的重要“助推器”。

“诉讼”，指的是宾客在一般投诉得不到满意解决，并认为无法达成进一步处理意见的情况下，所采取的单方面的、通过第三方权威机构裁决的强制措施。这类冲突，一般都涉及客我的根本利益，且双方都甘愿承担可能带来败诉、恶意评价等风险。

服务危机的特点

任何服务质量上的危机，都不是我们所喜闻乐见的。这是因为它们或来或去，都可能充满诡异、不安、伤害以及尾大不掉的后遗症。这些特点概括起来，将至少包括六点：

1．突发，出乎意料，猝不及防。

2．具破坏性。

3．发展进程充满不确定因素。

4．时间紧迫。

5．信息不充分。

6．资源严重缺乏。

危机服务的内容

透过服务危机的六个特点，我们能够发现，完美的危机处理功夫将不完全体现在“事后”，更在“事中”和“事前”，因此，危机服务应该，而且必须是一个系统工程，其内容也至少应涵盖以下五个方面：

1. 服务缺欠的预测与预告。
2. 服务缺欠的干预与回避。
3. 解除服务危机。
4. 防止服务危机扩大化。
5. 防范服务危机重复发生。

饭店危机服务

危机服务，就是针对服务缺欠，主动平缺补残，防患于未然，或直面宾客对服务缺欠的冷漠反应、抱怨、投诉乃至诉讼，采取合乎情、理、法的补救措施，将损害降至最低的活动。

一些典型的小事（服务危机）

1. 自驾车客人在电话里非常生气地吼道：“你们饭店到底在哪里？我已经绕车站转了一小时，按GPS指示走也看不到你们饭店的牌子……”

2. 客人打电话到客房服务中心，说：“搞不懂你们饭店的结构。我找不到大堂。”

3. 客人取消预订，理由是“我打的时问了司机，他听人说你们的服务很差，因此，我们就改订别的饭店了”。

4. 客人打投诉电话：“桌子下的壁纸脏了，电器的电线乱七八糟，到处很脏，马上给我扫干净！”

5. 客人跟客房服务生说：“你们房间门内侧的紧急避难牌挂歪了，感觉很不好。”

6. 客人惨叫起来，大叫道：“这房间静电太厉害了，不能想个办法吗？”另一位客人也跟着说：“走来走去都有静电，还会发出劈里啪啦的声音，好害怕！”

7. 客人抱怨饭店的服务态度：“办理入住手续时干嘛问我什么时候走？是赶我们走吗？”

8. 客人一脸失望地抱怨道："我一周前就预订了，现在却不让我入住。"原来，是因为前面的客人延时退房，此时，房间还没有布置好。

9. 客人很不高兴道："人家饭店都免费提供早报，你们饭店怎么要收钱？"原来，他要的是个人指定报纸。

10. 一位上了年纪的客人向服务生说："……我在家就是这样！"

11. 后半夜两点钟，客人打来电话，要吃中餐炒菜。但饭店的送餐服务部只能提供简单的三明治、面条之类的简餐。客人非常不高兴……

12. 意见簿："总体不错……只是希望你们换掉客房里的速溶咖啡。享用了餐厅的可口饭菜，住在干净而有品位的房间，令我心情彻底放松，却只因为一杯廉价的速溶咖啡，让所有好感消失殆尽。如此著名的饭店，该在客用品的细节上再下一番工夫！"

13. 常客抱怨员工说不清菜肴做法："喂，给我上了道说不清楚的菜。你们到底是怎样服务的？"

14. 客人不满意所点的菜"卖没了"。

15. 客人打电话到大堂："迷你吧的矿泉水有怪味，你们饭店拿变质的水给客人喝吗？"

16. 客人投诉："你们餐厅打烊时间太早了！"

17. 外国人看完菜单，点了菜，要了份红酒。饭店服务生随后送上一杯冰水。客人很诧异地问道："我不记得我要过水，这是特别服务吗？还是说喝红酒前就要先上杯水？"

18. 客人抱怨："我的菜点了很久了，怎么还没上？"

19. 客人说："我觉得你们的菜一直不错，可这道菜的搭配很糟糕，最贵的主料，却配上了最廉价的白菜、萝卜，味道虽说还可以，但总是不协调，让人觉得不值这个价……"

20. 客人说："我们没点这道菜呀！"

21. 客人要特辣咖喱饭，服务生说："对不起，我们店的咖喱本身就是辣味的，怕破坏口味，所以，只可以加一点。"客人很生气。

22. 客人道："菜很好吃，但我觉得这种烹饪方法多盐多油，不健康。"

23. 饭店常客叫来主厨，说："这道菜是我的最爱，你们现在是不是换了调料？还是方法改变了？"原来是换了个厨师。客人不高兴，说："这种事应该先跟我讲一声。实际上，还是应该考虑一下原来的烹饪方法的，有些老客户还是喜欢以前那位厨师的风味……"

24. 宴会预订部员工紧张地正在工作，一位客人进来。一位正在接听电话的员工用手势请他坐下，然后，继续电话交谈。客人渐渐变得不耐烦起来。员工的电话终于打完，马上道歉，客人已经愤怒了："你们眼中根本没客人！"

25. 一位外国客人乘车到店时，正逢客人到店高峰，门僮来不及为客人搬运行李。客人向大堂副理抱怨道："你们的饭店要让客人自己搬行李？在欧洲没有这种怪事。你们的服务太差了！"

26. 客人叫来客房服务生，说："你看看，这是什么！"原来，两张床的夹缝里，夹着之前客人用过的短裤。客人觉得恶心，要求"马上给我换房"。

27. 一对夫妇说："一个月前我们住过你们饭店……我要住跟上次一样的房间！"

28. 一位老妇人办完入住手续，行李生把她的行李搬到房间，按规范开始介绍客房设施，客人平静地插话打断了他的话："我很累，想休息了。"

29. 在饭店自助餐厅，一位客人叫住了服务生："你们的服务有问题，那道菜锅都空了好久，还没给加菜，我一直等着。"

30. 客人抱怨道："……手忙脚乱，上茶时打翻了茶杯，上菜的时候又乱摆一通，点菜时，叫了半天才来，到底有没有训练，真是糟糕透了！"

31. 住宿客人从客房打电话到总台："我昨天交代过要一份报纸，怎么还没有？"还有一位客人这样抱怨："我是常客，上次住的时候也讲过一次，应该记住啊！"

32. 服务生在等一位客人点菜时说："对不起，请问可以点菜了吗？"客人反问道："你做了什么对不起我的事了吗？""我没有啊……""那说什么对不起！"

33. 冬天最冷的时候，饭店餐厅来了一位客人。因为她穿着气派的皮草外套，服务生趋前问道："您好，让我帮您寄放大衣吧。"客人一脸不屑地说："不用了，放在旁边就可以了。"服务生继续说："大衣很贵重，弄脏了会很麻烦，这是我们的规定。"客人真的生气了："到底是你们怕麻烦，还是怕我麻烦？你们不要管了，我想放在哪儿就放在哪儿！"

二、危机服务体系

危机服务是饭店服务体系三大组成部分之一

危机服务，必须是一个体系化的运作过程，否则，将只能头痛医头脚痛医脚，最终难以如愿履行危机服务的职责，甚至可能按下葫芦起来瓢，招致新的服务危机。

所以，我们说，危机服务既是一般服务的重要一环，又是一种特殊形式的服务。基于这样的认识，我们便可以把服务大体分为三个层次或三个组成部分：

1．避免“出事”的危机服务。

2．围绕“规范”的满意服务。

3．突出“个性”的优质服务。

显然，这样三个层次或三个组成部分的服务，从来不能相互独立，而应是融合一体的，如同一座峻美的山。我们可以勉强把山脚比作“危机服务”，把山腰当作“满意服务”，再命名山巅是“优质服务”，但无论如何，那都是一座完整的山，不是两座，更非三座，也无论山上山下，乃至一草一木、一抔土，都是山的一部分。

这座山，就是我们服务的整体。

危机服务与规范服务、个性服务的关系

“危机服务”是山脚，因此，它永远是基础，或许它并不显眼，但不能出问题，一出问题就要命。“千里江堤，溃于蚁穴”，就是这个道理。

相比较而言，以“规范”为特征的“满意服务”不同。这部分工作的量，往往最大，被客人关注的程度也最高，而且，我们多数人、大部分时间所做的，也都是这部分的事儿，它同时也是企业主要利润的来源地。不过，既言“规范”，则其界定的将是服务底线，而非最高标准，因为高标准服务是没有标准的，换言之，只要能定出标准，那就不是最高，所以，“满意服务”一不小心就可能滑下底线，回到山脚，变成“危机服务”，因此，这也成为我们日常饭店管理工作的重要一环。

“优质服务”较特别，它是一束束“高山上的花环”，我们非常需要它，否则，一个企业将没有故事，而没有故事的企业一定没有灵魂，顶多是一台赚钱机器，长久不了。不过，我还是提醒大家：这个以对应“个性”为标志的优质服务，

不宜过度普及，也不宜过高评价，因为成本太高，除非我们确定或已经把握了那个高回报的市场，或这类服务“纯属员工个人的奉献行为”。尽管如此，我们还是必须关注对“优质服务”目标的一贯坚持，因为“优质服务”这面旗帜不进则退，从巅峰滚回山脚更是一件再容易不过的事儿。而且，会因为爬得太高，滚下去的伤害也更大，伤筋动骨事小，粉身碎骨、一蹶不振事大。

建立危机服务体系

因此，建立一个服务于“服务整体”的危机服务体系，就成为绝对的必要，就如给整座峻美之山安装一个“和谐应用机制”一样，既要保证它能持续、有效地生长林材，有运输通道，可以满足人们旅游、登山、考察活动的需要，适应本山动物、植物生长，又能有周全的抢险、救护、疗伤、防火、防盗、防山洪等的人力配备、设施及其运作机制，以免遭破坏。这是不能缺乏的。

这样的危机服务体系，应至少包括以下三个分系统：

1．预警服务系统。

2．危机反应系统。

3．危机恢复与防扩散系统。

三、饭店预警服务系统

饭店预警服务

预警服务，就是发现服务缺欠，在损失尚未造成之前即行弥补，从而避免服务危机的发生，或即使发生，也能因及时发现而减少损失。

饭店预警服务小组

为此，我们首先要成立“饭店服务质量检查与预防小组”，即一般意义上的饭店预警服务小组。

该小组应在总经理直接领导下开展工作。它可以是独立部门，也可以由各部门管理人员联合组成，但其常设机构应托管在一个部门。一般饭店指定人力资源部或总经理办公室，或由一位主要负责人直接负责。这样做的目的很简单，就是要有一个具体的岗位、责任人来负责服务质量评估、改进以及维护日常业务。

饭店预警手册

要编制并完善《员工手册》、《服务流程管理手册》、《员工文明行为标准手册》三个基本文件，并针对相应条款，制订、出台配套的《奖罚办法》。

尽管一般饭店都不乏这类手册，但所有手册的实质，都应该是服务危机预警手册，要有危机意识，否则，它们的现实意义将大减。这是体系运作的一个“工具包”，是“饭店服务质量检查与预防小组”开展工作的基本依据。

饭店还要编制《服务危机应急预案手册》，明确一旦危机预警出现，“服务质量检查与预防小组”可采取怎样的反应、可调动哪些资源。

或许，我们饭店已有了有关台风、暴雨、刑事案件、卫生、工程事故、纠纷等诸方面预案，但通常都缺少关于服务危机的预案。本书的目的之一，正在促成这个预案的形成。只有这样，我们的预警系统才能算把握了专业工具。

《服务危机应急预案手册》的编制很讲究，要有封面、预案目标与任务、权责分明、发文机构名称、文件编号、日期、主要电话号码等基本要件。同时，还要注意六个要点：

1．预案执行授权书。

2．与预案有关的人员名单，包括文件制定者、执行者、参阅者等。

3．相关人员阅读后签名、标注日期。

4．信息保密制度。

5．预案维护和更新、修改程序与原则。

6．预案审核程序。

预警服务的“警戒级别”

服务预警小组所执行的任务是长期的，不是临时的。所以，这个执行，就是坚持不懈地将预警手册的条文，落实到具体行动和结果上。

该小组应定期或不定期组织服务质量状况调查、评估，力求尽快发现问题，并本着“勿以善小而不为，勿以恶小而为之”的原则，对任何细微缺欠都不放过，一旦发现缺欠，立即发出警报，主动解除危机，防患于未然，才会在可能出现的危机中占据有利位置。套用一个时髦的词，就是要不断“激活系统”。

对服务危机的预警，应分红、黄两个级别：“红色”级别表示该服务缺欠所造成的危机，可能影响饭店乃至所属集团的社会信誉，可能会造成财产损失，甚或导致人身安全事故的发生等，红色预警应由饭店总经理、最高行政部门直接参与处理，所对应的危机形式，主要包括冷漠反应、投诉、诉讼等。该类危机处理的结果，应归入“红色”档案，故名。

“黄色”级别表示该服务缺欠所造成的危机，可能影响到部门、岗位服务流程的调整、员工技能的提升、服务态度乃至政策执行力度等，应由总监、部门经理协调相关部门成员参与处理，其所对应的危机形式，主要包括冷漠反应、抱怨、投诉等。该类危机处理的结果，应归入“黄色”档案，故名。

预警服务可能不受欢迎

预警系统一旦被激活，其触角几乎就将延伸到企业的每一个角落，初期甚至可能遭遇内部的抵触，因此，管理者应充分考虑到奖罚的平衡性。毕竟，危机服务的目的不是为处罚而处罚，恰恰相反，是为了奖励而处罚，是为建立一个皆大欢喜的和谐团队而努力的一部分。

很多企业的系统不能正常运作，问题就出在罚多奖少、只罚不奖或奖罚不公上。其中，一个关于“严格管理”的误区需要特别警惕，那就是有些人愿意让大家以为“冷若冰霜”的态度就是严格。其实大大不然，真正的严格，是同时要有“和若春风”的表现来配合的。“冷若冰霜”的态度，应该用于待事，“和若春风”的态度，应该用于待人，两者平衡了，就叫“宽严并济”。这才是正道，才是真正的“领导”。否则，迟早会因为失衡而翻船，而且通常不会翻在大风大浪里，而会翻在阴沟里。

此外，持续不断的全员服务危机处理技巧培训，也成为必要。本书的大部分内容，都与此相关。在提升整体服务质量方面，服务危机处理技巧培训看似一个边缘做法，但实际上，可能发挥最核心作用的正是它。

预警服务是要花钱的

资源严重缺乏可能是导致服务危机产生，或令危机扩大的重要原因。比如，一位常客投诉一道高档鱼有问题，一般情况下，我们大可以为他更换一道，但一旦缺货，问题就复杂了，因为即使以实相告，客人也可能误解为托词，深感不快。所以，资源保障系统是饭店危机服务的最基本保障之一。不过，鉴于这项服务常会占用不菲的资金，因此，即使发出预警，很多经营者还可能甘愿抱着侥幸心理去冒险，而不愿意启动危机服务。如此一来，我们的“预警服务”将失去意义。对心存侥幸者应予儆戒。

这里，我提出七个要点：

1. 必要的库存是绝对必须的，“零库存”思想不完全适合饭店危机（应急）服务。此外，主要初装修材料应至少有 5% 的余量作为库存。

2. 从建饭店的时候起，就要优先保障资源存放地点的合理性，并有充足的空间。

3. 明确资源管理责任人，并要求他们掌控在任何情况下都能获取资源的途径。

4. 饭店高层要对资源使用的进度与方式有所把握。

5. 随时策划、落实替代品或替代方式。

6. 制定、落实储备资源制度，定期检查，及时保全。

7. 编制、修订资源使用说明书或使用手册，确保各类资源被正确而有效的使用。

四、危机反应机制

“快速反应部队”

反应，当然是相对于预警的反应。就是说，服务危机的警讯一旦发出，“预警系统”便应立即调整为“反应机制”。

“反应机制”跟“预警服务”一样，首先应有一支不同于平时的“危机预警小组”的“快速反应部队”——基于现场的服务危机处理小组,展开“救援行动”。

这个处理小组的架构可繁可简，成员可多可少，可以是部门级别，也可以是饭店级别，甚至可能就是一个代表，一切应视危机级别（“红色”或“黄色”）来决断。但每一个过程或进展，“饭店服务质量检查与预防小组”负责人都应有全盘的把握。

谁来明确责任分工

要根据危机级别，明确服务危机处理小组的组成部门与具体人员、分工，落实责任，并视情况在所辖范围内公布，以便相关岗位或人员配合。如其后有变化，则适时变更通报。

这里有一个很重要的工作要明确，就是在实施危机服务期间，成员之间的临时指挥授权关系、原则要明晰，以避免因行政级别意识造成不必要的冲突。特别要说明成员不能履行职责或违规时，授权人应该采取的措施。为此，作为上级也要及时关注，并适时调整人员结构与工作步骤。

一般而言,“红色”预警应由总经理负责安排,“黄色”预警应由部门经理安排。

但处理结果，应上通下达。

危机处理的行动规则

这项工作并不复杂，但要求“反应小组”迅速、细致、缜密、果断。很多失败案例表明，“反应小组”不反应是致败的第一原因，另一个原因是马虎、随意、掉以轻心。

在处理较复杂的服务危机时，“反应小组”及其各分部门的作业场所要选好，确定后明确周知，包括场所名称、电话号码等。有人因为有手机而忽略这一环节，其实很危险。

换言之，面对复杂情况，一定要坐下来，“面对面”地分析。当然，如果情况简单，倒也可以通过“虚拟办公室”（手机网络）进行沟通。但无论哪种情况，作为负责人，一般都不要说“有事随时告诉我”，而应说“每十五分钟将进展情况告诉我一下”。

这是负责的态度，而态度决定一切。

两类服务危机的分析

第一类是经济损失型服务危机，饭店应围绕服务危机可能或已经造成的最大损失是多少来进行处理，具体包括：

1．引起危机的直接与间接的服务缺欠。

2．确认上述缺欠赖以存在的深层环境。

3．上述两者交互作用的形式判断。

4．明确可能或已经造成的直接损失。

5．明确影响时间的长短与范围。

如果损失尚未形成，应优先制定“0 损失”策略；如果已经造成损失，则要制订防止升级或减少损失的方案。然后围绕方案，实施并调整危机中各部门间的协调原则，避免自乱阵脚。同时，建立危机中的外部配合团队，明确与外部配合团队的联系方式和联系人，如法律、医院及政府管理部门等等。

第二类是形象损害型服务危机，饭店要围绕危机形象开展工作，具体应包括：

1．分析、明确饭店在这场危机中的形象定位。

2．制订维护饭店形象的具体行动纲领，明确原则、办法和实施步骤、时限等。

3．挑选和培训形象管理人员，并明确他们的职责和权力。

4．检查进度。

5．确定维护形象的短期行为与长期行动的具体做法及二者之间的关系。

信息与媒体管理

第一，小组负责人要明确收集信息的手段与方式，掌控信息传播与转换的途径及其实际状况，包括对外部组织的沟通原则，尤其要明确对待利益相关者的沟通原则，如是否要送“特别公关”，等等。

第二，关于媒体，特别是网络媒体和小报纸的管理，要遵循这样八个关键步骤落实：

1. 确定谁来负责媒体管理，组织架构如何，工作流程怎样。
2. 对媒体分类分级，明确相应的管理原则和办法。
3. 对参与媒体管理的人员进行严格筛选，并进行有针对性的培训。
4. 确定参与媒体管理人员的职责和权力。
5. 明确与媒体交流的基调、内容、口径、具体方法、时间空间条件。
6. 制定应对媒体不公正报道的策略。
7. 制订吸引媒体注意的活动预案。
8. 必要时，制定强制政策，统一口径。

五、危机恢复与防扩散体系

有始有终的意识与善后策略

我们对危机服务的每一个服务环节都要关注，而最后的环节——“解除紧急状态”尤其不能忽视，因为大部分服务危机看似过去了，其实并没有，后遗症还在隐隐作痛，或者即使一件事结束了，会不会重复发生？所以，“危机恢复与防扩散”，就跟护理手术初愈的病人一样，要自成一个体系。

为此，我们应在每一个危机处理行动告一段落之后，立即组织所有人，就服务危机的长期影响达成共识，以增强我们的危机意识。

这项工作要常抓不懈，见一次抓一次，见两次抓一双，不怕麻烦，不嫌烦琐。这个“强制”将培养起我们的服务危机意识。须知，有或没有服务危机意识，不仅是一念之差的问题，对我们整个服务体系而言，它起着非常现实而又关键的作用。因为我们非常清楚，每一位宾客对服务质量的认知，都不可能基于一个或几个共通标准来判断，他们只凭“自己的感觉”，并一定认为“我的感觉就是你的服务现实”，所以，即使对同样的服务体验，也将有人说好，有人不以为然。一方面，这增加了服务危机的变数，另一方面，它也提供了危机服务的路数，那就是以感觉对感觉、以心传心、设身处地。而这个路数，只能承传于我们心中的那个意识，那个危机意识。

《饭店服务质量案例通报》及其他

作为饭店各级管理人员，应在共识的基础上，于每一次危机过后都痛定思痛，潜心反省自己或自己部门目前的作为是否合适。然后，对未来危机服务策略、方式等进行完善、调整乃至重建。

完善、调整、重建工作要从两个角度展开。一是针对一场服务危机留下的可以想见的问题，进行“防扩散处理”；二是针对已经解决的危机，进行“永久性清空”，防范复发。

在操作上，应首先回顾危机所造成的现实的与潜在的损失，梳理危机服务过程中好的做法与失误，确定危机恢复所需投入的时间，再根据这个时间表，制订加快危机恢复（重建与修复）的短期措施与减少或消除危机带来的持续影响的长期方案。这些措施与方案，应形成文字，如《饭店服务质量案例通报》或《饭店危机服务报告》等。现在饭店业通用的方式是出台《宾客投诉处理报告》，虽较前者更言简意赅些，但不一定最合适，因为我们必须关注到报告的培训作用以及对将来发生同类问题处理的可参考性。

这里推荐《饭店服务质量案例通报》方式，其内容至少应包括以下四点：

1. 事情经过及处理结果。
2. 原因分析。
3. 部门整改计划与措施。
4. 饭店处理决定。

为做到以上四点，饭店就要建立起发现问题的渠道体系，如值班经理制度及其报告、GRO（客户关系主任）或大堂副理值班制度及其报告、宾客满意度调查制度及其报告等等，如此才可能整理出“事情经过及处理结果”。然后，部门以及岗位人员要参与分析，形成“原因分析”，并在此基础上，提出“部门整改计划与措施”，这个过程乃是一个最好的自我培训过程。最后是“饭店处理决定”，旨在追究责任，其深层意义更在于防患于未然，令今后避免类似问题的发生，或在发生时有章可循，提升处理效率，减少损失。如此，则每一次处理结果，都能成为一次对流程、规范、制度的调整与补充，成为一次自我培训，自会有助于服务整体的持续完善。

当然，再完善的体系都不是万能的，况且，人类至今还没制造出过任何真正完善的体系。

危机服务，是一条永远的“未济”之路。

第二章

饭店危机服务基本工具

一、内部沟通：降低服务危机风险的屏障

服务的使命

我们知道，人类情感的“完美表达”，或与他人的“完全沟通”，都是可望而不可即的事，是非现实的。我们所说的每一句话，都可能有一些人误解，我们自己也可能误解别人，尽管我们努力减少这种误解，但不可能完全消除，我们也不可能预料到每一次沟通的结果。况且，我们还生活在一个危机四伏、内心封闭、人人自危的世界里。

这是服务危机必然产生的重要因由。

然而，我们的服务，却偏偏要立足于这种以心传心、以情感人、充分沟通、畅快交流的信息传播平台之上，因为只有这样，才有良好的服务。这样一组矛盾，奠定了人类服务业的基础。

换言之，服务业的根本使命，就是要平复危机，融通人类封闭的内心世界，将人们从自危的藩篱中解救出来。它将“给人方便、给人自信、给人欢喜”列为头等要务。正是这个使命感，为服务业注入了灵魂，也成为服务业的生机所在。

饭店内部沟通有难度

困难不仅局限于使命层面，在饭店职场，我们还须无条件地接受具有行业性的三个“分裂”：

1．营业场所分散性，员工不可以“串岗”。

2．劳动时间分散性，上一班次的人员与下一班次的人员之间几乎没有多少交流时间。

3．时空的分散使服务者之间的沟通难度呈现乘数效应。

这三点在其他行业表现都不明显，因此，弥合“分裂”，也就成了饭店服务管理的一个重要内容。现实存在的“分裂”更使得服务管理面临双重危机，且难以避免。

内部沟通

一位客人住进饭店，他所要求的服务，通常不是一吃一喝一睡其中的一种，

而很可能是又吃又喝又睡，甚至还包括其他。或许，他不明确要求什么，但他的“体验”结果一定是综合的，比如吃饭，绝不会仅限于一汤一菜一水，还要经历迎宾态度、空气状况、环境布置、艺术品位、温度湿度、通风等种种体验，其中任何一项不满，都可能影响吃饭的效果。所以，饭店部门之间的工作联系、信息沟通的成败、服务规范的整齐程度，将直接影响到客人的“体验”与评价，并最终左右饭店全盘运转的成败。

饭店前厅部的作用特别重要，它是饭店日常运作的“神经中枢”，是日常信息的集散点，是客人与各职能、运作部门之间联系的直接纽带。因此，前厅管理人员不仅应了解自己肩负的责任，熟悉本部门的运转过程，还要了解其他部门的工作流程，这样才有可能搞好与其他部门的信息沟通。需要注意的是，餐厅通常是主宾接触时间最长的经营场所，忽视沟通，将招致特大麻烦。

总之，饭店服务工作具有整体性，并非单靠某一部门、某一部分或某一个人的努力就可获得成功。因此，作为管理核心内容的内部沟通，非常重要。

沟通的目的

沟通，乃是危机服务的重要一环。因为很多服务危机的发生，都源于沟通不畅。所以，内部沟通便必然地具有了明确的目的性。

1．被对方理解。说明某事，使对方了解你的真实意图。不能让对方理解，则预示着服务危机正在滋生。

2．理解对方。了解对方确切的意见与打算，并设身处地地为对方着想，而不是简单地自说自话。服务危机的爆发，通常就集中在理解偏差上。

3．得到承认。要通过你的态度、语言、行为表现，使你的意见被对方接受。对方不接受，标志着沟通失败，预示着服务危机的发生或继续。

4．转换行动。要使对方了解你要做什么、他应做什么、何时做、怎么做，以及为什么做。这些都明白了，有了共识，等于沟通成功，也等于提供了较好的危机服务。

沟通效果取决于员工知道多少

员工必须知道的信息很多，但一定要从提供与他们的切身利益相关的信息做起才有意义，否则，信息于员工而言，将是片面的、死的。而所谓“全面的信息”，一定包括个人需求信息、饭店企业信息和工作信息三类。

首先，是七种个人需求信息：

1．晋升机会。

2．工作稳定性。

3．培训机会。

4．工作前景。

5．收入状况。

6．福利待遇。

7．部门绩效。

这些信息，有些是相对稳定的，有些则要定期或不定期发布，以确保员工随时掌握。

其次，是十四种有关饭店企业的信息：

1．饭店历史。

2．在本行业中的地位。

3．组织结构。

4．销售趋势、营利状况、公司的发展规划。

5．当期财政状况。

6．饭店学习规划。

7．广告计划。

8．正在生产的产品、新产品以及计划生产的产品。

9．高级管理人员的姓名以及有关他们的情况。

10．饭店最新政策。

11．管理层人事变化。

12．饭店近期投资计划。

13．饭店与所在社区的关系。

14．对当前社会问题的正式态度。

这些信息关乎员工创造产品的个人感受与自信心，因此，不能忽视。

最后，是七种工作信息：

1．职责。

2．权限。

3．同事、上级与下级。

4．其他部门职能。

5．临时任务。

6．临时发生问题。

7．可能发生问题的预测与安排。

沟通规则

一位员工只有一个直接上级。下级不能越级报告，但可以越级申诉；上级不能越级指挥，但可以越级检查。

上级应鼓励任何形式的沟通

就内部管理而言，沟通的好处是显而易见的：

1．能为管理层提供信息。

2．有助于减轻工作压力和不快。

3．衡量下行沟通是否有效。

4．增强员工的参与感。

5．启发管理层在今后的上行沟通中使用更有效的方法。

因此，每一位上级都应鼓励员工的沟通。这是一个基本态度，要对沟通报以微笑，严禁高傲、简慢、卑屈讨巧、神情不安、举止不稳、装腔作势、厌烦情绪等不良态度。讽刺、嘲笑、令人不快的语言、话题更应极力避免。

当然，光有态度不行，还要亲自建立渠道，并持之以恒地推动。具体做法包括：

1．为部下提供简单、实用的沟通渠道，如会议、恳谈、表格、报告、办公自动化系统等等。

2．花时间、精力倾听部下讲话。

3．明确表态以消除员工对坏消息的抗拒心理。

4．不要使下属把向上沟通看成是“向上爬”的阶梯。

5．接收信息后采取及时的措施，让下属知道说了管用。

同时，沟通的双方还都要关注以下一些细节：如用语要简明亲切，谁都可以听懂，无论老人、年轻人、城市人、乡下人都一样对待；要使用合适的言词、句法，以不破坏对方的心绪；致力于在信赖的基础上讲话；不使用下流语言；慎用专业词汇、隐语、外语以及夸张词语、难懂的词汇等等。

通过指令、培训、检查、员工活动强化沟通

在小型饭店内，经理可以口头下达命令，还可以亲自检查执行情况。但在大、中型饭店内，大量的信息是通过书面形式传递的。这样做，一可以使信息的内容更加明确，二有助于明确各部门、个人的责任，从而使饭店处于有序、高效的工作气氛之中。

沟通是后台的事情，时刻抓紧面向全体员工的入职、在职培训，使大家分秒不忘“团结协作”的重要性，是实现良性沟通的重要前提。极端地说，任何培训，包括会议等等，都是沟通。失去沟通，一切将失去意义。通过培训，员工将不断精通本职工作，对饭店知识以及各部门工作内容有所了解，即奠定了日常管理沟通的必要基础。而没有这个基础，大家将没有共同语言，谈不上沟通。

此外，检查本部门与部门之间沟通的进展情况，即通过表象问题追本溯源，解决实际问题，这十分必要。

再就是组织集体活动，它是实现饭店管理沟通必不可少的一个途径，它能增进员工之间的相互了解，消除隔阂，加强团结。也只有在一次次活动的促成中，沟通目的才能实现。

阻碍饭店部门沟通的七个主因

1. 经理受制于本部门氛围，而造成本位主义严重。
2. 管理人员之间缺乏尊重与体谅。
3. 饭店缺乏必要的沟通政策。
4. 管理层对沟通的态度不明确。
5. 岗位职责不清。
6. 管理层次太多，从而使信息细节被遗漏，以致信息被歪曲。
7. 沟通培训的不足。

二、理解客人：危机服务的奠基石

与客人沟通有特殊性

在主宾关系，特别是客人方面，是有其特殊性的。这可能集中表现在以下三点：

1. 客人对服务人员高度依赖。这也是我们设计宣传册、说明书的理由，也是配置营销员、公关代表、引座员、行李生引领的根本意义所在。

2. 客人对服务的评价，因其个人“体验感受”差异，而具极大的不稳定性。如对于同一服务，甲说好，乙说一般，丙说差，丁说没感觉。

3. 主客之间在语言表现上有差异。比如，我们有很多的专业术语，客人就不一定懂。

所有这些因素，都增加了沟通的难度。但同时，也带来了通过努力创造服务特色的机会。因此，便注定了饭店用人的特色——不是每一个人都适合饭店服务业。

理解客人

“理解客人”，是一句很容易理解的话，也十分平常，但我希望以这样的口号来替代“客人就是上帝”或“客人永远正确”。因为后两者的商业性即功利性太明显，并不适合东方以人为本的含蓄文化。

理解客人，就是要服务人员在与不同类型客人打交道的时候，充分发挥察言观色的能力，迅速从客人的举止、谈吐、神态中判断出他们的情绪与要求，然后，根据客人的特点，调整自已的表情与言谈，提供有针对性的服务。

每一位服务人员都应在日常工作中培养自己这样的待人处事技巧，练就一手迅速、准确服务的功夫。服务过程中，应通情达理，有智有谋，并善于自我约束。

为什么要理解客人

我们和客人的立场是相对相应的，是服务与被服务的关系，是销售者与消费者的关系，因此，双方的定位应有主有从——客为主，我为从。或许我们可以强调，我们双方在人格上是平等的，但在服务上却有主从之别。这是根本性的现实。

但实际上，客人从来都是弱势的，因为他们不知道我们将提供怎样的产品，而我们清楚，因此，他们必须强烈地依赖我们。也正因为这种依赖，使得他们对我们的一举一动都很敏感、不安。

所以，我们提出“理解客人”的口号，就是要通过我们的微笑让客人欢喜，通过提供种种方便，奠定以我们的自信博得客人的信任，进而消除客人的不安，帮助到饭店的每一个人都获得一次愉快的服务体验。

客人对服务的一般需要是什么

豫、速、趣。

“豫”，就是准备工作。客人希望一切都准备就绪，而不是临时操持，或需要不断地提醒。“豫”，同时也意味着员工的训练有素，意味着设施设备的完好与档次，意味着信息沟通顺畅，意味着员工敬业、爱岗，有创新精神。其实，饭店 90% 的工作都在一个“豫”，如古人言“豫则立，不豫则废”。“豫”，也就是在最大限度上“给人方便”。

“速”，就是现场服务的效率。说话、办事、操作动作准确而连贯，有条不紊，没有滞涩感。客人在我们行云流水般的服务“表演”中，感受到美，并留下温馨的体验。“速”，也是“给人自信”的表现，因为没有自信的人是拿不出准确与效率的。当然，这也意味着前期准备工作（“豫”）的充分。

“趣”，指美趣，一般通过语言表达、服装、装饰、面部表情等表现出来。这是一个关于服务素质的指标，更是一个体现员工个性的过程。它贯穿每一个服务始终，并以此展现服务的灵魂。我们概括这一点为“给人欢喜”。

客人的类型

饭店客人基本可分三类：公务型、休闲型、VIP（贵宾）。VIP 客人较特殊，一般都能置于饭店最完善的“保护”中，故不作为危机服务的主要对象。

对公务型客人的接待

公务型客人，包括商人、会议客人、长驻专家及有公干的各种代表团等。

一般说来，这类客人要求饭店设施与服务能达到家庭的舒适及办公机构的效率。他们的住房，不仅是休息、睡觉场所，还应是工作、学习的地方。因此，要求房内隔音良好，光线充足，备有写字台、直拨电话、网络线等等。

此外，他们还希望饭店有一个完善的商务中心，能为他们提供传真、复印、秘书、翻译、打字及商业信息等多种服务。他们希望前厅服务人员能快速为他们办理预订出租车服务，房内用膳服务，快速洗衣及干洗熨烫服务，信用卡结账服务。他们还希望饭店有较完善的会议设施、宴请场所以及康乐健身场地。

诚然，如果饭店不能全面地提供上述各项服务，服务人员的好客、热情，以及高效率的面对面服务，也能够给设施不足以一定程度的弥补。

对休闲型客人的接待

休闲型客人，包括旅游、探亲、休假的散客及团队。

他们去附近的旅游点、纪念地、商业街游览、采购，而把饭店作为落脚点。在大部分饭店，这类客人的比例都很大，应予高度重视。

他们在对饭店基本设施要求方面，与公务型客人大体相同，但也有一些差异：他们更希望居住景色优美的房间；住店期间，更希望品尝到当地风味，更希望了解当地的风俗人情，更希望购买当地的土特产及手工艺纪念品。

他们希望饭店的前台能为他们提供介绍旅游点的材料、各种交通工具时刻表以及购物指南；希望服务员能为他们介绍休闲场所特点、当地餐馆的特色、天气预报。当然，还希望有出色的行李服务，并能代订机票、车票和各种文娱活动票等。

每一位客人都是唯一的、绝对的

即使是同类型的客人，也都具有不同的个性。所以，我们不仅要了解来宾的商业类型等共性信息，还需进一步了解客人的个性，同时，了解为不同个性的客人提供服务时应该注意的问题。

要在内心深处清楚一个道理：每一位客人都是唯一的、绝对的。这是理解客人的关键所在，也是我们达成服务使命的必要条件。我们通常把这种有针对性的服务叫做“个性化服务”。

个性化服务的二十八种对象

1．交际型客人

热情、健谈，有时甚至过于热情，他们也许会请服务人员外出或一起用餐。在为此类客人服务时，服务人员应保持镇静与幽默，根据饭店的规章制度，有策略地回应客人的要求，必要时可请求领导的帮助。

2．急躁型客人

不管服务人员多么繁忙，客人坚持要求立即提供服务。如果客人的要求是偶然的，对其他客人来说是不公平的，那么，服务人员要设法走捷径，尽快把他们安顿下来，但还应该注意服务质量，注意亲切、速度。

3．闲聊型客人

对于此类喋喋不休的客人，服务人员要关心、体谅，注意礼貌。在适当的时候，向他们表示歉意，因为其他客人需要得到服务。同时注意宣传饭店，因为他们可能是我们饭店最好的宣传员。另外注意早入正题。

4．抱怨型客人

即使知道自己错了，也要把责任推给饭店。当此类客人抱怨时，服务人员应充分倾听，然后微笑着致歉，再设法使问题得到解决。注意对此类客人要热情，决不能与客人争辩。

5．易变型客人

他们在对选择做出决定前，通常会不断地改变主意。接待此类客人时，应注意保持耐心与礼貌，应给客人充足时间作决定。还应根据客人的特点，提供带有主导性的建议。

6. 胆怯型客人

应注意察觉此类客人的要求，否则，将很难了解他们真正的想法，因为他们不轻易表示自己的不满。应尽力向此类客人提供最好的服务，并争取事事积极、主动。

7. 要求型客人

应设法了解此类客人的真正需求，提供他们急需的东西。在接待服务中要能忍耐、有礼貌，决不能对客人发脾气。

8. 敌意型客人

这类客人似乎对一切都怀有敌意，很难使他们高兴。服务人员与此类客人打交道时，应注意容忍，要热情地为他们提供最好的服务，设法缓和局势，取悦客人。

9. 吵闹型客人

在公众场所大叫、大嚷，希望引起大家的注意，成为中心人物。对此类型客人的行为，服务人员应立即设法制止，以免影响他人。与此类客人打交道时，应尊重他们，小声地与他们讲话，尽量避免冲突。

10. 友善型客人

从表情上可以发现，客人很乐意来饭店住宿，对饭店某些服务不周到的小缺点，能予以谅解。大部分客人均属于此类型，我们应以认真的态度对待他们，而严禁随意。

11. 特殊型客人

此类客人的喜好与大部分人有明显的区别。例如，喜欢色调对比强烈的客房。服务人员很难满足他们的全部要求。接待此类客人时，应耐心、礼貌，尽可能满足他们一部分要求，并做到位，还要记录下来，长期坚持。如果对此类客人的要求处理比较恰当，下次他们还会光临。

12. 斤斤计较型客人

把房价与其估计成本相比较，抱怨房价太贵。服务人员应以良好的服务态度，有效的销售技巧，向他们说明客房的特点，介绍构成成本的因素。我们对此类客人应该耐心，但不能随意降价。

13. 儿童

儿童也是饭店的客人，服务时，既要耐心，又要小心。儿童过分吵闹会影响其他客人，所以必要时，应礼貌地提醒他们的父母。服务人员应避免与客人的孩子嬉闹、玩耍，以免影响正常的工作秩序，或引起孩子父母的不满。

14．熟客

注意不要因为熟识而随意，那会给客人带来不愉快，因为他可能要在其他客人面前维护自己的面子。

15．万事通型客人

要善于倾听。倾听也是一种服务。

16．虚荣型客人

要亲切，避免争论，谦逊应对，不妨适当地夸一夸客人。

17．熟知外国情况的客人

认真听取意见、建议，同时应适时提出问题请教他们，他们会非常高兴。

18．慷慨型客人

亲切，可以适当地劝菜劝酒，并要表现得落落大方。

19．随便型客人

写好菜单或其他订单之后，一定要请客人确认。

20．慢性子客人

引导客人到安静处，帮助他们选择商品，表现出亲切。

21．犹豫型客人

积极劝告，协助决定，语气要坚决，给人自信。

22．长坐型客人

亲切地告诉客人有他人在等，但应注意态度，要微笑。

23．喜好宣传饭店型客人

要注意推荐特色服务项目。

24．情人

在餐厅，则宜引入不显眼处，女士面朝餐厅内堂。服务中以少加干预为宜。

25．家庭型客人

尤其注意对孩子的态度。

26．多向型客人

不能表现出厌烦，遇到不懂的问题可以请教上级。

27．女性客人

饭店的好与不好多是出于她们之口，要特别注意。

28．醉酒客人

不要嘲笑、讨厌，不说多余的话，同时注意他们的安全。

上面介绍了各种不同个性客人的特性及服务人员应注意的要点。尽管饭店的大部分客人是友善的，易于合作的，但即使只有小部分客人特殊，对员工来说，也是一个挑战自我的机会。

任何时候，只要我们真心理解客人，并能通过我们到位的接待，使他们获得一次满意的体验，那么，饭店的收益将是双重的。

三、饭店从业者：危机服务的“操盘手”

基于“理解客人”的八个待客之心

1．经常努力使客人满意，并致力于获得客人的好感。
2．绝不可以面无表情、冷淡、沉默。
3．语言、态度要开朗，要创造阳光和亲切感。
4．订单写好后要认真的确认，以表达负责精神。
5．善意、仔细、慎重、准确、亲切，是贯穿每一个工作始终的五个“关键词”。
6．任何一个人的失误，都将影响到团队中所有人的信用。
7．任何一个人的成功，都会使整体服务得到好评。
8．经常反省自己每一次服务的得失。

合格从业者的三个基本能力

本着“给人方便、给人自信、给人欢喜”的服务理念，我们在履行着美好的服务使命。不过，作为危机服务的“操盘手”，我们必须让自己很“强大”。这个强大的内涵，由三种能力组成：

知识、技能、沟通能力。

知识的范畴非常广泛，小到饭店“应知应会”，各类信息、常识、规则、规定，大到社会宏观经济学、政治等等。足够的知识有助于从业者建立起足够的自信，并能“给人自信”，服务客人。

但只有知识而不实干，那些知识就是冷知识，没有价值，所以，要“做”。做什么、怎样做、谁来做、何时做、在哪里做，这五点都了如指掌了，就证明你是有技能的人。技能将给自己带来极大的方便，并能“给人方便”。

最后是沟通能力，借以建立良好的人际关系。人际关系是任何一项工作运转的润滑剂。保持良好的人际关系，并使之获得发展是群体存在的意义之一。当然，这种特殊群体中的人际关系的创造，必须经每一个成员的努力。企业的人际关系，乃是个体与其工作单位关系的核心。并且，它还与每个成员的家庭环境、日常生活状态等紧密相关。反过来说，在工作场所中创造一个良好的人际关系，也会对员工人生的各个方面产生影响。它将“给人欢喜”。

精神服务与技术服务的平衡

就广义上讲，服务有精神服务和技术服务之分，合格服务者的一个重要标志，就是取得两者之间的平衡。

前者之精神，就如在家里招待亲朋好友，应保持亲切、热情的心态，微笑着迎接每一位客人，并在服务过程中营造轻松、愉快的气氛。后者则是对设施、设备、物品、物件等的精妙而恰到好处的操作技能、技巧。后者因前者而富有灵性，前者因后者而具使用价值。退回来讲，没有前者，若想达到后者目标，便会缺乏内在动力；而后者不精，则常可能心有余而力不足，影响人的积极性，并必然破坏前者的效果。

所以，二者必须成为完整的一体，就如一辆车上的两个轮子，缺一不可。服务，常可能因每个客人的兴趣、性格、习惯、立场等不同而出现无数次失败，但正是在这失败之中，会产生优秀的服务精神，只要努力。

吃“年轻饭”的群体

饭店业因大批年轻人聚集、工作于斯，所以，才成为“日不落”的朝阳产业。很多人致力于打破这个框框，其实大可不必，也不可能。我们要促成吃“年轻饭”的群体的生生不息。同时，作为从业者本身，则应不断冲破自己目前的能力极限，获得自觉与发展。

须知，浪费青春，是人生的最大损失。而在饭店工作的每一分每一秒，对一个有为青年而言，都不会是浪费，因为我们已经修得了宽容、谦逊、勤奋、礼貌以及效率、成功的一整套见识。所以，我倒是认为，能有机缘在饭店服务业走一遭，是天大的幸运，该百万分地珍惜。退一万步讲，即使将来离开饭店业，这一身本领也是千金难买。

学校生活与饭店生活不一样

我认为，当今的大学生、大中专学生乃至高中生，都有必要尝试一下饭店业的人生。当然，我们看到很多人打了退堂鼓，或遭辞退。什么原因？大都因为没有调整好角色。但在饭店服务业，“迅速进入角色”却是一个刚性要求。怎样转变？知识、技能、沟通能力，一个都不能少，都不能慢慢来。当然，前提是要充分认识“饭店人”与“学校人”的不同。

	企业	学校
目的	通过企业发展增进相互的幸福； 给其以获取物质幸福的手段，确立其社会地位。	掌握知识与技能，获得人格、素质的提高； 为成为一个合格的社会人，必须掌握一定的文化知识。
手段	工作——以企业方针为基准，在企业工作中准确地完成业务。	学习——通过上课、写报告、论文、读书、自习。
社会责任	工作人员（社会成熟型）——即使是未成年人，也将担负起社会责任。	学生（社会未成熟型）——即使高龄者，也在其社会性上表现为未成熟型。
人际关系	有上司； 有各年龄层的人； 学历、知识、经验不同； 即使退休也可以留用； 人际关系复杂，以协作网络为中心； 自己的行为对全体成员都有影响。	有老师； 以同龄人为主； 除老师之外都大同小异； 在校年限十分严格； 人际关系单纯； 即使一个人学习，别人也不会表示不满。
生活关系	获得工资与奖金； 按员工守则、从业规定行事； 必须在企业规则范围内行动； 任何行动都以工作为中心。	交付学费； 享有广泛的自由； 学校是走向社会的演习场，所以，研究活动被赋予神圣的自由。

三个要素：在幸福环境里工作

工作的幸福感应来自工作本身。

但没一项工作会自动生成幸福感，必须通过从业者的亲历亲为才能达成。不过，按规定的方法完成规定的任务不是创造幸福感的必由途径，因为在这样的环境里，员工很难出成绩，而唯有成绩才能实现自我激励，获得幸福感。因此，每一个人都需要有一些能出成绩的创意，包括不断补充新知识、学习新技术、身心健康、享受纪律约束、员工之间的愉快互动等。

那么，能出成绩的环境，该是怎样的环境呢？

1．团队互助，工作氛围好

如果每天的工作、生活都能保持一种阳光气氛，那么，我们的幸福感就会加倍。这不单纯是上司、同事、下级之间的个人关系，尤其在于为实现企业繁荣和进步而促成的积极的团体精神。

2．以创造整个社会的幸福感为已任，有上进心

创造整个社会的幸福感，是我们服务业者的根本使命。没有这个使命感，我们站不高，看不远，也不可能有真正的成就，自然也就没有幸福感了。企业发展，正是这样一种创造。它最终将推进并巩固我们自身的社会地位。因此，我们必须倾心尽力。同时，致力于排除那些有害于企业信用的破坏行为。

3．充实自己每一天，脚踏实地

不间断地努力工作，增长技能，取得成就，是一切幸福感的前提。我们不仅应在工作上追求充实，在业余生活中也要。两者是一体，会互相影响。有人喜欢说“工作是工作，生活是生活”，其实是不科学的，换言之，那可能只是某些人想逃避加班或额外工作的借口而已。

团体精神

我们已经清楚，饭店工作不是一个人便能做成的。它的每一环节的运转，都要付出几乎所有同事的共同心血，就如齿轮交错运行一样，任何一处出现障碍都会影响整体，甚至造成方向性差误。

同时，也只有通过这种关联、协力，每一位从业者的个体价值才能得以发挥，并自觉地履行自己的工作职责，对服务规范产生更加深刻的理解。或许，我们过去不觉得迟到、早退、缺勤等违规行为是大事，但现在不同了，因为我们知道这会影响很多人、很多事，便很自然地能自觉、主动地报告上级，以尽量不给同事找负担、添麻烦。从此，小事不再是小事。

交接班时的相互联系也十分重要。

管理人员更要充分理解部下，通过会议、恳谈等形式解决矛盾，促进从业者之间的团结，促成部下的信任，上下一心，完成任务。

公正、平等的意识

服务，是饭店人的根本职责所在。我们是“吃服务饭”的人。因此，提供凝练、格调高雅的服务，即成为一个必然目标。而这样一个服务的最重要标志，莫过于对公正、平等精神的体现。

世界是由不同习惯、风俗、语言、宗教等共同组合起来的，我们必须时时面对这样一些客人，使公正、平等在每一个服务环节中都具有特殊意义。

这也包括同事之间、上下级之间的沟通。

问候、打招呼的基本功

会打招呼、问候的人，往往能更快地适应新环境、新工作。此乃服务工作的基本功，是基础的基础。服务的本质，并不在于去赴汤蹈火，完成什么艰难、巨大的工程，行什么壮举，而是要在简单的一言一行中，通过日常态度，自然地表现我们的礼仪礼貌修养和素质。

准确、迅速、亲切的原则

首先，要有准确的知识，比如，饭店卖的香烟品牌、餐厅的开餐时间等等，我们称之为“应知应会”,是绝不可缺的,这在前边已经讲过。如果可能,尽量丰富。其次，每一个环节的操作，都要体现出训练有素的面貌。动作要麻利，有节奏，更要有时间观念。最后是“亲切”二字。它所体现的，恰恰是服务的根本——好客意识。但三者缺一不可，它们表现的，仍然与“给人方便、给人自信、给人欢喜”一一对应。

诚实

诚实者常会表现出谦逊，因而，可以避免造成客人的不愉快。

我们都是平凡人，都不知道每天会遇到什么突发的事情，而在此时，诚心诚意将是我们保持镇定，并以此获得客人好评的基本手段。

内在的服务精神，必须通过具体行为表现出来才有意义。反过来说，我们所表现出来的，必须有源自内心的诚实。

服务乃是从诚实之泉中流淌出来的，否则不成其为服务。

微笑

表示欢迎与诚意，微笑是一个根本手段。风尘仆仆的客人会因你的微笑而精神一爽，疲惫顿散。

只有人才会微笑。或可以说，不会微笑的人，是不适合做服务业的。

微笑是万国语言，可以打通一切种族、宗教之隔阂，获得一个共识。如果我们能在微笑的基础之上配以优秀的外语基础，沟通将锦上添花。所以，要在日下不断积累技术和语言方面的表现力。

此外，微笑，还是一种益于身心健康的运动。

直率而坦然的微笑，时时体现着人情的温暖。反过来讲，也只有当人与人充满了人情的温暖的时候，微笑才会直率而坦然。

清洁、卫生以及员工健康

清洁和卫生，是两个不同的概念。

清洁，是我们眼睛能观测到的卫生；卫生，是我们眼睛观测不到、必须借助仪器才能发现的清洁。

两者一表一里，但跟礼貌、高雅的气质一样重要。它们将共同在创造环境气氛中，发挥着重要作用。饭店要不遗余力地通过自理、自查、互检，以确保清洁和卫生达标。

这是一项硬工作，来不得半点马虎。

此外，饭店是劳动力密集场所，对内对外都是人，所以，保健工作十分重要。这也是服务精神的一个具体体现。很多饭店对此不很在意，甚至态度暧昧，如对带病坚持工作的态度，本不该提倡，却迟迟不开尊口。

整理、整顿的意识

整理，包括日常用品条理化、区域环境净化等，即将必要的用品、用具，从美学和实用角度加以摆设、安置。整顿，则是将那些没必要的、过时的东西清除出去。

我们每天都应有个全新的开始，再有一个完整的结束，那么，就从整理、整顿开始、结束吧!

此外，整理、整顿意识还是一个工作观念：今日事今日毕，切记不可拖延。所以说，这对我们提高服务意识大有助益。

节约

消费文明是我们古今文明的重要一环，而文明的重要一环，就包括不浪费，换言之，浪费乃是对文明的最大破坏，这个观念应成为每一个饭店从业者的基本意识。因此，饭店各级管理人员都要强调艰苦朴素、勤俭创业的精神。这种观点，要天天讲、月月讲、年年讲，只给少数人讲不行，要让全员都知道。

节约意识，是由对财产、公物的爱护、珍惜中生成出来的一种宝贵的人性财富，它能反映出一个人是否诚实，并成为我们判断他是否有仁爱之心的一个标准。

此外，这个观念应用于服务，还将有助于客人节约开支，进而建立起更加紧密的信赖关系。

学习精神

如上，我们概述了危机服务“操盘手”——饭店从业者应具备的基本素质、能力及其努力方向。但我说得到，不等于大家做得到：我晒太阳，你会温暖吗?

归根结底，决定权还在每个从业者自己，在于自己是否愿意并诚心去努力，当然，也在于饭店是否提供了相应的条件。

往哪个方向努力？学习。在工作中，以使命感鼓动内在的热情，不断去了解新知识，掌握新技能，专心捉摸、研究工作方法、客人心理，然后，总结出一套具有“自主知识产权”的服务方式。这是非常关键的。人只有在这样的过程中，才能取得“货真价实”的成长。

我们称这种个人学习意愿充足、饭店学习政策配套的组织为“学习型组织”。

学习过程中，“5W1H 原则”是一个核心链：

When —— 何时？

Where —— 在哪儿？

Who —— 向谁？

What —— 提供什么服务？

Why —— 为什么要这样？

How —— 怎样提供？

必须创建“学习型组织”，因为我们会遇到各种各样的客人。

四、危机服务的一般原则

投诉不可避免

即使前述“内部沟通”、“理解客人”、“饭店从业者”危机服务三要素完全具备，我们也不能保障客人不投诉，因为“天有不测风云”，而“天上的云，客人的心”，没人能完全把握住客人所有时刻的情绪。不仅不能把握客人，客观地讲，我们常常连自己的情绪都搞不定。何况，很多投诉的起因都不是单一的。

总之，投诉可以减少，但不可能绝对避免。作为饭店从业者，要首先承认投诉不可避免这个现实。

危机服务围绕“投诉处理”展开

服务危机大致包括“冷漠反应”、“抱怨”、“投诉”与“诉讼”四种类型，鉴于篇幅所限，本书重点围绕“投诉”与“诉讼”两大类主题展开讨论，本章只谈“投诉”。

为何只谈“投诉”，理由有四：

1.“冷漠反应”的处理应纳入营销范畴，即通过进一步的服务磨合来解决。过度强调现场解决的思路，反而会因操之过急而造成欲速则不达的反效果。但“投诉”处理的思路及其影响，将发挥“服务预热”作用，有助于预防“冷漠反应”再度发生。

2.从危机处理的角度看，“抱怨”性质与“投诉”毫无二致，只是前者程度较轻，但在处理原则与技巧上，完全可以参考“投诉”处理。

3.显然，“投诉”是“冷漠反应”与“抱怨”的极端表现，所以，从现场处理的角度看，只要把握好“投诉”处理的原则、方法，则另两者问题将迎刃而解。

4.“诉讼”的内容具有比“投诉”更加极端的特征，所以，另辟一章专讲，但围绕“诉讼”前前后后的处理方法，仍可参照“投诉”处理的内容。

对待客人投诉的三种态度

我们规定，无论来由如何，饭店对每一个投诉都必须高度重视，彻底调查，分析研究，从而加以改善，尽力做到使客人满意。具体说，就是对客人的投诉，不拘理由、态度，都应持欢迎的态度，并把处理客人投诉的过程，作为改进管理与服务的最佳机会。

或许，对大部分员工来说，受理客人的投诉不是一件愉快的事。但是，应该认识到，大多数客人是不会轻易前来投诉的，他们通常采取的做法，是在受到不公正的待遇后，做“冷漠反应”，即下次不再选择这家饭店了。不仅如此，他们还可能把这个不愉快的经历告诉朋友、亲属、同事。所以，任何忽视客人投诉的做法，都是极其愚蠢的，这样一些人将会无法适应饭店竞争的环境。

饭店从业者应客观地、认真地听取客人意见，尽快采取纠正措施，并同时维护饭店的利益。

这样的态度，归纳起来可具体为三：

1.感激的态度。

2.负责的态度。

3.客观的态度。

投诉多是饭店受惠

1.设备及服务水准可以获得衡量。

2.所投诉问题与人员比较明确，易帮助我们明确责任。

3.改善服务，避免更多类似问题发生。

4.改善客人对饭店印象。

5. 能较有效地提高控制和管理服务质量。

投诉的四种主要类型与应对

无论“冷漠反应”、“抱怨”，还是“投诉”，乃至“诉讼”，其出因都不外乎设备故障、服务态度、服务差错、异常事件四类。了解这些，将有助于我们对处理办法进行有效的梳理，并有效地开展危机服务。

1. 设备故障

客人对饭店设备的投诉，主要集中在通信效率、准确度，电话信号与转接质量，空调的冷、暖、干、湿，照明亮度，出水流量、冷热交换，供电稳定与否，家具是否完备、好用，电梯有无故障等问题。

须知，即使饭店建立了一个对各种设备的检查、维修、保养制度，也只能减少此类问题的发生，而不能保证消除所有设备的潜在问题。

故此，在受理客人关于设备的投诉时，最好的方法是立即去实地检查，而不是辩驳。然后，根据情况，采取应急措施。

处理妥当之后，服务人员应再次与客人电话联系，以确认客人的要求已得到满足。

2. 服务态度不好

客人对员工服务态度的投诉，主要包括言语简慢、粗鲁、无礼、粗声大气，或回答客人提问不用心、不专心或不负责，或面部表情冷淡，甚至没有“表情”，或对客人的问题充耳不闻，或走过客人身边若无其事，或见到客人爱理不理。还有一个问题，就是过分热情，让客人受不了。

服务人员与客人的立场不同、个性迥异，所以，在任何时候，此类投诉都将难以避免。

3. 服务出差错

如服务人员没有按照先来后到的顺序原则提供服务，开房员分错了房间，邮件未能及时地送给客人，行李无人帮助搬运，总机转接电话速度很慢，叫醒服务不准时，上菜慢，菜冷等等，都属于饭店服务差错方面的投诉。此类投诉，在饭店接待任务繁忙时，尤其容易发生。

减少客人对态度与服务的投诉的最好方法，是加强对服务人员的培训，大多数服务人员不是有意对客人无礼。有些员工甚至是好心办坏事，他们往往事先未曾预料到自己的接待服务方式会使客人不满。因此，对他们进行有关待客的态度、知识、技能的培训非常重要。

4. 异常事件

无法买到机票、车票，因天气的原因飞机不能准时起飞，饭店的客房已经订完等，都属于常见异常事件的投诉。饭店很难控制此类投诉，但客人希望饭店能够帮助解决。服务人员应尽量在力所能及的范围内帮助解决。如实在无能为力，应尽早向客人解释清楚。只要服务人员的态度通情达理，大部分客人是能谅解的。

日常问题与《宾客意见表》

饭店的服务者应研究、了解客人的基本需要，确定最容易导致客人投诉的环节。只有仔细分析这些最常见的问题，才能预先采取措施，保持高质量的服务，达到减少客人投诉的目的。

饭店应主动征求客人意见，请客人填写《宾客意见表》，这是较常用的方法。《宾客意见表》上详列了最容易发生投诉的主要环节，可以此征求客人对改进服务的意见及建议。

《宾客意见表》可以在客人办理入住登记手续或离店手续时发给客人，也可以放在客房的服务夹内，还可以邮寄给客人。

《宾客意见表》对改进饭店的管理与服务具有很高的价值。管理人员应认真阅读征求意见表，把客人反映的问题按部门统计、归类后予以公布，还可以将统计结果与考核、评比挂钩，以达到表扬先进，督促后进的目的。

饭店应该给填写《宾客意见表》的客人发一封由总经理署名的致歉信或感谢信。这对改善客人与饭店的关系是很有用的。对于比较严重的投诉，饭店的管理人员还应给已离店的客人打电话，以便了解详细的情况，表示管理部门对此事的重视。

《宾客意见表》还能起到避免客人在大庭广众面前大声批评饭店的作用。当然，也可以采取其他方法，或与其他方法并用，如检查值班经理日记、工程或安全保障巡视记录、大堂副理记录、面谈等。

投诉处理三原则

1. 真诚地帮客人解决问题

客人投诉，说明饭店的管理及服务工作尚有漏洞。服务人员应理解客人的心情，同情客人的处境，满怀诚意地帮助客人解决问题。

只有遵守真心诚意的帮助客人解决问题的原则，才能赢得客人的好感，才能有助于问题的解决。

2. 绝不与客人争辩

当客人怒气冲冲前来投诉时，首先，应该让客人把话讲完，然后对客人的遭遇应表示歉意，还应感谢客人对饭店的关心。当客人情绪激动时，服务人员更应注意礼貌，绝不能与客人争辩。如果不给客人一个投诉的机会，在客人面前表现出逞强好胜，表面上看来服务人员似乎得胜了，但实际上却输了，因为，当客人被证明犯了错误时，他下次再也不会光临这家饭店了。

如果服务人员无法平息客人的怒气，应请管理人员前来接待客人，解决问题。

3．不损害饭店的利益

服务人员对客人的投诉进行解答时，必须注意合乎逻辑。不能推卸责任，或随意贬低他人或其他部门。因为采取这种做法，实际上会使服务人员处于一个相互矛盾的地位，一方面希望饭店的过失能得到客人谅解，另一方面却在指责饭店的一个组成部分。

其次，除了客人的物品被遗失或损坏外，退款及减少收费不是解决问题的最有效的方法。对于大部分客人的投诉，饭店可以通过面对面的额外服务，以及对客人的关心、体谅、照顾来解决。

五、危机服务的常规流程

客房服务最易被投诉的十点

1．整理客人房间太迟。
2．服务员不礼貌。
3．服务员索要小费。
4．住客遗留物品无法寻回。
5．房间设备损坏，如淋浴、电视机、坐厕等。
6．房间用品不够充足。
7．住客受到骚扰。
8．房间不够清洁。
9．室内温度、湿度调节失灵。
10．淋浴出水量或浴缸水温不稳定。

餐饮服务最易被投诉的十点

1．出菜迟缓。
2．饭、菜或汤温度不够。

3．口味不好。

4．原材料不新鲜。

5．菜的品种单一。

6．服务员态度冷漠，说话不礼貌。

7．服务效率低，不专业。

8．推销高价酒、菜。

9．厅房安排差错。

10．服务没有技巧，弄脏或损坏客人财物。

常见的三类投诉方式

1．电话投诉。

2．致函投诉。

3．向大堂副理、客户关系主任或现场管理人员投诉。

处理客人电话投诉的十一个要点

1．认真听取客人的意见。

2．保持冷静。在投诉时，客人总是有理的。不要反驳客人的意见，不要与客人争辩。为了不影响其他客人，最好个别地听取客人的投诉。

3．表示同情。对客人的感受表示理解，用适当的语言给客人以安慰，如"谢谢您，告诉我这件事"，"对于发生这类事件，我感到很遗憾"，"我完全理解您的心情"等等。因为此时，尚未核对客人的投诉，所以只能对客人表示理解与同情，不能肯定是饭店的过错。

4．给予特殊的关心。不应该对客人投诉采取"大事化小，小事化了"的态度，应该用"这件事发生在您身上，我感到十分抱歉"之类的语言来表示对投诉客人的特殊的关心。在与客人交谈的过程中，注意用姓名来称呼客人。

5．不转移目标。把注意力集中在客人提出的问题上，不随便引申，不归罪于人，不推卸责任。绝对不能怪罪客人。

6．记录要点。把客人投诉的要点记录下来，这样不但可以使客人讲话的速度放慢，缓和客人的情绪，还可以使客人确信，饭店对他反映的问题是重视的。此外，记录资料可以作为解决问题的根据。

7．把将要采取的措施告诉客人。如有可能，可请客人选择解决问题的方案或补救措施。绝对不能对客人表示，由于权力有限，无能为力。

8．把解决问题所需要的时间告诉客人。要充分估计解决问题所需要的时间。

最好能告诉客人具体的时间，不含糊其词。

9．采取行动，解决问题。着手调查，解决问题，并把进展情况告诉客人。

10．检查落实。与客人保持联系，检查客人的投诉是否已圆满地解决了。

11．记录存档。将整个过程写成报告，存档。

运用正确的程序受理客人投诉将有利于改善饭店与客人关系，及时了解饭店的不足之处，达到改进与提高管理和服务的目的。

处理客人书面投诉的七个要点

1．认真阅读投诉信件，了解有关情况。

2．查阅客史档案，分析有关情况。

3．约见被投诉员工及有关工作人员，了解事情的具体经过或设备对象。

4．如客人尚未离店，应尽快与之联系，用处理口头投诉的方法妥善处理客人投诉。

5．若客人已离店，通常由饭店有关部门起草给客人的道歉信，由总经理签字后及时寄出。事情重大者，由总经理亲笔回信。

6．查明真相后，若是员工失职所致，须做出适当纪律及经济处分。

7．记录时间、姓名、房号、主要问题及处理方法等，并存档。

受理面对面投诉的八个要点

1．任何客人都希望在他跟我们告别前，问题得以处理。要以这样的心态面对客人。

2．专心倾听，留意客人表情及所投诉的事情。

3．须表现出热忱、友善、关心及愿意协助。

4．将投诉之事情记录下来。

5．听客人投诉时，勿胡乱解释及中途打断客人说话。

6．留下姓名、电话号码，令客人更为安心。

7．诚心诚意地帮助客人解决问题。

8．切忌在公众场合处理投诉，应带客人到宁静、舒适的地方。

处理投诉过程中的八个注意事项

1．不单独进客房调查问题。

2．有些客人爱争吵，无论饭店如何努力也不能使他们满意。对于这类客人应采取什么措施，饭店主管部门应做出明确的决定。

3．有些投诉的问题是没法解决的，如果饭店对客人投诉的问题无能为力，饭店应尽早告知客人，通情达理的客人是会接受的。

4．在任何场合，都不要匆匆忙忙做出承诺。

5．决不与客人动手，同时避免自己受到人身攻击。

6．对自己不能解决的问题要及时转交给上级。

7．不要转移目标。

8．时刻注意维护并提高客人的自尊心。

六、客我关系管理的五个标准

谁的“声音”该大

饭店的任何工作，包括危机服务，都不能不紧紧围绕着创造收入、利润这个关键点来展开，因此，谁的“声音”大，首先要看谁更接近它。

通常，我们用“全员营销”来概括这个努力方向，而实现“全员营销”的直接手段，就是“全员服务”，达成的目标即“经营效益”。

这个逻辑，应是饭店所有“声音”中的最强音。

内外有别

这里，我们将饭店的所有部门分为对内、对外服务两类部门，其中，“对内服务部门”指的是人力资源、培训、员工事务、财务、采购供应、公关企划、安全保障、工程维修、绿化、洗衣等以内部顾客（员工）为直接服务对象的部门。这些部门的特征是不直接创造收入、利润，但却可以通过提升服务力度、管理效率与节约开支，创造“内部效益”，并间接实现饭店的“经营效益”目标。

“对外服务部门”则指营销、前厅、客房、中餐、西餐、酒吧、娱乐、运动、休闲、车务等以外部顾客（消费者）为主要服务对象的部门。这些部门的特征是直接创造收入、利润。当然，营销部是个例外，他们虽不直接创造收入、利润，却直接服务内部、外部顾客，故与创收创利直接相关，通常也归入这里。

所谓“声音”，就是话语权。

那么，谁的“声音”应该大呢？

我们为此设定了五项裁判标准。

1. 标准（1）：谁离外部顾客近，谁的“声音”就大

比如，营销人员根据客人提出要求，请餐饮部马上更改菜单，餐饮部应积极配合，这时候，营销人员的“声音”大于餐饮部。反过来，客户关系主任在大堂接到来店洽谈会议的客人，通知营销人员到场时，营销人员应该马上安排，这时候，客户关系主任的“声音”大于营销人员。

再如，行李生与门童正在为一组客人服务，这时，另一组客人到达，前厅人员、大堂副理或客户关系主任、门岗执勤的安保人员都在场，是否可以拿“非本职业务”或“我有我的工作”作理由，对此视若无睹呢？当然不可以，而他们应立即协助行李生与门童替客人做事，并兼顾本职。部门经理必须鼓励这种工作作风。

依此类推。为此，所有人都应练就“接一待二招呼三”的本领。

如果大家都忙，则主要责任方要及时报告部门经理，部门经理要权衡轻重缓急，调配资源，迅速解决问题，而不可以“踢皮球”。不过，有些员工宁可“无声无息”地得罪客人，也不愿报告经理或请求同事援助。这个现象必须警惕，因为这是经理自身存在问题的明显信号。

2. 标准（2）：外部顾客的“声音”大于内部顾客

比如，客人因临时需要要求停留在餐厅外的消防通道前，餐厅人员通知安保人员到场，安保人员必须迅速到场，一方面表明专业态度，说服客人，而更重要的，是必须同时为客人安排妥当的位置，解决问题。不可以简单拒绝，或反过来责备餐厅人员，因为那不是解决问题。

但在这里，问题常常很严重。

一般，在饭店开业初的一两年时间里，由于拼夺营销制高点的热情高涨，加上各部门内部管理基础初定，内外配合的问题不会突出。第三年开始，如果没有针对性的调整，部门经理的自保意识便可能逐渐增强，地位也相对稳固，从而引发“近视眼综合症”：偏于固守自己的“安乐窝”，表现在希望“稳定”，尤其是行政人员与业务人员之间的“无形”矛盾开始突出。行政人员越来越想“管理”，甚至不惜拿“脸色”、“规则”、“制度”来维护自己毫无服务意识的“面子”，经理或总监越来越喜欢听汇报，看数据，而不是在员工中、在客人中解决问题。这时候，他们的心目中已经没有“服务”，没有“营销”了。

所以，非要警惕不可。怎样警惕？听明白这句话很关键：

“服务意识是被客人骂（培养）出来的”。换言之，没机会直接遭客人“骂”的人（对内服务部门），通常没资格去“骂”那些可能直接被客人“骂”的人（对外服务部门）。

试想一想，如果你为外部顾客的问题而去“骂”内部顾客，那么，你的立

场是什么呢？首先是违背“全员营销”规则，其次，是对“全员服务”规则的破坏，实质是背叛我们的职业基准。更有甚者，部分经理会说“是他们自己弄错了”，“是他们为了自己方便”，“是他们自己的过失”，非但不能开发人力资源，简直是在扼杀。这样的工作态度是绝对不允许的。

也正因为外部顾客的“声音”通常要大于内部顾客的“声音”，所以，我们还可以立一个这样的规矩：

在业务上，允许对外服务部门的各级经理、员工“声音”大些，允许他们对内抱怨，发脾气，瞪眼睛，但对内服务部门的各级经理、员工则不可以，否则，那等于自断生计——是谁在从客人那里赚钱养活大家？

如果大家都能做到这一点，结果将意外地走向反面：越来越少有人抱怨，发脾气，瞪眼睛，代之以智慧与平和，并形成互相尊重的风气。

3. 标准（3）：专业部门的“声音”大于非本专业部门，但责任也更大

比如，面对一个大型会议项目谈判，营销人员通常更专于客房消费谈判，“声音”要大，而餐饮消费谈判的主力，就应该是餐饮部业务人员，要由他们发出“声音”，营销人员要主动运用专业资源，而非单打独斗。也许营销人员会认为自己已经对餐饮很熟悉了，但实际上餐饮的变数最大，昨天的行情跟今天的要求可能就不同，而非本专业部门所掌握的，通常是大概的或以前的常识。

经营业务谈判发生歧异，本着“项目盈利最大化”的原则解决。要懂算账，数字的“声音”要大。超越授权时，要申请临时授权或向授权人请示。

其他部门经理涉及相关业务，也一定要通过专业部门来处理，不得擅作主张。即使总经理、总监也不应该破坏这个规则，并不应该有过多干涉，尤其在价格体系上，更不要做专业上的个人英雄，因为不可能也不应该。这个规则，应在饭店授权规则里明确。

又如事关安全、卫生、员工守则、人事制度、财务纪律等底线的项目，也要遵循这个规则。这时，专业部门应一方面明确地维护本部门专业的权威性（注意，是权威，不是权力），但更要提出合适的建议，解决问题。解决问题才是关键，是目的，而简单地说“不”或大发雷霆以示自己的态度，没有任何意义，因为它既非“营销”也非“服务”，即使一次“顶回去了”，也不代表长期解决问题，还是要有“新思路”和“新做法”。

还有些人喜欢现场追究专业责任，其实，这是“专业”的推脱责任，不可取，因为他们没有心思去解决问题，而只求自己能摆脱责任。

办法总比问题多，而不善于用尽所有资源解决问题的经理，最好辞职。

当然，专业部门的“声音”能否真正大得起来，还取决于经理在解决问题过程中所提出建议的有效性以及能否马上解决问题。不解决问题的“声音”，即使包含了再多的专业术语，也不是我们需要的“声音”，顶多是“杂音”，是“噪

音”，有百害而无一利。

4. 标准（4）：两个或多个部门面对外部顾客都在忙时，“声音”相当，故此时应打破流程框框，迅速、灵活地采取“直线工作法”：直接找能够最快解决问题的部门、人员或自己动手解决问题

比如，营销人员在接待会议主办方客人，客人临时要了解晚宴主桌的尺寸，按照流程，他们应向餐饮客户岗位索取尺寸信息，但正巧该岗位业务人员忙，且手头没有相关信息，这时，就应采取“直线工作法”：找尺子来测量。谁测量？如果有尺子，营销人员亲自测量，或指挥餐饮部人员测量；如果没尺子，就直接找有尺子的工程部人员前来协作；过后，将相关信息存入饭店共享档案。

又如，餐饮客户岗在与客人洽谈宴会布置，需要知道新购置的背景板高度，按流程应通知美工组人员测量，或请他们提供高度信息，但他们也忙，无暇立即协助。怎么办？还是参照上边的“直线工作法”。

或如，大堂客户关系主任迎来客人，通知营销人员或餐饮客户岗人员，如果恰逢两岗都在忙，一时难以抽身，怎么办？只能采取“直线工作法”：完成除价格谈判之外的所有工作，包括参观，提供一般性（可公开）信息、资料，请客人稍事休息，喝茶等等，并与相关岗位人员保持联系。

所以，任何机械地固守流程定义、分工的做法，都将贻误服务时机，人为地制造矛盾。这时，责任一定在经理，不在员工，因为只有经理才有灵活处置问题的权限与资源。

反过来，相对的责任部门人员也应遵循裁判标准（1）的原则，积极、迅速地回应上一流程人员的要求。如果确实无法抽身，应说明情况，马上报告经理，请求采取应急措施。

任何岗位，对客人的每一件事情，都应该以“跑步”的姿态完成，而不是公子哥那样的四平八稳，更不是小脚妇人的一步三摇。

“声音”对等，也意味着冲突在所难免，但关键在事后，双方部门经理应立即引导大家回到流程上来，对冲突进行调节，沟通信息，各取所需，形成档案，以备后续工作的开展。做到这一点的人，才能叫做经理，且经理的指挥与协调能力，往往在此体现，而非拖后一两天或更久才办。这类事要经常做，要成为经理的日常工作习惯，且应不拘形式。

规范流程的真正意义，不是解决问题，而在于确保“正常状态”下工作的有条不紊，中规中矩。真正问题出现的时候，都是“非正常状态”。这时，就应该跳出框框，采取“直线工作法”。不要舍近求远，不要拐弯抹角，不要觉得那不是自己分内的事。但总有一些部门经理会跟下属一样固守规范流程的底线，并以极力维护本部门员工利益为己任，认为“自己下属按流程办了，没错”，“是别人应该配合”，“这事就应该由别人做”，“是别人的错”，潜意识中，认为自己

多承担了责任，多做了事就是“吃亏”，他们遵循的是“多一事不如少一事”的明哲保身原则。实际上，这类问题根本没有对错，所以，追寻对错的人，才愚昧之至，是大错特错的。

部门经理看似“维护”了小团体、本部门的利益，其实是在破坏饭店“服务”与“营销”的大局，是在培养自己下属推脱责任的意识，最后，会使你整个部门都不被认可，都没有地位，并必然累及经理自己。

还有一些经理善于把一些由于“声音”对等而引发的冲突，简单上升到狭义的“态度”、“协作精神”的高度，要总经理“评理”，或哄闹成经理会议的一个内容，经理间争来吵去，甚至发生经理“投诉”员工的笑话。

经理应怎样解决这类“态度”与“协作精神”问题?

先看是不是对待外部顾客，如果是，则立即制止，亲自弥补，然后严肃批评、教育，依法处理。如果是内部顾客之间，则应该在发现问题当时，当场告诉该同事：“你这样说（做）不对，应该像我这样说（做）。”如是率先垂范三次，问题必消。

对这类问题，任何经理一经发现，都应该管，但不是等到事后再在背后拿出来论说，那已经没有意义了。该状况大概能说明三点：其一，经理缺乏现场管理能力，怕管事；其二，是经理没自信说“我是你的榜样”，因为自身不够强；其三，可能是“有闲”。

事实也证明，越是忙碌的部门、岗位或个体员工，也就越少有闲暇投诉他部门、他人的问题，因为他们知道，那样做会更麻烦，为此，他们宁愿把精力用在跟进、更正上一流程的过失，并检讨有无给下一流程带去过失等方面，他们知道，这是自救的唯一办法。

作为部门经理，应敏锐地察觉这种不利于团队工作的氛围，决不能任其蔓延，否则，一些员工就将因孤独无助而选择离开。损失的，仍然是经理。此外，如果经理因同样问题而离开，那么，责任就在总经理，也标志着这个饭店陷入了深层的危机。

还有些时候，部门经理为实现同级之间的妥协，或为推脱自己的责任，而不惜牺牲下属的自尊，这是很卑劣的做法。同样，一味为下属护短的行为，也可能是为了推脱自己的责任，也不光彩。

面对下属的错误，在经理之间，正确的做法，是说“我错了，我会改正”，而不是说“都是我的下属不得力”，或说“我认为我的下属没错”（等于说“我没错，是你们有问题”）。除此之外的任何做法，都不能解决问题，而只能扩大问题，使自己成为“麻烦制造者”。

这些经理的共同特点有三。第一，关键时候常常不在服务现场，而事后处理问题时才跑出来，凭一面之词，像“传话筒”一样义愤填膺地说事，似乎是非分明，敢把问题拿到桌面上，其实选错了桌面，他本应在解决问题当时的桌面上这样做，以迅速解决问题，而不是背后再这样做。结果，既打击了别人，也损伤了下属，还败坏了部门风气。

第二，是因为自觉或不自觉地把心思花在争当“内战能手”上，所以，一到对外谈判，尤其是遭遇客人投诉，就先软了半截，“割地赔款”了事还沾沾自喜，甚至自己先躲起来。

第三，是平常里，根本不把精力用在如何“做事”，如完善“全员服务”与“全员营销”的规则，制定相关制度，或事先关注、预测、发现问题，防患于未然等，而片面地追求所谓的“做好人”——琢磨他人，着力维护好周边人际关系，左右逢源，你好我好，得过且过，结果反让做事的人从心里看不起：“这个人做人不错，就是能力有限，做事差了一些。”

此风一起，那些不能左右逢源的做事的人，将被挤走，然后留下一群“关系不错的人”，等真正的经营危机一来，树倒猢狲散，自顾不暇。

每一位经理都应深思这样的问题，要盯住“全员营销”、“全员服务”这个过程目标，认认真真地发现、培养个性十足的“对外高手”，他们才是饭店成长所迫切需要的人，也是最终真正有能力帮助我们实现营销目标的人。然后，让那些只懂在自己人身上“使力气”的人离开队伍！

5. 标准（5）：内部顾客“违规”或外部顾客“无理取闹”时发出的“声音”，不符合这里“声音”的概念，只能是“杂音”、“噪音”，须依法清除，是为管理

这个标准，是回应“要不要管理”的呼声的，也是规定“管理力量”（“行政力量”）应该如何发力的。当然要管理，但管理不等于绝对的、简单的控制，而且，“管”是“管事”，是照规范、原则、约定、合同执行；“理”是“理人”，是尊重人，服务人，是开发人力资源，是给人方便，给人自信，给人欢喜。这才是我们的管理概念。如果做反了，坚持去“管人”，那么，等于视人犹物了，一定费力不讨好，因为只有“事”才能纳入规范、制度、纪律框架的约束，人是活的，不可能框住的，是“就事论事”，不是“就人论事”。

一些经理不能把握这个规律，反其道而行之，结果在处理问题时事事不顺，得不到左右配合；或得不到真心支持，在关键时刻得到的是反对票；或完全丧失自信，只好以势压人，结果适得其反，把角色演砸了，非常苦恼。

凡对管理丧失自信的人，或过度自信的人，都喜欢生气、训人、损人，或自以为是，或面对批评故作无所谓的姿态。这些都是不懂管理又自以为是者的做法。何以至此？因为他们喜欢“盯人”，而不善于“盯事”。“盯人”容易发现问题，人无完人，看得不顺眼时，找毛病容易极了，容易出成绩（或自我满足）；“盯事”就比较麻烦了，要头脑冷静，要分析，要与标准对照，要调整，甚至可能发现错在自己，所以，不易有成绩。因此，经理的这些行为，本质上是趋利

避害的自保心态反应，一定要摈弃。否则，作为个人，将激情尽失，毫无创新精神；作为部门，则将生机不再，死气沉沉。

其实，只需换个思维，将“管人”心态调整为严格、踏踏实实、一丝不苟的“管事”作风，做到“多管事，多理人，少管人”，给人方便，给人自信，给人欢喜，就可以收到管理效果了。这个管理效果包括规范、制度、流程、机制等得以健全(归结一点，就是“管事”)，人力资源得以开发，员工思维活跃、头脑充满想象、创意，富有工作热情（归结一点，就是“理人”）。

这样一来，行政式的管理，就将是一件很轻松的事情，因为在我们已经描述的几乎所有饭店业务中，需要“管”的成分，顶多占 1/5，其余 4/5 是需要“理”的。所以，真功夫不在如何“管”，而在怎样“理”。

由（1）到（5）都能做得到，饭店氛围即将“非常适合饭店发展”，在这里，我们将不仅遵循了“全员服务”原则，更对应了“全员营销”的方向，并将为饭店文化的形成，奠定坚实的、正确的基础。否则，则永远不能，并必然从根本上背离人力资源开发的基础和目标。

执行标准中的“管”与“理”

“全员服务”的口号容易喊，但真正做到很难，最大的障碍在于行政体制下的“管理意识”，喜欢“管”人，而不是去“理”（服务）人，不是帮助下属解决问题，怎能当好经理！有些人喜欢躲在办公室里，拿着电话，一脸的“训斥”、“告诫”，甚至摆出“我不问理由，只看结果”的神态。其实，只有总经理才有资格这样做或说，任何下属这样做，都是“越权”。

相对于部门经理而言，每一个部门下属，都是他服务的对象，所以，当部门出现服务质量问题时，经理永远要当第一责任人，而不能推脱说“这是我部门某某负责的”，或表示自己的“下属能力有限”，或搪塞说“我回去调查一下”，然后不了了之，甚至找一个推脱责任的理由再杀回来吵架。这样做，你将有背于作为部门经理的基本品格，是一个不负责任的人。

此外，在任何一个服务现场，只要有客人需要或第一线员工需要帮助，所有在场的饭店人员，应不囿于部门，一起动手，迅速完成工作，而不允许说“这是某某部门的工作，我通知他们来”，或说“我要请示经理”，或说“我也在忙”（能够有时间说自己很忙的人已经不在忙了，否则他将没有时间说自己忙）。这时候，应该只有一个“声音”，并应该是客人的或离客人最近的那个人的。

执行标准中的“上级”与“下属”

不少经理喜欢这样“咆哮”（责备）别人：“你一个员工就能给我下通知”，

言外的诉求，是“平级沟通”：你的员工有事，应报告经理，再通过经理对经理的沟通来解决问题。这在一般情况下无可厚非，但在解决外部顾客问题的时候，不适合，也不可以，必须严格杜绝。

注意，任何外部顾客的事，永远都是急事。

我们不提倡“办公室政治”，也不要做“政治人物”，我们的目标是“全员服务”、“全员营销”。

我们的每一位经理，都应明确授权现场员工利用一切资源解决问题，包括利用总经理、副总经理、总监、部门经理的“面子”资源，他们都是可资员工利用的“服务工具”。要鼓励他们利用，而不是打击他们。比如，遇到客人投诉或难缠的客人，一定要报告上级，上级应责无旁贷地出面协助。

经理这样做的结果，常常会反过来换回员工对经理的珍惜、爱护，他们会更加真心地保护上级。否则，将不仅没有客人的满意，也将失去员工的满意，“全员服务”与“全员营销”都将成为一句空话，而没有“全员服务”、“全员营销”的饭店，将是一个没有“经营效益”的空壳儿。

员工不向部门经理求助的原因有三：一是怕见经理，因为不熟或天生胆小；二是对经理某些行为留下的印象不好，觉得他讨厌；三是觉得找经理还不如自己解决，找上级更麻烦，或认识到经理根本没这个能力。所以，作为部门经理，必须顺着这三方面，逆向入手，解决自己的问题。

首先，通过亲近客人，推动“全员营销”与“全员服务”，来亲近员工，发现、培养员工的工作能力。其次，反省自己的以身作则作用发挥得如何，能否赢得员工信赖与爱戴。最后，是时时刻刻当好员工的“有用帮手”。

如经理参加“宴会预备队”（为应对大型餐饮活动而组织起来的临时帮工队伍）工作，就老老实实地做一回“员工”；不要指手画脚地指挥别人，不要等客人来时你才来，因为宴会服务在客人到来之前已经开始；也不要等客人一走你就走，把自己等同于客人，因为宴会服务远没有结束，而你的作用，可能在专业度要求较低的“准备”与“收尾”工作中更能发挥。

此外，作为职业管理人员，绝不可以把饭店搞成“居委会”，不允许在饭店的任何一个场所出现“居委会现象”：议论张长李短。

本来，这不该成为问题，但由于我们有个人好恶，并不能有效地控制情绪，或完全丧失了作为经理的角色意识，就产生了问题。

世间人只有两种，一种是你喜欢的，一种是你不喜欢的。对喜欢的人爱屋及乌，对不喜欢的人横竖不顺眼，这就是“居委会现象”的根源。为杜绝该现象，我们应重申一个规则：

在饭店里的所有时间内，都没有私事，只有“全员服务”与“全员营销”。

违背这个规则的人，哪怕只有一次，都将在员工中造成极其恶劣的影响，所以，是可耻的，应深恶痛绝之。

第三章 冷漠反应、抱怨与投诉的由来

消除客人抱怨与“治病”

如何看待客人的抱怨

世上没有完美的服务

抱怨，在诉说客人的需要

人们为什么要住饭店

来自环境氛围的抱怨

收费标准带来抱怨

没有品位与特色也会引发抱怨

新生事物隐含着纠纷因子

“冷漠反应”最可怕

一、消除客人抱怨与“治病”

“用心治病”

有句谚语叫“医者，仁术也”。所谓“仁术”，指的就是富有同情心，帮助别人的行为或方法。例如，医生并不是要问患者：“你难受吗？”，“你痛吗？”，而是要深入对方的内心，表示：“现在一定很疼”，“很难受”。

两类不同的表述，意义截然不同。前者是事务性的，后者则能深入病患内心，能真切理解病患，病患也将由此而产生一种“医生理解我苦痛”的信赖与慰藉。

这个例子，跟饭店服务人员处理客人抱怨的思路是相通的。所以说，处理客人的抱怨本身，就是“治病”。

其实，包括饭店管理等诸多企业活动，也应建立在“用心治病”的基础上，才可能有长远的建树。

立足提意见者的立场，深入其内心感受，即能领悟客人内心的想法，真正“摸清”客人想让我们做什么、怎样做。很多时候，找对了问题本身，问题可能就已经解决了一半。换言之，如果我们能根据客人的意见去处理问题，客人的心病也就治愈了。

“癒”字有两重意思，一是请人用心把病带走，二是高兴、开心。“癒”字很有意思。因此，治愈客人的抱怨，目标应不在消除抱怨，而在乎让他们愉快、高兴。

须知，清净心出智慧，有智慧才能拨云见日，令雨过天晴。

饭店经营者应有此心态。

“要和平，不要战争”

愿意打仗的人，大多是没有打仗经验的人的“豪言壮语”，而真正的战斗英雄只会说，“要和平，不要战争”。对一切反对意见、抱怨的态度也应一样，要“用心治病”，而不要去对抗、压制、镇压或消灭，因为战争不能消灭战争，当然，更不能简单地投降，任人宰割，而是要做一个“用心治病的人”，因为最后胜利的，一定是和平使者。

秦始皇吞并六国，攻无不克，战无不胜，但最后不免灭亡，留下一片悲凉。反过来说佛陀，他不求战胜任何人，却也从未被任何人所战胜，并在两千余年间，成为主宰十数亿人民的心主。

这是我们寻求处理客人（包括外部消费者和内部员工）抱怨的基本方向。

二、如何看待客人的抱怨

面对客人的抱怨

对于“抱怨”，商家们都没好印象。

受此影响，我们脑海中将总是联想起“没面子”、“做糟了”、“麻烦了”，进而蒙上一层负面的阴霾，愁眉不展，甚至要祈祷上天，保佑自己能有朝一日不被来自上司或客人的意见所烦恼吧。而现实中，服务人员也确实常常进退维谷，处理客人抱怨不力，客人会更加生气；因想稳妥地处理客人抱怨而做了一些不必要的事，又会挨经理的批。

对客人的不满，要弦外听音

客人的不满，不可简单地理解为“怨言”，它有着更加丰富的内容，如：

1．出于“抱怨”的不满：为什么这样对待我？

2．出于“提议”的不满：要是这样做就好了。

3．出于“不平”的不满：为什么不是这样？

4．似乎没有不满的不满：这可帮了我的大忙……

视客人不满为提升服务之契机

为避免类似问题的再次发生，我们可以把每一次与客人的纠纷或被表扬，都记录在案，并建立可供阅览的“宾客意见箱”系统。所记录的这些信息，大都能成为日后灵活高效地处理客人抱怨的“百宝囊”，更重要的是，会使饭店从业者对客人不满的认识发生根本转变，即把来自客人的不满，理解为提升服务品质的契机。

处理抱怨能带来六个“礼包”

饭店必须靠员工随机应变能力来处理麻烦，这不光是为了饭店，也是为了自己，因为我们每个人都可以从中得到六个“礼包”：

1．服务品质得到提升，自信、品位都可能提升。

2．客人满意，工作充满阳光。

3．商机增加，大家都高兴。

4．员工自身的人际交往能力获得培养，受用无穷。

5．曾遭破坏的人际关系得以修复，无毒一身轻。

6．处理问题的高手将获得团队的信赖，有望获得更多的晋升机会。

无论在哪些场合，处理好客人的抱怨都是非常重要的，因为这些不满将永存于一切有人的地方。既然没有真空，就不要幻想躲避。

三、世上没有完美的服务

抱怨不能避免

世间不存在完美的服务，就是说，客我纠纷不可避免。

事实正是这样：饭店里没有一天不发生纠纷的，无论你多么用心，力求提供多么完美的服务，都不可能从所有客人那里得到百分之百的满意。

这是因为饭店里的所有服务评价，依赖于人与人的交往所形成的特殊关系。

人不可避免地会犯“错误”，客人会，服务员也会。如在餐厅或咖啡厅，服务员不小心把桌子上的杯子打翻，水飞溅到客人身上，客人也许会大为光火。

“飞溅”的“错误”当然全在饭店。这原因很明了，因此，处理起来也大都得心应手，如迅速向客人道歉，同时，帮助客人把衣服弄干，再确认是否弄脏。客人如果有时间的话，就让客人换换衣服，在客人等待期间，把衣服拿到洗衣房清洗，尽量洗得和客人来饭店时一样干净。偶尔，如果没能洗得和原来一样干净的话，向客人送上一些表示歉意的小礼品。

但也有时候，情况不这么简单，比如遇到下面这种情况，该怎么办？

一位客人投诉说，客房服务生的态度很差。差在哪里？他说，服务生送餐到客房，却一言不发，只盯着桌子，你们的培训很成问题，我觉得他是要偷看我放在桌上的公司文件。

事情不大，但很麻烦。

人的情绪如大海，有时平静有时汹涌

对客房服务，90% 的客人都会说，要“安静、迅速、周到”，而偷看文件的

可能性，几乎不在说法里。但仍可能有10%的客人怀疑服务员“表面毕恭毕敬，内心却根本瞧不起自己”，并由此而对服务产生不满。

不满的原因，还会随着客人当天情绪变化而起伏不定。十次同样的服务，九次客人都会表现出很满意，但因为夫妻吵架或者是工作劳累、心情焦躁等原因，这一次就表现出极度的不满，让人莫名其妙。

服务的对象既然是人，其感情、情绪就不可能是死水一潭，这是规律，如大海有起伏一样的规律。所以，不要说什么方法是绝对正确的，服务无定法。至于服务规范，也顶多只能减少客人的不满，而不能根除。

如果我们不能认识到这一点，则对客人抱怨的处理，将是火上浇油，坏上加坏。

四、抱怨，在诉说客人的需要

服务没有定法

服务没有定法，因此，立足变化做准备工作，将是危机服务的根本所在。

人的抱怨，如大海之于波涛，随时随地可能发生。同时，不满亦将因客人的不同，或客人的不同时候，而大有不同，如果不能理解发生不满的必然性，就不能够很好的处理纠纷。

饭店不仅提供物的服务，还要同时提供那些眼睛看不见，却能够满足客人精神需要的服务。

而“精神服务”，或提供者，或接受者，各有其“神主”，所以，千差万别，瞬息万变。唯一的胜算，只有在尽量完美的“对话”之中，即只有当提供服务的一边和接受服务的一边，达成心灵的共鸣，情绪的和谐，才可能产生感动或满足感。

换言之，“精神服务”没有定法。由于服务没有定法，一些时候，自觉已提供了很好的服务，却还是与接受服务的客人发生了“意想不到”的摩擦，觉得十分“委屈”。

其实，还是服务的功夫没有修炼到位。

关注个性，创造满意

在饭店里，有时甚至会为一句寒暄而引发客人的抱怨。

早上，在咖啡厅，是说“早上好”呢？还是道“你好”呢？当然应该说“早上好”才顺啊。但偏偏有例外。

一位作家，因截稿期迫近，为完成稿子，就在饭店里包房居住了很长一段时间。这位先生的生活方式很怪，是晚上开始工作一直写到早上，然后到咖啡厅吃一些简单的早餐，再在白天睡一小会儿。有时候，他就告诉服务员：“我马上就要睡觉了，你还对我说‘早上好’，觉得不是很愉快，希望以后说些别的，好吗？！”

从这里，我们可以推导出一个模式：客人满意（CS）不等于个人满意（PS），也是规范服务不同于个性服务。“CS”如“早上好”，当然不会让多数客人不满，但还是有少数客人不以为然，觉得你是在敷衍。“PS”不同，如对作家的问话就可以调整为“哇，您一直工作到早上啊，实在佩服，您太辛苦了……”这会让客人心中一暖，觉得有了知音。

时时以个人满意（PS）为目标

心中要有作为“个人”的、鲜活的、有特点的“那个客人”，而不是一个笼统的“客人”概念。

如果上述案例中，那位服务员在对客人道歉的同时，又表示了感谢，说：“非常感谢您的建议。请允许我把您的建议作为教材，让我们的每一位员工都认真思考一下服务的本质到底是什么。”客人可能转嗔为喜。因为这适合他当前的身份和心情。

在这里，我们应该重新考虑上述的老问题：问“早上好”，真能带来客人的不愉快吗？问总比不问好吧？答案不尽然。不恰当的问候，客人很可能不愉快。

我们的观念要调整，调整到“时时以个人满意（PS）为目标”上来。

深入到每位客人内心深处的服务，就是在创造“个人满足”(PS)。

五、人们为什么要住饭店

饭店是“H”的场所

“H”和饭店起源有很大关系，并且是一个宗教词汇的第一个字母。

首先，“H”是HOTEL（饭店）的“H”，而它源于HUMAN（人）与宗教意义上的HOSPITALE（提供慰问的地方）。《圣经》说，“请诚恳地招待旅行在外的人们”，就是说，在外生活的旅人既没有房子也没有家人在旁边，他们处在一个弱势立场上，所以，要给他们安慰和帮助，于是，产生了给他们“提供一个可以睡觉的地方”以为慰问的想法，并渐渐地发展成现在的HOTEL（饭店）。

显然，先要保证“提供慰问的地方”，这是“地点决定论”的发源。然后，引申到“硬件决定论”，即设施设备装修等的保证。再后来，就发展为殷勤好客之意，即“精神服务的保证”，进而，令服务业进入了全新的层次和领域——以舒适的环境接待客人，成为饭店服务的基本。

由此看来，和饭店相关的词全都以“H”为第一个字母，所以，我们可以说，饭店是“H”的地方。

在饭店里做什么：需求模式因人而异

在向饭店支付规定的费用后，客人便拥有了合情合理合法的“随心所欲”的权利。我们试着归纳这些需求，发现以下八点：

1．集中精力工作。

2．作为特殊的纪念日，活动一下。

3．和朋友悠闲地聊天。

4．充分放松自己。

5．好好地睡一觉，休息好。

6．充分地享受美食和美景。

7．体验一下与平日截然不同的生活，换一种“活法”。

8．激发、创造一个“丰富多彩”的心情。

这八点，同时也将是我们服务的着眼点，我们应以积极的心态和工作，去适应每位客人的不同需求，提供力所能及、细致入微的帮助。

这既是饭店服务员的任务，也是责任所在。

当服务员认真而优雅地处理（解决或避免）了每位客人各不相同的抱怨之际，便已经同时创造了令客人满意的对话基础，顺势而下，客人将成为饭店的“俘虏”。

六、来自环境氛围的抱怨

客人不满与员工不满，多发于餐厅

不满，泛指冷漠反应、抱怨与投诉等诸种反应（下同）。

员工的窃窃私语，常常会引起客人不快，而这些情况，常常集中发生在饭店的某个餐厅或咖啡厅。

那里的管理人员没有培训?

没有督导?

这类岗位本身有特殊性?

……

任何时候，经理都不会忘记提醒员工“把精力集中到服务上”，于是，令人费解。

一位客人的留言这样写道：

“员工不关注我们，只顾窃窃私语，偶尔还会笑出来。看到这种情形，我很不舒服，难道他们是在评价我的服装？或是说我的衣帽不妥？我一下子不安起来，检查了自己好几遍。”

针对此事，经理深入现场了解情况，员工纷纷表示：“没有窃窃私语，没有议论客人，我们只是进行一些工作的沟通。”最终，大家普遍认为“那个客人神经过敏”，同时，心里也产生了一点点的不舒服。

环境装修设计有问题

双方都不舒服，问题在哪里呢?

问题出在餐厅和咖啡厅的环境设计上：从各个座位来看，有时会出现员工背对客人的现象，他们的表情根本不能被几个座位上的客人看见，而另一些座位则处于与员工面对面的角度。

虽然这个店的装修是半年前才完成的，但新环境设计中偏偏忽略了关键点。

当然，我们可以说设计的责任不在员工，但使用者却是员工。因此，站在客人的立场上来看，还是员工欠缺对话意识与方法。

客人“看到的”与员工所“说的”不一样

客人对员工的接待方式，非常在意，有时甚至达到敏感的程度，而他们一旦注意，问题将肯定出现。

员工说：“三号桌的餐具收了吗?”“啊！还没有，我马上去。”

客人会听到完全不同的声音，他们认为员工在讲：“买明天主场的足球比赛票吗?”“不买了，中国球队不行，这次放弃。”

知道原因了吗？原来就是这样，而且，将永远如此。于是，解决方案也有了：

1．避免窃窃私语。

2．有意识地、多次出现在客人的视线内。

3．经理要注意提醒、培训员工如何避免客人的误解。

4．工作沟通时尽可能使用简短的语言。

5．不能长时间背对客人，不让客人看见表情是很不礼貌的。

6．尽量减少员工之间互相对视，而将视线集中于客人的方向。

因为客人听不到员工的对话，所以，他们所识别的是体态语言。显然，我们所应对的，也只能是体态语言。

七、收费标准带来抱怨

客人价格投诉

一位客人在大堂发泄对饭店价格的抱怨。经详细询问，发现客人的问题是“我多次通过旅行社订房住在你们的饭店，但这次的费用特别高。为什么？我住的是同样标准房，你们就应该给我跟从前同样的价！不对吗？”

价格竞争被误导为态度竞争

收费标准，在一些客人看来就是一种态度，因此，发生抱怨也就在所难免。

其实，这个抱怨与其他态度抱怨有很大差别，与其说是抱怨于别人的态度，不如说是自己要求得不到满足的一种“落差”所造成的“情绪激荡”。

这可能是世间最普遍的一种抱怨了。但尽管如此，我们仍不能不重视。

社会的成熟或经历长时间经济萧条，都会促成一般消费者扎紧钱包绳子的潜意识，而在商家也一样，亏本的买卖谁去做呢？

同时，随着大环境的经济状况持续走高，新的饭店一家家开业，各饭店之间的价格竞争也自然到了白热化程度，这进一步抬升了客人议价的能力。因此，当一家饭店没有打折或折扣较小的时候，客人就会认为你“不够有诚意”，遂将价格问题引向了态度问题，使问题复杂化。

当然，再复杂的问题，只要明白了原因，就会有答案：每隔一段时间就推出一些促销方案好了。

灵活定价

对其他饭店针对价格的“特别服务”，我们当然要有自我保护措施。为此，在定价方面要灵活多变。这样的定价策略不是新措施。经营淡旺季，就大有文章可做。饭店的景观也是制定差别定价的一个因素，“好景坏景一个样，不是态度问题是什么？”还有周末价和平时价，一般客人价与常客价……算起来，除了因为房间数量少，或是客人固定等情况之外，以完全柜台价模式提供服务的饭店，几乎为零。

在这里要提醒大家，折扣权限一定要下放给总台员工，而不是上级经理，否则就不是真正意义上的灵活。因为上级经理通常都离现场客人很远。上级经理更多要把握的是授权控制，如合作企业价、信用卡公司价、旅行社价、航空公司价的制定与遵守等一些原则问题。

答应降价，还是坚持原则？

如前例，是答应降价还是坚持原则？向客人解释现在和前些日子的情况不一样，客人还是不能接受。反之，若轻易答应降价要求，不仅不能提升饭店利益，而且对别的客人将进一步失去价格信用和说服力。

对这类抱怨，通常以不同意降价为原则，通过值班经理的真诚解释（类似于软磨硬泡）达到求得客人理解。这时候，要仔细讲述饭店设施的特殊性。例如，向客人解释，无论十人住还是五百人住，饭店都必须提供同样的服务，而不能说十人住就停止供暖、不赠送拖鞋，而且，事关客人生命安全的防灾设施，哪怕只有一位客人住，甚或没人住，都一点儿不能松懈。因此，千万不要顺着客人“有人住总比没人住强”的话题扯下去。

客人眼中的“人的服务”与“物的服务”

“人的服务”，指饭店策划、组织并通过促销、广告等形式传达的，以愉悦客人、满足其精神需要为目的的各种活动。

“物的服务”，指的是生产、组装零部件，并通过内包装以及提供修理方便，能使客人得到实在的“东西”的活动。

饭店的服务，贯穿始终的是“人的服务”，一部分配以“物的服务”，如饮食品、商场物品等，且客人的基本着眼点，始终是“人的服务”。有客人评价说，“饭店的东西就是贵，但我们还是要去，因为在那里请客有面子”，正道出了其中奥秘。

却也正因饭店服务没有具体形状，所以，要定出一个令所有客人都能“直观认可”的价格很难，所以，一旦有一次打折，再想恢复到原来的价格，会不被理解。

或者说，根据淡旺季变化，航空公司和一些物流企业也会调整价格，但对饭店而言，比较麻烦的一点是在客人登记入住时并不是交清所有费用。因此，在消费环节终了（结账时），客人觉得费用不能接受时，有人甚至会“逃账”（不办理退房手续而离开饭店）。

为减少“逃账”风险，安全防范当然要做，但毕竟是下策，唯有通过全体员工的齐心协力，始终坚持给客人提供最优质的服务，才是正道。

八、没有品位与特色也会引发抱怨

一件小事里藏着的玄机

在饭店中餐厅，客人点了一份打卤面。

一会儿，一位服务员道一声“打扰了”，将一大海碗面放到餐桌上。碗很大，也可能很重，往下放时，员工卡着碗沿儿的手指眼看就要触到汤汁里了（当然还差一点）。客人心里很不舒服，觉得这碗面不干净，脸上也就显出不高兴的样子。

是服务不好？

是这碗面真的不干净？

还是别的什么原因？

期待品位与特色

抱怨发生的原因，看上去很单纯，我们一般人也这样认为：不至于因此就不高兴吧？

其实就是“因此”——“大海碗”、“手指眼看就要触到汤汁里了”。但客人潜意识中，却有一种藏在深层没有说出来的心理：期待品位与特色。

客人是为没有品位与特色而不高兴，只是他自己也不见得知道罢了。

这就是玄机。

同样的“大海碗”，同样的“手指眼看就要触到汤汁里了”，如果事情发生在大排档，客人会抱怨吗？大概不会。问题在于饭店不是大排档，而客人对两者的服务期待，有着本质上的区别。

当然，这个区别不是价格问题，而是在客人心中，饭店里的“打卤面服务”（不是“打卤面”）就应该有饭店的品位（不允许“手指眼看就要触到汤汁里了”）、特色（不该是“大海碗”）。所以，是我们的服务不符合客人的期待，并因此而引发客人看似“莫名其妙”的不满。

反过来，人们一旦享受到了符合身份，或能提升身份（品位），而别处又没有的服务（特色）时，就会有一种感动。而一旦体味到内心的感动，再次有机会的话，他会期待重温那种感动。

好的服务，就是激发客人内心的感动。

感动创造品位，却是一条不进则退的路

反过来，正是这个员工给客人的感动，创造着饭店的品位，使客人感受到一种“团体身份”，让他置身其中，就觉得与众不同。

当然，与此同时，客人对饭店的期待也会不断的提高。所以，一旦留给客人与期待相反的“退步了”，或“没有印象那么好”，或“没有进步”的印象，就很容易产生抱怨。所以，好的服务正如不进则退的逆水行舟。

为此，专用的托盘，厨师长精心烹制的独特味道，热茶、热毛巾、餐巾纸、台布，热情而得体的问好等等，便成为种种“烘托”氛围的必要的“道具”。同时，我们还要拓展新品，触动客人新的感动点。

如果这些都做到了，就说明我们不仅为客人奉上了美味，提供了周到的服务，同时，也奉献了品位和特色。如果这时客人还抱怨“太贵了”，就只能怪客人自己了。

九、新生事物隐含着纠纷因子

一家中式饭店的宴会厅将被装修成欧式风格的，而其经营目标却是中餐。这是一个极其大胆的尝试。但这个尝试从一开始就饱受批评，中国人的理由很简单：中国文化应表现在中式装饰里，否则，将不伦不类。外国人的理由一样简单：我们当然希望在中国文化氛围里用中餐。大多数人的声音都倾向于维护“特色”与“品位”，并坚持认为，只有继承和尊重中国文化的传统之美才可取。

这可以说是中餐之幸。但由此而来的抱怨，或内或外，都将在所难免。

不过，只要有反对的，一定就有支持的，他们或可能是“新生代客人”，换言之，饭店可以借此创造出一批新的支持者。他们可能说，中式装修满街都是，到一个特别的地方吃中餐不是更加别致吗？或说，有什么不好的呢？

不要让抱怨变成革新者背上的十字架，因为没有创新、创意，同样会招致非议。

十、“冷漠反应”最可怕

带着抱怨离开的客人

为更好地处理抱怨，我们应首先弄清抱怨的实质，因为有些抱怨的理由，不是表面看到的那样。而对于饭店经营者而言，满意和不满意，向来是一枚硬币的两面，有此故有彼，无论碰到哪个关节，都可能引发抱怨，这跟提供服务方有没有过失无关。

唯一的方法，是因地制宜地处理客人的抱怨。对那种“不讲出来的抱怨”，尤其必要：他们显得很有修养，表面上没有任何意见，离开时也平平静静，但心里却充满不满，并发誓再也不来这里了。

对饭店来说，这类客人最为“恐怖”。

在自己家里发生火灾，如果不能在自己的家里将它熄灭，则其危害将不仅在家里，也会在外边，后患严重。

心藏抱怨而离开的客人，谁能保证他在别的时候、别的场合不再说起他心中的不满呢？这样，抱怨就可能通过他的亲朋好友不断地扩散开去。而一旦影响恶劣的流言散布开来，要想消除都困难，更多的营销努力也将事倍功半，甚至得不偿失。

为防止这种事态的发生，我们必须倾听和不断收集每一位客人藏在心中的抱怨。

“引出”抱怨之处

把第一次光顾的客人“搞掂”非常关键，当然是要通过提供最好的服务，如此才可以把他们变成“回头客”饭店也才能生意兴隆。

为此，饭店在日常经营中，应注意将短期住宿客人和老客人区分开来。有些饭店为连续住宿三天的客人提供甜点和水果，以示区分，目的即在于变短期客为回头客。

但如果因此而忽视了对短期住客的照顾和关心，会不会影响将来回头客数量的增长呢？当然会。其实，只有让短期客也满意而归才是最重要的。

因此，饭店要建立主动询问的机制，如设立“客人日记”，每一位员工都有一个本子，专门记录客人意见，定期整理，就是一个好办法。问一问：

“您看我们有什么不足之处？”

“您满意我们的服务吗？”

“您有什么建议，我很想听到。”

这种积极向客人询问意见的工作态度很重要。而实际上，这种询问本身就是一种服务，或者说是一种态度。

也可以设计一些固定格式的表格来征询客人的意见，如下面的样式：

询问意见的调查表

非常感谢您光临我们饭店，请留下您对我们饭店的意见！

■接待客人的态度

迎宾	好	一般	差
铃声服务	好	一般	差
服务总台	好	一般	差
电梯服务生	好	一般	差
负责人	好	一般	差

■客房、餐厅及酒吧里

关于服务

房间服务	好	一般	差
酒吧	好	一般	差
餐厅	好	一般	差

关于饭菜的味道

■如果还有别的意见，请您告诉我们

或设置宾客意见箱，或公布投诉信箱，或设大堂副理，或专门实施宾客满意度调查制度，都是出于这样的目的。在客人有时间的情况下，和客人聊聊也可以，都能“引出”他们原本隐藏起来的抱怨。

再看一个例子

这是一个客人索赔纠纷

一天，客人一家子来向大堂值班经理投诉。他们一家人来饭店吃饭，然后，顺便在饭店拱廊照相馆拍了纪念照。之后，他们拿到了那家照相馆洗印出来的照片。先生说，他发现当天妻子穿的衣服上的饰品，没有被清晰显示出来。“这能算是好的服务吗？”

抱怨就这样产生了。

从法律上讲，饭店方面是没有任何责任的，一般情况下，经理只可要求照相馆与客人之间直接协商就可以了。不过，为了息事宁人，大堂经理还是退一步，说：既然如此，我请照相馆重新洗照片，如何？然而，客人一家找理由拒绝了这样做。

仔细考虑事件的全过程，大堂副理明白了：他们的动机，其实只是为了索赔。

于是，饭店方面决定强硬起来。大堂经理明明白白地告诉客人：饭店在这件事上，不负任何责任。拒绝了他的要求。

最初，客人还要求总经理出面解决问题，吵吵闹闹，纠缠很长时间，最后，终于放弃了要求，离开了饭店。

第四章

饭店危机服务基本技巧

听客人把话讲完
让客人吐露“真情”
不要一个人面对抱怨的客人
对道歉语言高度用心
为抱怨客人分类
时间、地点、情况不同处理方法也不同
难以判断实际情况时
莫伤面子与自尊
因为其他客人在看
向客人问法
公布投诉处理记录
活学活用投诉处理记录
售后跟进服务

一、听客人把话讲完

别打断客人讲话

处理抱怨的第一大原则，是倾听对方意见和抱怨。倾听，体现的是饭店人的基本工作能力。

有人会觉得这很简单。但能真正站到对方角度，一边体会对方的心思，一边从头到尾认真地听取客人抱怨的人，其实少之又少。

我们观察到，一般的投诉处理者，都是表面谦恭在听取，内心则在想，“饭店的制度是这样的，我也没有办法”，或者“这个问题不是我负责”等等，于是，总是跃跃欲试地想打断对方的讲话。这样的员工很多。

更不要说“不好意思，打断一下”，性质一样，而且行事方式更加恶劣，因为我们自己往往因此而觉得自己很有礼貌，从而忽略了问题的实质，埋下了深层的隐患。而且，大部分客人对此尤为反感，结果只能火上浇油，加剧了问题处理的难度。

这不是夸大其词。

我不是经理

客人不知道饭店里的经理是谁，因此，会抓住身边任何一位员工，来表达他的抱怨。

如果你是餐厅服务员，在通道上被住店客人叫住。他生气地告诉你，“你们没有注意到房间的窗户上有灰尘吗？我的衬衣都被弄脏了，饭店方面打算怎么办？”

你该怎么办？

看到客人不依不饶，打持久战的样子，你该怎么办？是说“不好意思，我是餐厅服务员”（潜台词：客房的事情由客房服务员处理，不关我事），还是说“您稍等，我给您联系负责人”（潜台词：我不是经理，管不着）。

显然，两种回答都违背了处理问题的第一大原则。

不论怎样，都应该先道歉，然后，再和客人一起到值班经理那里去。即使不是自己负责，对客人来讲，你也是这家饭店的员工，这一点是不可否认的。

问题还是出在没有把握住“设身处地为客人着想”这一基本点上。不能换位思考，那么，客人将不会再来这家饭店，或许你将听不到他的抱怨，但你也将失去他的消费。

有抱怨的客人，是不愿意听任何借口的。

实事求是，关键是求实

倾听客人意见直至最后，是巧妙处理抱怨的第一步，而且，站在对方立场上听取意见这一点很重要。

在饭店服务质量分析会上，员工这样描述了对那位抱怨衬衫被弄脏问题的处理经过：

“我发现，那位客人大概马上要参加一个重要会议，现在休息室里吸烟，休息，看样子，似乎神经高度紧张。并且，从他的外表来看，应该是这次会议的主角之一，所以，我判断他肯定有话要说，于是，主动迎上去……”

这是一个很好的宣讲。仅此一点，他就可能“看”到客人抱怨的理由及对饭店设施不到位之处的点评。同时，这更是一个好的态度：求实——找到事情的根本，而不是被动等待或视若无睹。

找到了问题，就找到了处理问题的门径

在对实际情况进行了准确的判断之后，那扇解决问题的大门，也霍然打开，方法已经在那里了。所以，态度非常关键。

这位员工继续讲道：

“……于是，我知道了问题所在，马上跟客房经理取得了联系，然后，问客人有多长时间等待，并提供了两个解决方案：有时间，则为客人快速清洗熨烫；时间短促，则把客人带到饭店更衣室，借他一件饭店准备好的衬衫。最后，客人挺满意，说，谢谢你，我会后再送洗吧，但还是谢谢你的服务。问题圆满解决了。我也很高兴。我想，我也没做什么服务啊！但反过来想，如果我当时说我不是经理，所以无法负责，情况将大大不同。即使不是经理，我们也能为客人做一些事情。”

在这个答案中，我们找到了化干戈为玉帛，变抱怨为需求，再变需求为服务，再通过服务让客人满意的“快速通道”。

据说，那位客人在下一次选择饭店时，又想到了这件事，并成为这里的常客。

听取意见的三原则

客人的抱怨，其实是改进饭店服务的苦口良药。

因此，我们不能不慎之又慎地把握以下三点：

1．态度：不打断对方，倾听至最后。

2．求实：调整自己的心态，站在客人的立场上，判断当时的情况。

3．主动：体察客人的需求，并就需求提出自己的解决方案，供客人选择。

大多数情况下，客人不会无理取闹，所以，要以常识性思维来考虑问题，不要褊狭地认为客人在无理取闹。而一般的抱怨，都产生于客人对期望的品位与特色的落空。这当然不能说是服务员有什么错误，但关键在于不能纠缠在对错上，否则就没有余地了。即使觉得自己没有错，如果有助于提升服务，能使客人更满意的话，也要积极听取，积极处理，这才是正确的服务之路。

二、让客人吐露“真情”

怎样传达诚意

传达诚意不是一个说一个听的过程，而是一种氛围的创造过程，就是用心与心去对话。

婴儿不懂的语言表达，但会哭，母亲也不必用语言询问，而只需倾听，就能听出问题所在，是饿了，还是困了，还是别的。

这叫用心。

所以，上边提到的倾听三原则，实际上，就是要创造一个让客人畅所欲言、感受诚意的环境。如果在这一点上失败，那么，原本简单的问题就可能转化为严重问题了。

一个没有诚意的行动

一位客人向值班经理抱怨一位员工的行为：

“你们的一位员工跟我擦肩而过，我很热心地提醒说，小姐，你看那里有垃圾。因为我发现走廊上有垃圾，很不雅。你们的员工只是‘嗯’了一下，什么都没讲，把垃圾捡起来，就走了。我觉得她忽略了我的诚意，我很不愉快。”

值班经理直接向当事员工确认此事件，员工很认真地回答道：

“我觉得被客人指出问题，心里很歉疚，就急着去采取行动，想用这个行动来感谢客人。”

显然，这位员工的态度，是不够专业的。感到有歉意，如果不在面对客人的时候很好地传达，其实，一点意义都没有。因为在客人看来，员工是在做“自我保护”，那种态度完全写在员工紧张的表情与动作上，客人对有品位、特色的对话的期待，一下子落空了，并因此而产生抱怨。

表达诚意的六个基本姿态

听取客人意见的时候，无论对方是站着，还是坐着，饭店人员都应该站着。注意，不要表现出紧张感，要有柔和的表情，还要给客人送去诚挚的目光。不要有丝毫看不起对方的表情，还一定要抱着听完客人所有讲话的恭敬态度。

当然，也不是说一定要拘泥于死板的规定，例如，和喜欢自己的老客人，有时候以亲密的态度及言辞就能够有效解决问题。但在处理抱怨的时候，仅用亲密的言辞，不是上策，很容易被别人说成“不把客人当客人”，所以，该认真的时候必须认真，因为客人是认真的。为此，我们归纳出表达诚意的六个基本姿态：

1．保持直立的姿势。
2．自然，不要显示出紧张感。
3．用诚恳的目光说话。
4．柔和的面部表情。
5．配以轻微的手势。
6．绝不打断客人讲话。

三、不要一个人面对抱怨的客人

和客人之间划一条线

在饭店，跟客人搞好关系是很必要的。但有一点要明白，那就是在客人提意见的时候，如果还是抱着那种不庄重的态度，将是很危险的，甚至可能由此诱发“焦头烂额”、“灰头土脸”的尴尬，最后连起码的好关系都保持不了。

不要把客我之间的距离拉得太近，也要注意不要一个人接受客人邀请去吃饭，或打高尔夫，心中要有一条界线。

一旦超过了这条线，就很可能为纠纷埋下隐患。

因为危险确实存在。

客人要求升级：逾越界线的代价

一次，饭店酒吧的一位员工受到老主顾邀请，两个人去打了一场高尔夫球。

员工认为，他是老主顾，平时非常照顾自己的“生意”，那么，这次应邀，不妨就算自己以打高尔夫的方式接待客人吧。“我丝毫不觉得有什么不妥”。

但之后，那位客人的个人要求就开始逐渐升级，每天都要打折，最后发展到要求服务员“给我介绍漂亮的女客人”。

再后，那位客人再次邀请他去打高尔夫球，他以工作脱不开身为由，拒绝了。

于是，客人向饭店高层投诉他，“待客态度变得很冷淡”。因为受到投诉，这位员工的当年晋级受到了影响。

一旦超过了那条界线，客人的要求就会逐渐升级。要是客人提出的要求还算合理也就罢了，但有时会发展成为无理要求。所以，为避免麻烦，即使受到客人诚心邀请，最好也以自己不便为由婉拒。

当然，断然拒绝也是不可取的，也有时，客人的盛情无法拒绝。这种情况下，最好是向客人提出，自己要和另外一位同事一起前往。如果客人邀请你去的地方也是饭店，那么，不妨选择自己的饭店，如另一个餐厅。费用，当然可以由客人付。

保持一定的距离，一是能够让周围的同事认可，二是还可以避免一些不必要的流言蜚语。

要有别的员工作证人

尽量创造不单独处理客人抱怨的环境，至少要有一名别的员工来为自己“作证”，以彻底消除给自己带来不必要麻烦的隐患。

比如，客人抱怨说“上次，这位员工处理问题的态度很恶劣”（其实可能根本没有，或实际情况并非如此），或者抱怨说“上次给我的价格不是这样的”（其实可能是客人在故意撒谎）。这时，如果有当时的“证人”在场，客人将会有所收敛，并自然而然地杜绝类似问题的发生。

怎么应对找麻烦的客人

一位美国人，习惯每天早上在饭店的咖啡厅里吃早餐。一般，他都点同样的东西，但总是要求店员把菜单拿给他，然后，就用小得难以听见的声音点餐，这是他的特点。

尽管听不清，服务员知道他的习惯，就端来和平时一样的东西，他于是大声抱怨说，“我还没点呢”。

这样的麻烦，每隔几天就会发生。渐渐地，员工怕了，都想方设法逃避为他服务。于是，饭店聘请一位服务专家（第三方证人）观察这位客人，来确认他的点餐过程及实际需要。专家最后确认员工服务过程没有错误。之后，饭店咖啡厅经理正式要求客人不要太“任性”，“控制自己的脾气”。

客人大怒，大声吼道，“你算什么东西，有什么资格教训我”，他将能想到的粗话都劈头盖脸地砸了过来。咖啡厅经理和员工静静地听他无理取闹告一段落，宣告他是本饭店“不受欢迎的人”。饭店管理层也认可了这个决定，并将这位客人的姓名资料列入了“黑名单”。

一些城市饭店的“黑名单”是共用的。被记入“黑名单”的客人不但不能够享受饭店里的各种设施，而且连进入饭店都被拒绝。

四、对道歉语言高度用心

对道歉语言高度用心

在充分听取了客人的意见之后，就进入道歉阶段。

无论你准备了什么样的语言，处理抱怨的最初语言，都必须是道歉。

这一瞬间，是从事饭店接待业的人尤其要注意的。

有的客人会因为道歉中的一些小字眼儿而生气，最终走向法院诉讼。不仅是小字眼儿，还有些投诉被以“道歉没有诚意”为由无限升级。

那么，第一句话应该怎样说呢？

不好意思？

抱歉？

对不起？

……

其实都可能正确，关键是为有效处理意见，而考虑各说法的影响以及会给客人怎样的感受。由此出发，则我们的道歉将具有灵性，也能体现出诚意。反过来，任何环境下都是“很抱歉”或“对不起”，就是应付了。

应付的心理，是处理客人抱怨的第一天敌。

于是，“对不起”如果调整为“使您感到不快，真是对不起”。几个字的变化，情况可能就不一样了。

这需要高度用心。

说“对不起”的窍门

那么,“对不起”和“使您感到不快,真是对不起”之间的差别,真的很大吗?

当然不是。

但又的确很大，大在我们所关注的，是客人接受态度的微妙之处，而不是这句话本身。

是为用心!

“真是对不起”可以解释为“不好意思”的同义词或其延伸，可以说是对抱怨内容的承认，或是全面“投降”，总之，道歉的味道更浓厚一些，因此，比“不好意思”更为合适。

但若深究，其中的味道还是不足，还是有些草草收兵的感觉。加上“使您感到不快”,内容似乎偏离意见本身,而更关注了对客人生气态度的一种道歉与补偿，仿佛在说，不管什么原因，您不高兴，是我们最大的抱歉。从而，模糊了对客人抱怨原因及其责任的认真处理，仍会给人一种并非全面认错的微妙遗憾。

有人会认为“差不了多少”，但服务现场的很多小问题，就是因为这种微妙的差异，以及我们的心态管理不到位，而最终演化成大事的。

一个关于“不好意思”的例子

一天，一位客人来到柜台登记入住，要签字的时候，忽然抱怨说：“你们的房价太高了!”

现场员工就不假思索地回答道：“不好意思。”

于是，客人说：“既然你都觉得不好意思，就打折来补偿我吧。”

员工断然拒绝，说：“我不是这个意思……”

客人越来越生气，最后竟大吼起来：“那是什么意思？你这是什么态度？我要去告你!”

最后，只好把值班经理叫来解决问题。

服务员很委屈，哭了几乎一晚上。

两类客人

之所以强调在道歉时注意言辞，是因为如上这种因小失大的麻烦事在现实中非常普遍。是抱歉语言的匮乏？还是我们没有认真开发？不管怎样，客人的抱怨，普遍存在着发展为纠纷的危险，故此，如何致歉，我们应多思多虑。

危险在哪里？

在客人感觉到“不好意思”这类说法正在拉开一道看似无碍，实则无法接受的心理防线，等于在打发客人。殊不知，这类客人之所以会提出“无关紧要”的问题，就是因为客人不愿意被轻易打发。所以，我们自以为聪明的、沿用着老一套思维方式来处理，实则已经撞在客人的枪口上了，失败自然在所难免。

当然，如果客人是心平气和的，问题到此也是可以解决的。反过来讲，这类客人可能也不会提出上述的问题。

因此，抱怨的客人，至少应分成两类。或者说，可以分成挑剔的抱怨与随和的抱怨两类，而每一个抱怨的客人的情况都非常特殊，我们处理要有针对性。

道歉语言的三个微妙层次

我们的言辞不同，对方的心情会发生变化。仅以上边的例子说话，就可能出现三个不同的微妙层次：

1．说“不好意思”、“对不起”、“抱歉”等常用的致歉简语，挑剔的客人会认为：老套、敷衍、没有诚意、想打发我。

2．说“实在对不起”、“非常抱歉”等略加副词修饰的致歉短语，客人会认为有机可乘，说“既然你承认（有问题），就打折吧”，或说“那么，给我个说法吧”，等等。

3．说“使您感到不快，真是对不起”等完整表达歉意的句子，虽然等同于婉言拒绝，或表明我们的处理是有原因的（如上次的价格是因为淡季调价等），客人也会感到不舒服，但却会减弱火气，顶多嘟哝一句“既然这样，就算了吧”。

当然，这不是说“使您感到不快，真是对不起”这句话是万能的，因为客人抱怨、纠纷、意见的内容千差万别，唯有根据实际情况选择适当的道歉用语，才是根本的。只是比较而言，说完整表达歉意的句子，总比简化的为好。

五、为抱怨客人分类

抱怨无定式，故不要统一“处理模式”

倾听抱怨并道歉之后，则应尝试判断实际情况，并在此基础之上进行处理。

实际情况判断是否正确，对能否正确处理好抱怨，起着决定性的作用。

如前所讲，抱怨是因为各种各样的原因而发生的，所以，内容也将是多种多样、没有定型的。

正因此，对于无定型的抱怨，却用定型的处理手段，是缘木求鱼的愚蠢做法。换言之，准备了一个通用的处理模型去套用一切抱怨，还将引发意想不到的新摩擦。

客人的四种抱怨类型

尽管抱怨没有定式，但处理抱怨的方法却有一定规律，找到规律，按规律办事，就可以了。只是这些规律的发现，需要员工们知识和经验的长期积累，尤其是用心于此。

以下，我们以客人发现浴缸里有头发，而提出抱怨的假想场景为例，来探求这个规律。

第一类客人表示："浴缸里有头发，虽然只是一点，但可能说明饭店的卫生质量管理体系整体存在问题，也就说明整个房间，乃至整个饭店的清洁都可能存在问题，我必须多加小心，你们（饭店）也必须保证我的安全！"

我们称这类客人为"推理型"。

第二类客人表示："遇到这样的事，心情糟糕透了，你们（饭店）总得给我一个说法吧？"

我们称这类客人为"蛮横型"。

第三类客人表示："有头发，印象不好！本以为这家饭店不错，你们（饭店）应该注意检查。"

我们称这类客人为"提醒型"。

第四类客人表示："卫生间里有头发，不干不净！还有，你们（饭店）前台的员工一直盯着我看，看什么呀？"我们称这类客人为"麻烦型"。

如果能发现客人属于哪种类型的，那么，凭借自己的知识、经验，有效处理问题的方法不就脱颖而出了吗？

回归根本

讲到这里，大家应该明白，充分听取客人的抱怨是多么重要！因为没有倾听就难以收集到正确判断实际情况的材料。客人的抱怨，才是最真实的"第一手资料"啊。

至于事后的上级（远离客人的、深居办公室）分析或判断，更可能是牛头对不上马嘴。因此，我们很反对决策者躲在幕后的做法，因为那只是逃避责任。

如果经理不想出面，最好的办法是完全授权，不要碍手碍脚！

当然，这也对饭店经理、员工的洞察力提出了要求。因为没有洞察力的人在处理抱怨时常常失败，而失败的原因，就在于他们没能使用正确的方法去摸透客人的心理。为什么不能，或者因为这些经理、员工在潜意识中恐惧面客，或者他们自以为是。

宠物狗叫得最凶的时候，不是因为它们志得意满或喜气洋洋，而是因为极度恐惧。人也一样。

六、时间、地点、情况不同处理方法也不同

速战速决能使客人满意

接下来的步骤，对客人提出的抱怨，要迅速采取相应措施，实施处理。

从决断到实行，尽可能快地完成，才是处理抱怨的根本点。

这叫速战速决。

原因很简单：

1. 不好的事情，大家都愿意快点过去，以免事情越拖越大。

2. 速度能体现美感，包括诚意与可信度，客人会想，“他们这么重视，这么迅速地解决了问题，不愧是一家好饭店”！如此，则有利于将抱怨等被动局面，转变为一次印象深刻的服务。在给客人一种满足感的同时，为饭店增加一位可能的支持者。

因此，应致力于把问题的隐患消灭在萌芽状态，不让它不断升级。

“TPO”是基点

速战速决的前提，是能否迅速了解客人的实际需要，即在于前期“铺垫”的成效如何。这在上边反复强调过。

其次，取决于TPO这个基点：

抱怨是什么时候（Time）发生的？

在哪里（Place）发生的？

怎样被提出（Occasion）的？

情况不同，处理方法自然迥异。

同样的抱怨，有时候，是客人把员工叫进房间里解决；有时发生在公共场所，周围还有很多别的客人；还有些客人要求日后打电话、发传真或写邮件。处理的手段都不一样。

因此，还是老调重弹：实事求是，因地制宜——一边考虑如何使客人满意，一边判断实际情况，一边确定操作办法。

这看起来分三个阶段，实际上都是可以一气呵成的。

面对失态客人

一次，在一个宴会上，突然有一位客人大吵起来：

“你们饭店员工的服务态度真的很差！”

几位宴会厅员工迅速赶到他身边，准备帮助他解决问题，但这位客人实在喝得太多，非常兴奋，更加说个不停。

宴会厅中的其他客人以为出了什么事，都好奇地看着这位客人。

员工们不再询问客人，而是默默而迅速、热情地帮助客人拿热毛巾、送茶水……

终于，客人慢慢平静下来，又开始用餐。

关注“TPO”，创造“三赢”

宴会厅员工很快平息了客人抱怨。那么，这次的处理是否合适呢?

很难说他们正确理解了“TPO”的含义。

在场的其他客人中应该有爱说闲话的人，他们会经常提起“今天聚会中发生了一件事”；也有人会在脑海里留下“好不容易一次聚会，却因为无聊吵闹而兴致全无”的印象。客人反应各不相同，但有一点是相同的，就是负面效应已经产生。

怎么做?

为了让每一位来饭店的客人都能满意而归，饭店员工应努力提供最好的服务。而最好的服务，一向跟“TPO”紧密相关。这时的正确处理措施，应为：

1．先决定把醉酒抱怨的客人带到另外房间，在那里充分听取客人的抱怨。

2．提供最好的醒酒服务。

3．根据现场情况，采取措施，加以处理。

这样，既不破坏宴会的热闹气氛，又不会给其他客人留下不愉快的记忆。

不要以为这是小事，更不要以为这事稀松平常，因为每一个印象都会成为左右客人今后是否光临的潜在因素，甚至他自己都可能没有意识到。

再者，抱怨客人在公众面前会越讲越亢奋。如果是饭店方面有错，就可能将坏印象散播开来；即使饭店没错，客人的自尊心也决定了他不会承认自己有错。

把他带到另一房间，就能把胜败两方的区分给模糊掉，不让他明显感到是自己犯了错，就维护了他的体面。如此一来，这位抱怨客以后不仅不会讨厌这家饭店，而且会变成那里的铁杆支持者。

如此，则将发出抱怨的客人、其他客人、饭店三方的损害，降至最低。

七、难以判断实际情况时

有事多商量

尽管在对客投诉处理的授权方面，饭店已经做到位了，但有很多时候，即使在自己的权限范围内，还是很难做出准确判断，以至不知如何处理。

此时，应立即与上司商量，并按照上司的指示行动。

之所以会出现这样的情况，是因为“权限有余，而实力不足”，即事态超越了自己的经验。如果勉强“硬闯”，往往可能因经验不足而犯错。

当我们发现自己难以对实际情况下判断，就意味着我们会在处理抱怨过程中，表现出信心不足。可以预见，这一定会使客人更加困惑、更加生气。

一个宴会用酒水的例子

事情发生在一个约一百人出席的宴会上。

当天的宴会含饮料，每人标准是80元。宴会进行一半，按此标准准备的饮料看上去马上就不够了。这时，一位喝得醉醺醺的客人叫住一位员工，说：

“我是这次宴会的负责人，再上一些酒和饮料。还有客人要威士忌加苏打水，你们都没给上，也加上一些。”

员工一时不知该怎么办，但又想，如果能增加销售额，何乐而不为。于是，很快就按那位客人的要求补上了酒水。

但到结账的时候，这位客人宣称：

“我根本没点过那些东西，所以，没必要付多余的钱。”

不仅如此，他继续道：

“我的一位重要客人说你们不给上酒，很不高兴，我要你们饭店负责！”

拜托对方签字

和醉酒客人的瓜葛更难处理。

这个例子中的员工是越权做事，擅自答应了客人的要求，结果，惹祸上身。

这种情况下，他应该立即报告给餐饮经理，并在他的责任范围内，执行命令。

餐饮经理在确认完客人的要求之后，应让客人签字。即使简单地签个名字，也可作为证据。

这是饭店纠纷处理的最基本常识。

此外，一名优秀的餐饮经理会在发现饮料还没有喝完的时候，主动而迅速地与对方负责人联系，以征得他的指示。这样做的话，客人就不会有太多抱怨，并在事前可避免纠纷。

平时注意观察上司的工作方法

对现场的实际情况进行判断，了解各自责任范围很重要，我们要在自己的职权范围内做事，这可能关系到一个饭店的生死存亡。

当然，如果说仅仅因为自己是部下，就把现场处理问题的责任全部交给上级，而自己走开，更是大错特错。

这样的态度，首先就有问题。

正确的做法是一切行动听指挥，接受上级指示，然后，做好准备工作。这一点，是绝对不能怠慢的。所以，为了自己的将来，平时也要多观察上司做事的方法。

如果餐厅经理不在岗，电话也联系不上，怎么办？

这时，应按自己对实际情况的判断采取行动，然后，马上向负责人报告。

这很重要。

预想到一切可能的情况

电影《毕业》里，有一场华丽的婚宴，新郎、新娘曾经的恋人要闯进来找麻烦。

或许我们不相信这会发生在现实中，但作为职业的饭店经理人，要把一切麻烦都想在前边，因为麻烦会出现，并会趁你没有准备好之际出现。

现实就是这样。

如何做到这一点？我们可以采取一些防备措施，比如，发现有人硬闯，就可以先征询当事人的意见，然后，通知保安人员加强入口的管理，等等。

此外，饭店里形形色色的客人都有。比如，有客人说，“你们的员工在撤盘子的时候，故意弄出叮当的声响，是不是不满意我们啊？”那么，我们事先是否预想到，会有某种程度的噪音出现呢？如果预见到了，就可以在这时适当地把背景音乐的声音弄大一点，客人就无可挑剔了。

一切都取决于准备。

当然，也有时，客人会找碴要求打折，这时，饭店方就必须与客人进行认真的“交涉”，不能简单说“是”。

八、莫伤面子与自尊

处理客人的不满、抱怨、冷漠反应，我们有必要虔诚而彻底地倾听，这在上边已经讲过了。但即使如此，有时，也可能因客人自身的知识不足或误会极深而无法释怀。甚至有客人不认为自己有问题，他们直言说，“这就是我的风格”(大多数人如此)，这般娇惯自己，与饭店方发生摩擦，自然在所难免。

一个例子

一天，服务员发现一位客人穿着浴衣，在饭店里走来走去，就上前劝阻他回房间，说：“先生，饭店规定，客人只能在自己的房间里穿浴衣走动。”

客人很不高兴，反驳道：“我刚洗完澡，穿浴衣是理所应当的。我喜欢轻松地在饭店过日子，我一向这样，我的个性就是这样，有什么问题吗？”

规则不可挑战

只有海滨、湖畔或温泉地区的休闲型饭店，才允许客人白天穿着浴衣在饭店里走来走去，或如海南的饭店，穿着短裤拖鞋走，都可以，但商务型饭店，大都不允许，这是社会礼仪决定的，也可以说，是常识。毕竟，饭店是社会、市场发展的产物，本身就是一个“社会共同体”，所以，片面宣称“这是我的个性”，是没有道理的，饭店方面应坚持自己的规则。

任何规则，都代表着责任。

饭店的这个规则，意不在打击个性，而在提醒客人注重礼仪，使其行为符合社会规则，哪怕他有抱怨。如果饭店在最基本的社会礼仪方面都敷衍了事，那么，客人将发现饭店是不规范，也是不负责的，并必然因此而失去饭店本身的品位与特色，招致其他客人的失望。

在英国的高级饭店，早餐时，如果不打领带，就会被餐厅禁止入内，直到客人换装。对此，很多人都抱怨过，但饭店方面的回答很简单：

“先生，对不起，您可不在我们的餐厅里就餐。”

这才是一种负责任的态度。

关注表达细节

不过，我们毕竟不是西方人，因此，在维护规则的语言表达上，还是要讲究方法的，否则，将时时处于纠纷之中，徒增烦恼。

说起方法，倒也简单，就是把握好两个规则：

1. 不能简单地说：在我们饭店，……是被禁止的！这是规定。

2. 应该说：我建议您这样做……好吗?

应该尊重习惯与文化，包括我们自己。不过，有一点需要注意，那就是在我们反对别人不尊重社会公共准则行为的同时，首先应反省自己（包括自己的饭店）有没有遵守，否则，还会出现新的问题。然后，在共同理解的基础上说话。否则，就会只强调自己的个性，而忽略其余。试想一想，我们已经知道那些个性强的人最烦听到“这是规则”、“就这样定”之类的话，而我们又偏偏去强调，是不是等于我们在片面地破坏社会共同习惯与文化呢?

这会引发客人的“二次性”投诉（抛开原来主题，转而针对服务人员的态度），实在是得不偿失!

摆正心态

重要的，不是提醒、要求、禁止、命令，而在于请求，要在摸清客人心理的基础上，说：“您看，这里是饭店，有很多来自国外的客人都在看”，或者说，“这样的装束怕被人笑话啊”等等。

总之，要用适当的语言，使客人能够理解我们的想法，站到一起，才可能有效，或至少不会引发“二次性”投诉灾难。

九、因为其他客人在看

从“衣冠不整禁止入内”说起

以前，饭店大门外常竖立一块“衣冠不整禁止入内”的牌子，现在比较少见了，不过，一些让人觉得“不顺眼”的情况还在发生，确实使饭店处理起来越来越困难。

为什么?

因为过去被视为“不整”的衣冠，在今天似乎除去浴衣、凉鞋外，竟都变成了“时髦”，包括布鞋、运动球鞋、半拖鞋等等，都能毫无愧色地登大雅之堂了。

有这样一个例子：

一天晚上，饭店酒吧里来了一位着装非常随意的客人，皱巴巴的牛仔裤眼看要掉了，顺着低腰，隐约看见里面的流行内裤。服务生见怪不怪，在场的老主顾却皱起了眉头，摇摇头，然后盯着服务生，仿佛在说，“这个人破坏了酒吧气氛，让他出去”。

服务生实在为难。

关注客人的目光

饭店是现代社会最重要的社交场所之一，而且，很多有身份的客人是我们的回头客。其中，当地客人（一般是非住店客人）利用饭店餐厅、酒吧的比例尤其高，因此，他们是饭店的重要财富，而他们的目光，就是对我们服务的评判。

他们大都是美食家，追求品位与特色，他们中的一部分人还对酒、酒器或装修等造诣很深，因此，任何酒吧都不能“忽悠”他们。由此，我们开发出了满足客人期待的鸡尾酒花式调制表演、演练专门的接待礼节、播放烘托氛围的音乐、注重空间装修等等，希望服务能尽善尽美。目的是什么？是做生意，而生意的根本，在于能否得到这些客人的青睐。这才是饭店酒吧氛围经营的基点。

因此，对于破坏氛围的任何因素，包括着装，都应该予以适当的“处理”，老主顾的抱怨目光在要求你这样做。而我们“处理”问题的工具，就是主顾们严厉的目光。

不是“处理”的“处理”

把那些穿暴露牛仔裤或布鞋、拖鞋的客人，带到酒吧内不显眼的位置。

这在酒吧设计时就要明确，一般是在“最里面的角落”。当然，这样的位置应该能让他看到酒吧里所有情形，并能感受到酒吧的氛围，是“理想的场所”，而不是糟糕的地方。因为这些客人可能更有“个性”。

灯光上也要讲究，并确保他们坐在那里能感受到其他客人在进入酒吧时送来的不友好的目光。不是酒吧本身，而是别的客人在说话。这正是我们要让他们感受到的酒吧氛围。

他们可能因此而反省：下次再来的时候，穿得体一点。这次真有点不好意思。

当然，如果遇到特别“自我”又毫不知趣的客人，则可以用“毫不关注”的目光，告诉他们我们的态度。

维护我们与客人共同的自尊与身份

人人心里有杆秤，但在饭店业，却只能称自己，不能称别人；如果去称，客人一定会抱怨，这很自然。即使是善意的提醒，有的客人也会因为难堪而生气。既然如此，就应该以客人能够接受的方法来处理，关键是不要让客人难堪，而是让他们自觉“不好意思”。

这就首先需要饭店不断维护自身的品位与特色，尤其在基础上要做高做牢，如日本人提倡的“整理（seiri）、整顿（seiton）、清扫（seiso）、清洁（seiketu）、修养（situke）”这“5S”原则。

其次，饭店经营者一定要有自己的思想，并以氛围来体现“思想”。

最后，以氛围实现对客人的自然筛选，形成“经营者、员工、客人”三者的充分融合。

那时，一旦一个风格迥异的人闯入，就会有一种说不出来的不协调感。

也只有这个效果产生了，才能说明饭店有“品位”与“特色”。

这大概是维护我们与客人共同的自尊与身份的最佳解决方案吧。

十、向客人问法

有诚意，但不自作主张

饭店的灵魂在于其服务精神，在于全体员工通过不断努力，提供令消费者满意的帮助，以最大诚意满足客人的需要。“最大诚意”的意思分两层：

1．要有诚意并做出符合规范的努力。心诚则灵，千万不要耍手腕，不要投机取巧。

2．即使这样，仍不可能完全避免客人的抱怨，即规范的服务不可能使所有客人都满意。

因此，饭店的内部政策要关注这一点。

有这样一些例子：

客人打电话跟客房服务中心说：“房间内的灯泡坏了，请给我换一个。”服务员马上通知工程部到位，采取措施。两分钟后，工程人员与客房服务员一起敲客人的房门。客人忽然在里面非常生气地喊道：“我现在正忙，不想被打扰！”

问题出在哪里？

服务人员到位慢，一般都会被投诉，客人会说：你们太没效率，我还有很多事要忙，你们影响了我的工作（或休息）……

那么，及时到位就应该是符合标准了。结果，客人还是不满。

其实，这问题出在没有向客人确认“如何处理”上，而最好的点子，一定在客人那里。一旦机械地维护自己的主张，哪怕再合乎规范，也会因为给人自作主张之感而让人不舒服。

所以，这不是聪明的做法。

事前确认，以避免麻烦

上边讲过，我们惹下的很多麻烦，都是因为以自己认为合适的时机去解决问题，结果事与愿违。如果正逢客人在情感、情绪或时间上有问题，我们甚至可能自取其辱，或引起客人更大的抱怨。

怎么办？问客人。

聪明的做法，应该是在接到客人电话时，直接询问客人：“两分钟以后到，您方便吗？”

实际解决问题的流程

1．倾听。
2．道歉。
3．对实际情况做出判断。
4．确认解决的办法（向客人问法）。
5．实施。

法无定法

上边强调了“向客人问法”的要求，届时，即使客人有时候有抱怨，也很难直接说出来。

但是，如果机械地执行这个要求，凡事无论巨细都去确认，有时也引起客人抱怨。所以，要在看似和客人不经意的交谈中摸透客人的心理，掌握事前确认的技巧，“顺理成章”地，而非“刻意地”，就会给客人留下好印象，甚至能得到客人的好评：

“服务水平又提升了！”

十一、公布投诉处理记录

问题（客人投诉）公布策略

如果抱怨反复出现，那么，要注意的就不单是在现场的人，而是饭店全体员工了。

这甚至可能是我们的体系有问题。

因此，要大家一起思考、反省。这就需向全饭店公布投诉（抱怨）及其处理的全部内容。对任何期待长治久安的饭店而言，这一策略都是不可或缺的。

隐瞒问题的行为，将给饭店体系埋下最大隐患

厦门某楼盘开标时，飙出了天价，挖地基时才发现，地下有大面积的化工原料污染层，开发商吃了暗亏，只好隐瞒信息。显然，未来购房者将成为最大受害者，而一旦他们知情，情况会怎样?

这是个连环灾害，都源于隐瞒问题。而规律告诉我们，隐瞒问题者，自己一定也会受害，此谓“玩火者必自焚”。

因此，遇到问题的员工，应力求准确判断事实。然后，进行认真处理。事后，还要不带任何感情色彩地公布所有信息。

这应是饭店必须做的事情。

员工抵触公布报告的原因与三种形式

当事员工可能抵触，怕遭致进一步的处罚；部门经理为了维护部门的面子，可能抵触。抵触的形式多种多样：

1．发现了但不去处理，希望侥幸过关。

2．处理了不报告，希望息事宁人，免受处罚。

3．必须报告时，则隐瞒真实信息，或把事实向有利于自己的方向歪曲。

公布本身，即是最好的处理

隐瞒是没有任何必要的。即使能短时间糊弄过去，让上司蒙在鼓里，但总

不能骗过客人的眼睛。因为抱怨客会清楚地记得“我前几天已经和你们（饭店）的员工说过同样的事（不满）”，由此不就露馅儿了吗？

隐藏或歪曲信息，结果一定徒劳。那等于给自己挖了个坑，等于给客人及饭店带来长久的损失，最后，没有赢家。因此，饭店在内部处理的政策上一定要关注到这个事实。

当然，经常引起客人抱怨的员工令人头疼，但如前所述，抱怨、不满、冷漠反应等等情况本身，无一不存在着不可避免的性质，更不是以哪个员工的意志为转移的。

犯了错误要不要处理？当然要。而且还要根据错误性质的恶劣程度，设定不同的处理级别。大部分饭店都能够做到这一点。但问题是不少饭店头痛医头脚痛医脚，不知道问题的缘起在哪里，抓了员工，丢了原因。因此，我们有必要明确这样两点：

1．任何员工出了问题，都必须在系统上找问题

可能就是系统有问题。比如，早餐员工将茶水洒在客人身上，一定是员工的问题吗？员工的系统培训有没有？现场上司的管理方法有没有问题？当天的早班车、更衣室等环节是否正常？员工近期情绪有无异常？他家里有没有发生什么特别的事？最近是不是加班特多？……

2．系统有问题，责任应在经理

如果归根到底是系统有问题，那么，作为饭店政策，就不能仅仅惩罚当事人，而应对整个问题的根本进行追究。这才是第一位的。换言之，处罚本身应该放在第二位，不能本末倒置。这样，才能保证把员工从处罚的恐惧中解脱出来，而不必花心思去刻意隐瞒，转而全力关注问题的解决，并自觉地避免类似问题的再度发生。

有效的公布方式

如何公布投诉处理信息，各饭店都有自己的方针，不宜一概而论。

根据抱怨类型，一般而言，当场处理抱怨并有结果之后，现场负责人应如实记录事实过程，提交给管理层批阅。上级可根据实际需要，确定公开的范围。

这个范围，可遵循以下原则划分：

1．问题性质特殊，不宜公开，可经总经理批示后，在一定层级经理之间传阅。

2．具有部门或班组特点（仅限于该区域才可能发生）的问题，在部门或班组内部以阅读、讨论等形式公布，以达到自我教育目的。

3．问题具有普遍性，各部门均可借鉴，以饭店文件形式向全员公布。文件内容应包括事情经过、处理过程、整改措施、处理决定四方面内容。同时，注

意细节的翔实，解决办法应成为今后处理同类问题的借鉴。

当然，仅仅书面张贴、悬挂等等还不够，因为饭店二十四小时营业，员工一天三班倒，每班负责人也不一样，真正做到“尽人皆知”才是关键。因此，这个时候要开会，通过会议形式告诉大家“今天出了这样的投诉”，这才能实现完整的交接班，或许烦不胜烦，但没有别的办法。重要的事项，一个部门平均一天开五次会都不为过。

十二、活学活用投诉处理记录

投诉处理应达成的目的

投诉处理的目的，是为了防止同样抱怨再次出现。

那么，这对客人来讲，是否具有同样重大的意义呢?

一位客人发出抱怨，然后，问题当场获得了圆满解决。再后，这位客人仍然来饭店。一次，一位员工见到他时亲切地表示：“某先生，前几天真对不起！”如此话题重新提起，并获得再次致歉，客人的感受如何？当然不同。他甚至有些难为情了：“哪里哪里，小事一桩！你们饭店对我如此在意？谢谢，谢谢！”先前的怒气早已烟消云散。大家都能感到他的感动，自己也同时收获了满足感。而这，正是客人投诉信息公布（处理）的最主要目的所在。

反过来，虽然我们公布了投诉处理的结果，但若客人二次到来时仍遭遇了同样的冷遇，或原来的抱怨事项没有得到任何实质性改善，客人的反应又该是如何呢？可以想见，客人不仅会不愉快，而且可能更加生气，或从此不再光临。

显然，后者违背了投诉处理应达成的基本目的。

经理的道歉很重要

任何一位成熟的经理，都应有过因部下的错误而向客人道歉的经历。

一位副总经理这样描述自己的一次经历：

“那天，发生了一场客人投诉，我收到整个事件的报告，并在把握了事件的大体过程后，判断现场经理完全可以处理好问题，就决定暂不出面。记得在我担任部门副经理的时候，曾有一次因过多干涉现场经理的工作，把事情闹得更加不可开交。果然，现场经理把问题处理得很到位。我整理好制服，提前到客人必经的出口处等他。然后，毕恭毕敬对他道歉：'这次非常对不起！'这位客人在我还是部门经理时就认识我。这样一来，大多数客人都知道有一位副总经理在向客人道歉，吃惊非小。员工也很感叹。最后，那位客人带着感激，离开了饭店，并成为我们的铁杆客人。他接受了我们的道歉。这在他的表情上写得清清楚楚。"

所以说，在时间允许的情况下，上级经理不妨出面向客人再次致歉。

这很重要！

而把这个经历报告给广大经理、员工，其意义可能更有价值。

防患于未然，效果更佳

宴会部经理在确认婚宴出席者名单时发现，某著名饭店总经理将连续两天出席同样的婚宴。再进一步确认，得知就在一个星期前，他还用了同样的菜单，便马上跟他的秘书联系。

秘书告诉他："我们总经理最近肠胃不是很好，不能吃硬饭和油腻食品。"

于是，宴会部经理就专为这位总经理准备了简单而且没有重样儿的菜品，加以特别照顾。花钱不多，但效果很好。这位总经理非常惊奇："你们怎么知道我的胃不好？连续两天为我变换菜样儿……"

后来，这位总经理成了这位宴会部经理（其实是这家饭店）的义务宣传员。当有人问哪里是最好的待客之地时，他的回答总是"某某饭店"。

反省一下，我们行事有没有这样主动？还是相反，被动地去"处理"呢？

或可以说，真正的危机处理，不在于危机出现之后如何做，而在如何把握信息与先机，于危机之前将其原因消弭掉。

误会，困扰饭店

一位住店客人来到总台，询问道："公司有文件送给我，帮我查一查。"

总台员工找了很长时间，没有找到，便把实情告知客人。

客人听后说："不可能，公司人说他亲手把文件送到你们这了。"然后就拨打手机确认，并生气地训斥对方："为什么不直接送到我的手里！"

这是个大问题，总台经理、服务员再度查找，但挖地三尺，还是找不到文件，甚至没有一名员工（包括前几天当班的员工）记得收到文件的事。

这个问题不久后得到了解决。原来是公司送文件的人确实到了饭店，但忘记把那份重要文件交给总台，又把它给带回去了。

误会，但饭店方面又能说什么呢？

出租车司机态度恶劣殃及饭店

这是一个使饭店员工目瞪口呆的抱怨。

来饭店的客人一到总台就大声地发牢骚："你们这里的出租车司机态度实在恶劣，饭店怎么会用这样的车呀？"

总台服务员认真地听着，然后对客人说道："我们负责将您的意见反映给出租车公司，希望能有一个说法。同时，这是他们公司的电话号码，如果您要直接联系也可以。"

客人不再说话了。

十三、售后跟进服务

"售后服务"的要点是迅速跟进

饭店也有售后服务，那就是通过卡片或电话，向在本饭店住过的客人表示感谢，或寄送一些资料，让客人掌握饭店的信息。这种方法被很多饭店运用，并成为一种重要的促销战略。而这个方法在处理抱怨时也可以活用。

针对由员工失误而酿成的抱怨、投诉，售后服务应包括三点：

1．表现出道歉之意。

2．报告为避免再次引发抱怨，我们所做的处理及后续措施。

3．感谢并欢迎。

就是说，任何不满、抱怨的解决，不限于现场，而是通过持续的售后服务，更加彻底地消除抱怨。应在抱怨发生后，尽可能短的时间里，再次给客人打电话或写信道歉。如果迟过一周，效果就差了，若再晚过一个月，则还不如不做。

再次光临时的"售后跟进"

售后跟进可以在客人离开之后，也可以在客人再度光临时。而且，这样做的效果可能更好。下面是一个文本范例。不过应该强调的是，跟进服务不应限于表态，或仅限于当事人个人行为，而是整个饭店，要以整体的服务改进来跟进服务，这是很重要的。

某某先生：

您好。非常欢迎您再次光临我们饭店，非常感谢您的信任。

上次，您为我们留下了宝贵意见，请允许我们再次表达谢意。

针对您上次所提出的意见，我们已经采用……方式进行改进，欢迎您体验。今后，我们会为进一步提升服务品质而努力，并请您继续给我们指导和支持。

某饭店总经理：

年　月　日

此外，如果有客人提出任何改进服务的建议，我们也要给予正式的回复，表示感谢并告知客人我们正在进行的改进工作。

客我互动，将使我们有意外的收获。

僵化的跟进服务可能适得其反

不过，跟进服务要有技巧，而非机械地执行。

有一些经验不足的员工本着服务客人的好意提供跟进服务，结果反而惹客人恼怒。

一次，一位客人因饭店空调问题而抱怨。客人离开饭店后，总台就给他发去致歉的跟进服务信。客人随后打来电话，大怒："以后不要做这种多余的事！"后来查明原因，原来，那天和他一起的女士不是他妻子，因为这封跟进信，让他妻子知道了他在外边拈花惹草的事实，并引发了家庭纷争。

换言之，提供跟进服务一定要随机应变，要用脑判断，而不是机械地执行《售后跟进服务规定》。尤其要忌讳千篇一律的感谢，那是机械的，没诚意的，甚至会产生不良效果。当然，这也要求我们在制订《售后跟进服务规定》时，给员工留下随机应变的空间。

随机应变只在一念之间

一位客人曾跟某年轻女性来饭店住过几次，大家都熟识了。

这一天，他忽然跟一位看上去像他夫人的女士一起到达饭店。这时该怎样打招呼呢?

1．机械地招呼："感谢您经常光顾我们饭店！"

2．灵活地招呼："感谢您经常到我们餐厅用餐！"

对前者，客人会很尴尬，也可能从此失去对这家饭店的信任。对后者则不同，他的妻子就会觉得"老公好厉害，连饭店员工都能记得他"，从而对丈夫更加敬佩。我们何乐而不为?

这种能力，是饭店服务品质的重要标志之一。

如果发现平时见面都打招呼的客人跟另一位自己也熟识（有某种关系）的人在一起说事，则有必要绕开，避免他们产生不必要的戒备感。

整理、应用客人信息

为了关注客人的“面子”，我们有必要把信息整理后放入电脑，并在心里时刻提醒自己注意。也许有人说，整理那些信息很难。但方法并不是问题，只要本人有心。

为了提供更好的服务，饭店人要养成随时随地记录所发现问题的习惯，然后，在一天工作结束时，进行整理。

信息整理完成之后，要在记录中用圆圈圈出自己已经处理完的项目，再标出没有处理完的项目，然后，尽力在当天把它们处理完毕。

第五章

饭店危机服务的组织化管理

美国GE中心的抱怨处理体系

责任：组织体系的基础

组织僵化是败事之源

投诉处理口径要一致

通信要畅通

防止无理取消预订

自带礼品的事

抱怨可能上升为诉讼

自信地执行规范

一、美国GE中心的抱怨处理体系

掌握“使客人轻松”技巧的“体系”

前面我们通过讲处理抱怨的技巧,点出了一些基本的东西,并概括为“倾听”、“道歉”、“判断”、“处理”、“公布”、“跟进”等科目。然而,说教毕竟是说教,大家都能毫无遗漏地掌握吗?不一定。那么,什么样的人能掌握呢?

这就是我们接下来的问题:培养、造就一批优秀的服务业从业者。

每一位饭店总经理、经营者和业界人士都会有一个共识:如果饭店里能有几位“这样优秀”的人才,那么,我们的业绩肯定会大大改观。

但是,仅仅拥有擅长处理抱怨“这样优秀”的员工还不够,因为他们不是万能的。饭店还必须在使投诉得到顺利解决的组织体系的构建、硬件以及人员配备和培养等方面,花费大量心思,要通过一个体系,来实现真正的、团队的而非个体的“优秀”。

这才是“这样优秀”的概念。

以“这样优秀”的组织,以一个体系来处理抱怨的典型实例,是美国GE(通用电气)中心。

GE中心要二十四小时受理公司所有产品、员工、售后品质和销售店面方面的问题,以及五花八门、形形色色、有关无关的抱怨、意见、不满。

GE中心里设免费服务热线,全美国的消费者都可以通过这个热线,随时讲述自己比较简短的抱怨。负责接待和回答的员工固定为女性,她们接受了如何使抱怨客人放松的全方位教育。绝对不找回绝的借口,而是必须以温和的态度听取抱怨,最后,以“非常感谢您给我们提了这么宝贵的意见”来结束交谈。

据说,那些充满怒气拿起电话的客人,最后都会平和地结束谈话。

这一点都不稀奇,因为他们有一个“这样优秀”的掌握了“使客人轻松”技巧的“体系”。

计算机系统管理

GE中心所收到的消费者抱怨,作为信息资料,全部存入电脑进行管理,再通过网络从中心经营层到达全美国的各个营业分销商、店面的相关员工。

公司高级经营层能自由检索,调出信息,考虑改善对策,在决策之后,通过电子邮件发送到各相关部门。这是一个能够使改善对策得到彻底贯彻的组织体系。

有些时候，总经理还会直接给客人送去感谢信，做一些跟进服务。

这套体系使得GE在国土面积辽阔的美国实现了对问题的即时处理，它可以说是21世纪式的危机处理平台，而其处理问题的深度，涵盖了“倾听”、“道歉”、“判断”、“处理”、“公开”、“跟进”等几乎全过程。

显然，现代饭店投诉的处理模式与GE中心模式在本质上是一致的，不同的是后者应用了先进的平台，并更能体现组织体系的作用。

那么,饭店业是否应该从“这样优秀”的组织体系中汲取经验,采取诸如“免费投诉服务热线”等方式，来听取客人的抱怨，并给予及时的处理呢？

二、责任：组织体系的基础

一个常见的例子

一次，在饭店酒吧里，由于点单被搞错，客人很生气。而刚进饭店的一名新员工又由于慌张，虽然努力想以自己的力量来平息客人的怒火，却适得其反：客人不但没有“熄火”，反而更不高兴，他大叫道：“把你们经理叫来！”

个人的力量是渺小的

通过组织体系，而非个人力量来处理客人的抱怨，就必须明确员工各自所担负的责任。对一个体系而言，其基础在于责任的明确性。

经验不足的员工超越自己的职责来处理一些问题，一定存在着使客人怨气更大的危险。点单被搞错，应由现场领班（如资深吧台员）临场处理，而不要自己处理。上例的问题，可能就出在员工没有直接报告领班，忽略了组织体系的存在。

或许，我们不该批评员工的责任心，但实际上，作为组织成员，一旦忽视了自己的报告义务，常常会自己买罪受，最后，说不定必须由更高层次的经理出面来解决问题。这就使事情进一步扩大化了。

建立责任体系

为了避免类似的麻烦，必须建立起饭店的责任体系，包括岗位职责、服务标准与流程等等，并在工作中切实地贯彻。

一般饭店都把酒吧业务划归餐饮部，并成为饭店（大组织体系）内设的餐饮部（中组织体系）的一部分（小组织体系）。

下面，试以餐饮部经理助理为例，看看其岗位职责、服务标准的一般约定。

文件范例（1）：餐饮部经理助理的岗位职责与服务标准

经理助理的四项基本岗位职责：

1. 经理助理要辅助餐饮部经理开展工作，并在经理不在的时候代理经理职责。

2. 经理助理是部门服务流程的全面督导者，因此，有责任指导、培养、培训部下，并致力于提升部下的服务意识与服务品质。

3. 经理助理应掌握并运用F&B（餐饮）市场知识与技术，全力协助经理达成部门乃至饭店的收支目标。

4. 经理助理应致力于维护、提升并向客人提供“最好的设备、最好的餐饮、最好的服务”（“BEST A. C. S”）。

经理助理的十二项服务标准：

1. 认真学习、领会饭店的经营理念与本部门的工作方针，排除万难，领导部门员工实现部门年度“经营数字”、“服务品质改善”、“员工能力开发”三个主要目标。

2. 要学习并掌握全方位的饭店业务知识，主动与其他部门交换信息，做好相互之间的业务协调工作。

3. 充分了解饭店的商品知识，尤其是本职的F&B商品知识，并致力于开发、改善它们。

4. 要展示自己的礼仪修养，保持卫生与清洁的习惯，并遵守从业规则，努力培育富于人性化的职场环境，极力激发部下的工作愿望。

5. 从控制所属部门的人工成本入手，认真而仔细地执行部门利润预算管理规则。

6. 进行餐饮销售额分析，同时，努力收集与饭店经营环境变化相关的社会信息，用于决策参考。

7. 要对部下的工作乃至于工作相关的部分个人情况，有详细而全面的把握，以有的放矢的协调团队氛围，取得团队的共同成功。

8. 不断通过自身的行为与灌输，揭示饭店理念与目标，达成大家的共同理解，并对个别部下给予指导。

9. 训练自己无障碍执行业务的表达能力，包括口头的与书面的以及母语的与外语的，也要努力培养部下的这方面能力。

10. 关注社会动态，注重把握业界动向，对于变化要有应对之策，努力给日常的工作注入新鲜感与活力。

11. 要掌握对客人抱怨、投诉及各类突发事件细致周到处理的规则，并根据规则处理危机，撰写处理报告。

12. 完善危机处理的售后跟进服务规程，主持跟进服务，深化与客人之间的关系，确保客户不流失。

文件范例（2）：岗位危机服务职责与服务标准

助理吧台员：不做此方面要求。

首席吧台员：具备迅速处理突发事件的能力，并致力于避免危机的发生。一旦发生危机，要配合资深吧台员开展工作，并将伤害降至最低。资深吧台员不在场时，要化为承担其职责。

资深吧台员：要对工作中的任何突发事件做出适当的判断、指示和处理。

餐饮部经理助理：时刻保持清醒的危机服务意识，把握周到而细致的危机处理准则，并做出适当的处理，撰写处理报告；必须通过完善的事后跟进服务（处理）来深化（而非淡化或简化）和客人之间的关系，确保客户不流失。

文件范例（1）与（2）中的“危机”、“突发事件”等，无疑是针对本书“冷漠反应、抱怨、投诉与诉讼”等情形而言的。其中，（1）例中的第12项、13项与（2）例中的各条款都是相关的，如“资深吧台员”与“首席吧台员”的职责与服务标准。而“助理吧台员”，一般指刚进饭店两三年的员工，对危机服务的执行，是不做要求的。为什么没有要求？是因为他们还没有经验、经历，所以，对问题的处理必须寻求组织帮助，而非擅自行动。

三、组织僵化是败事之源

组织活力来自部门协作

饭店组织，一般都是金字塔式的命令垂直指挥体系。

所以，抱怨、投诉处理，也自然要在这个体系之下实施，并在处理过程中，要求各部门、岗位、员工承担起各自相应的职责，以形成对事不对人的基本工作（服务）架构。

任何组织都有其纵轴与横轴，作为整个饭店组织而言，垂直的层级是纵轴，各部门则处于横轴关系上了。而同时，每一部门又都有自己的纵横轴，从这个角度上看，则部门之间的关系，又都是处于平行的纵轴关系上，即互不隶属。于是，如何确保服务品质，则相互之间的“非隶属关系协作”变得极其关键。

之所以关键，是因为客人可能来自于饭店的任何纵轴（部门的服务项目），并根本无法预料他们会横贯哪个纵轴。有单独使用餐饮纵轴的，也有同时跨越餐饮、客房、商场、酒吧纵轴的。客人不会理会我们的纵轴、横轴，如果对其中任一纵轴的服务有抱怨，就会对其他纵轴的服务也产生疑问，所以，在处理抱怨的时候，如果没有与其他纵轴协调，或大家不能具有同样的危机感，就不能一致，则不管某一个纵轴做出多大努力，都可能事倍功半，甚至功亏一篑，将不能给客人以最终的、长久的满意。

外卖年夜饭的故事（1）：一道菜出了问题

每年，饭店都销售打包式年夜饭的外卖产品。

这年农历十二月三十傍晚六点半，忽然有客人打电话质问说：“你们的年夜饭是不是坏了？”

仔细询问之后，店方判断，问题可能出在一道“鸡汤排翅”上。

外卖年夜饭的故事（2）：派谁去处理

当时，整个饭店都在为除夕夜活动忙得一塌糊涂。

饭店分管副总经理接到电话报告后，首先通过记录确认了出问题的菜品数量：178 套打包餐。然后，直接打电话给柜台部门：

"现在谁在现场?"

然后，根据平时的了解，跟餐饮部经理沟通后，立即从柜台销售员中指定一位领班，授权他代表饭店处理此事。

按职责与标准，授权对象应是 F&B（餐饮）部，即应由 F&B 部经理或厨师长来担当全权处理大使。但这位副总经理却委派了柜台销售岗位的基层领班。

有没有道理呢？有。比起委派为年夜饭忙碌的 F&B 员工,从销售角度派人，或许更能全方位地判断实际情况，进而使善后工作顺利进行。这叫清净心者有智慧。

外卖年夜饭的故事（3）：处理过程

副总经理向柜台受权人发出指示：迅速把柜台尚存的菜品全部回收，已经卖出的要查清买主住处，全部回收。同时向厨房指示：重新做，并将新菜送到客人手上。最后表示："现在，事情由你全权负责了，有任何问题，责任由我承担。"并将相关指令通过秘书传达给各个部门经理。

受权人按经理的指令，出色地处理了客人的投诉。

首先，他根据授权，制订了简易工作流程和要求，迅速联系饭店各部门，紧急召集 60 名员工，现场培训回收和再配送流程。同时，安排柜台岗位员工打电话向买主说明情况，再安排出租车，让 60 名员工分头回收菜品，并随时报告。紧急行动结束时,已是新年第一天凌晨一点钟,除了不在家和查不到住址的客人，他们重新配送了 80% 的年夜饭，非常成功。

再次配送的年夜饭中，还配了哈密瓜以表示道歉。

外卖年夜饭的故事（4）：小结

这次"外卖年夜饭"投诉处理的时间很紧、工作量很大，如何处置？副总经理灵活运用组织体系，而非僵硬地执行规则。他知人善任，授权给柜台销售领班。

负责现场协调的柜台领班雷厉风行的指挥，值得称道。

饭店的灵魂，永远不在于僵硬不灵活的组织理论，而在组织体系框架下的灵活运作。事后处理报告显示：提出抱怨的，只有一家人；其余回答均为"没有问题，不用特意再送了"；一部分客人甚至表示感谢，认为"不愧是大饭店"。

饭店声誉得到了提升，更重要的是饭店发现了人才。

当机立断是关键，"搞掂"客人是核心

应急处理要有应急的办法，而不能按部就班，不能现找理论根据，否则就

会贻误战机，使事情变得复杂，或因拖泥带水引发二次投诉。

当机立断、临机应变，只需要做，不需要更多地说明理由。

所以说，接待业不能过度依赖高深的市场或营销理论，只要重视“现在”，把客人“搞掂”就好。

何谓搞掂？就是尽可能快地把事情（客人问题）处理好。

上边的副总经理的做法值得借鉴。

当然，在决定授权时还有一些插话。当时，餐饮部经理就表示：“柜台销售岗位的领班能领导我们吗？”这位副总经理没有多说，直到这位领班出色地完成了任务，大家才觉得“原来这样做未尝不可”。

四、投诉处理口径要一致

一个例子

饭店房客因为争风吃醋而被伤害，男欢女爱转为爱恨情仇，而这类信息一向是最受媒体欢迎的。果然，各媒体蜂拥到饭店，连一个员工都不放过，见缝插针地问各种问题。这时的客人，满脸无奈，仿佛在说：“饭店能为我们做点什么吗？”

那无奈之中，又分明含藏着对你的抱怨。

饭店是一个舞台

饭店是一个舞台，每天都在上演着戏剧，但它毕竟只是非日常性的舞台剧(意指日常生活中的人们不可能每天都在饭店里)，而非日常生活剧（生活如戏）。如果这场戏剧能带给社会以喜悦与安宁倒也没有问题，但由于客人（主人公）的角色不同，饭店也难免成为悲惨故事（比如各种抱怨）的舞台。

这就需要饭店以一个统一的姿态或口径应对。

面对媒体的四个要点

只要是舞台，则戏里戏外就一定有媒体的空间。

那么，针对上面的例子，饭店该如何做呢?

1. 以组织的面目出现

以一个组织体系的姿态面对媒体，即饭店各部门之间要高度协作，联合防范，从方法到口径，从态度到举止，都要保持高度一致，如此，才可能实现媒体管理的目标。因此说，如何面对媒体，是对饭店组织能力的一个重大考验。

2．设饭店发言人职位，或指定发言人

避免泄露多余、无意义的信息，并通过努力，避免外界可能的无端猜测。

当然,封锁信息是不可能的,也是不可取的。这是因为记者的触角无孔不入，他们不仅会采访饭店员工，还可能打扰到饭店的客人，这样一来，以保护个人隐私为第一要义的饭店，就难以承担这个责任了。

3．不要说“不允许媒体介入”或“无可奉告”

这类硬话、气话，很容易使媒体成为你的“敌人”，会加大外界对饭店的压力。“敌人”电波散布的可能是负面信息，并给饭店经营带来直接损失。

4．涉及刑事或政治案件应与辖区警察、政府部门协商

不光内部保持一致，外部也要取得共识，结成共同体之后，才能向媒体发布有关信息，以杜绝随意接受采访，避免发生诸如泄露房间号码等事件。

人多嘴杂，很危险

发言责任人一旦确定，其他同事在被问及问题时，应表现出明确的统一意识：“关于这个问题，请您与我们的发言人联系，谢谢！”

这样就可以把事件引发的负面影响限制到最小。

同样的思路，也可以应用于VIP接待，特别是外宾VIP。这是因为我们在日常工作中听取客人的抱怨很重要，而同时，判断事实、分析情况、制定策略，更要重视。

判断信息的准确度，应该由谁来把关？是大家还是一个人？当然只能由一个人作最后决策。这个人通常是现场经理。作决策不能是多人，因为多人参与判断，七嘴八舌，各自的感觉不同，一定会在处理方法上发生冲突。

为防止因人多嘴杂而误事，或为提早防范，或为预防二次投诉，应及时把判断实际情况的“话筒”交给当时在现场的负责人，并根据他的判断与决策，进行信息公布（处理）。

五、通信要畅通

何以名之“住宿费”

饭店的核心功能，是给客人提供舒适、整洁、安全、温馨的服务。而核心的核心，是要创造客人“黄金睡眠”的环境。饭店也将因此而获利。反过来说，

“黄金睡眠”不仅是高品质的舒适，还要有心的休息，我们称此为“安心”。为此，饭店要投入很大的人力和经费。

这也正是我们将饭店收费名称定义为“住宿费”的原因。

通信保障是安全保障的重要一环

于是，又有安全方面的保障需求。安保费含在住宿费中，因此，饭店必须强化突发灾害或火灾的应对体制建设。而在这里，通信联系畅通，即使自己和员工在不上班时间，也能互相联系到的这一体系建设成为关键。

现在因为手机普及了，联系变得非常容易。

应急预案

通信联系的管理，即如何执行又成为关键。

这个执行的内涵，包括各种紧急状态下的应急预案，如台风、火灾、水灾、地震、游行暴动、食物中毒、刑事案件等自然与人为灾害发生时，饭店能否随时把相关的、不上班员工紧急动员起来，投入应急工作。

为此，又要展开细节管理，如员工住址分类、交通路线安排、防灾物资清单与存放场地等等，都要一一做到位。

某饭店由于没有完整的预案，在台风发生时出动员工抢救物资，结果造成危险。后来，他们制定了预案，明确事先准备的流程以及台风现场落实“安全第一、物资第二”原则的办法，解决了这个问题。

某饭店员工接到台风预备队集合的通知，在渡轮停航的情况下，乘坐渔船从岛上家中到达了饭店。他的应急服务意识让人感动。

日本阪神大地震发生时，大仓饭店当天值班的员工 3 分钟内集合完毕；在家的员工也在地震发生后 10 分钟，乘第一班车到达饭店，投入营救和疏导客人的工作；25 分钟后，所有员工集中到饭店大堂，宣告客人全部平安。

一句话引起赔偿纠纷

通信通畅的又一个内涵，是要确保饭店所有成员对电话内容理解一致。

这是一个说起来容易，做起来有难度的事情。

大型饭店总机接线员有 20 名以上，平时三班轮流，每一班 5 ～ 6 名员工。询问电话 24 小时不断，全部接线员要把握每一位客人是很难的。那么，如何利用饭店总机这个沟通枢纽，确保完美沟通，又避免泄密呢？

一位住宿客人在登记的时候，对总台交代道："一位叫A的人可能给我打电话，请不要转到我房间"。当晚，A打了几次询问处电话，话务员都没有转接，住宿客人感谢饭店后就离开了。但几天以后，A又一次打过来电话，很愤怒：

"我知道他当时就住在你们饭店。你们骗我说会把我的留言转达给客人，但根本没有转。也不给我转接电话。由于你们的过失，我价值数亿元的订单打了水漂，你们要赔偿我！"

很明显，这是一个找碴儿的抱怨。饭店只满足住宿客人的要求，至于客人与A之间发生什么事情，与饭店无关，断然拒绝这个补偿要求，是理所当然的。

但是，饭店方面也应该反省一个问题，即接线员承诺"我会传达您的留言"。

一句话惹了纠纷。

电话语言要推敲

这个案例中，是A对接线员的表态理解不对，还是总台和接线员之间的交代不清呢？

可能是接线员对客人语言的理解有问题。客人说，"……电话，请不要转到我房间"，但接线员还是对A承诺"我会传达您的留言"，这本身就是有问题，因为这句话已经证明那位客人就住在饭店，接线员违背了保密协议。

正确的回答应该这样："我们今天没有见到这位客人。如果您有事，我们会在他光临时帮您传达口信，请您留言。"此外，仅回答"知道了"也是不够的，应该加上"如果他光临"的前提。

从接线员没有遵循对客人承诺这一件事看，各部门经理都应有危机意识，或者说，全饭店都应考虑"细节服务"中意识先行的问题。

"小事才是大事"

抓住大事，进行全员培训，这点并不需要特别强调，因为大事的处理一般都会自上而下，或自下而上地进行，不用培训已有了培训的效果，就如重要宾客接待一样，因为是重要宾客，主要经理都会督阵，所以，一般不会出问题，不必多作培训，反而是日常的接待，是小事，才要引起全员的注意，一点都不能放过。

小事才是大事。

用"心"追求完美（细节）沟通

为实现对客服务的完美沟通，或为准确把握客人的交代，各部位之间应在日常保持好密切沟通。这是基础，不能急来抱佛脚。

其次，是书面交接客人要求，并传达下去。比如在上例中，当班员工应明确在交接记录中说明：

“某某号房间客人某某设置勿扰，谢绝A的电话或拜访。客人入住时间自某月某日至某月某日，请注意。”这个信息不论在住宿当天，还是预订后未到期间以及结账时，各服务人员都要坚持统一的口径。

当然，有人会反对“小题大做”，认为这是“接线员的简单业务”，向全饭店提醒或培训没有必要。其实，大错特错。

为什么？

因为客人不一定只对总台说“请不要转到我房间”，也许会在餐厅或酒吧里提出这样的要求，我们能置之不理吗？

追求零投诉，以满足客人要求，是饭店行业的常识。因此，客人的小事，才是我们服务与管理上的真正大事。

延伸的信息服务

即使客人拒绝转接电话，也有必要把来电事实传达给客人。作为完整服务，这一点不可缺少。当然，现代化通信硬件的发展，使得外边打来电话也能以语音留言的格式保留，客人看到电话留言信息灯闪亮，只需按下按钮，就可以知道留言内容，的确方便了很多，但也显现出了保密管理的漏洞，需要我们更加细致的服务来弥补。

如果没有自动留言设备，则要记录客人留言，至少应告知客人“某时某分某某来电话”。这时，饭店的信使功能还是不能简单放弃的，要有专人每天奔走于楼上楼下。

超越组织规范，进入心理层面

如果通过上述案例的处理及其事后分析，能够形成专项工作流程，那么，这个工作便纳入了饭店组织的进程里，今后，凡处理相同问题，只需根据守则采取统一行动就可以了。

不过，对客服务的细微处，还要超越组织化，展现“待客之心”。因为规范、流程的基础是“绝大多数人的共同行为”，难以对应个性需求，难以深入到客人为什么说“不要转接电话”这样的深层心理。

比如，客人拒绝电话，是因为打电话的人？还是因为太疲劳，想好好睡一觉？还是害怕接起电话来说的没完没了影响工作呢？理由很多，动机也有无限的可能性。能按规范处理吗？假如客人的儿子不幸遭遇车祸，他妻子十万火急地打电话急于找到他，不转接吗？如果客人挂出“勿扰”牌仅仅是因为想休息，饭店好意挡住特急电话而影响了重要业务，客人会不会在第二天说“为什么没有把电话转接给我”，从而对饭店产生不信任感？

因此，合格的饭店员工并不简单，他们是察言观色的专家。如此，才可能博得客人的由衷赞赏，也才有客人由衷的满意。

六、防止无理取消预订

饭店销售的是“现在”

饭店提供的是服务，要以此换取客人的消费——用钱来换一种“时间与空间的特别价值”，是非常难的。也正是因“时间和空间”不会留下形状，所以，看惯了有形产品的客人在对应服务满意度上，往往难有统一的心理标准。

为此，我把饭店产品定性为“现在”，即饭店所销售的是“现在”，一旦过去了，就不能再拿回来。于是，制作、销售这个“现在”，便必然遇到很多特别的问题,如何让客人舒适地度过“现在”,然后埋单？饭店将投入大量的准备力量，包括准备房间、宴会预订、宣传广告等等。然而，如果这些都被客人抛到脑后，说一声“不值”，饭店的损失岂非很大？

的确如此！

客人说“不值”的方式很多，预订了之后又不来消费，是其中之一。

收不收违约金

一位客人预订了十桌宴会，并按照饭店要求交纳了一万元订金。后来，客人因故无法举行宴会，便要求退订金。他的理由是“没有用餐，为什么要付钱”。之后，又讲道：“上个月，我也取消了在某某饭店的预订，他们也没有收取违约金啊。所以，你们也免了吧！”

饭店的理由很简单，也很充分：

1．餐饮原材料已经采购，部分汤品已经加工，费用已经发生，所以，应该补偿。

2．客人占据了时间和场地，无法预订给别人。

首先，我们自己要对自己的服务投入有明确的认可，而绝不能简单地说：“我们给您免了吧。”这是在否定服务有偿的这个规则，也往往难以获得客人的满意。

这样的客人尚未理解服务。

而另两种回答也不可取。一者，“我们饭店不是某某饭店”，给人一种过分回护自己立场的感觉。二者，“我们饭店规定必须收取违约金”，会让客人更加不理解服务为何物。

可能正确的做法

其实，根本就没有什么所谓的正确做法，我们能强调的，只是正当的出发点而已。

随着竞争的加剧，宴会当天被客人毫无顾忌取消的情况越来越普遍，而且，店家为了拉住客人，宁肯损失其小，也要含笑保留其可能的大。这是做法之一。

之二，是签订合同。大型宴会大抵如此，合同会规定好双方的权益及赔偿条件，以争取最佳保障。

之三，就是现场经理依据当地惯例的灵活处理。不要小看约定俗成的惯例，要用好它。如果有同行破坏这个惯例，我们还可以通过协会约束或直接向他们提出抗议。

七、自带礼品的事

近年，婚宴、商务聚会活动，大都会向受邀客人发一些纪念品或小礼物。这些物品，有时是饭店提供，有时是宴会主办者自己带来。发给客人时，大家都高兴，但物品看护的问题谁来管？

某公司在饭店举行酒会，庆祝周年。宴会后，每人赠送一份公司自己生产的玻璃制品。宴会在高亢的氛围中结束。皆大欢喜。但就在次日，便有当天受邀客人和一些自报姓名的客人打来电话，说当晚他们拿回去的礼品有破损，要饭店给个说法。

要搞清破损问题的责任很难。是饭店管理不善导致？是在礼品送进饭店之前就破损了？还是产品本来就有瑕疵？这些都不得而知。

饭店当然不会为此埋单，于是，就会受到“服务品质糟糕”的抱怨。

处理

有道理吗？没道理。但客人就是“道理”。

但也有时，因为考虑到饭店信用问题，饭店可能会答应投诉客人：出面与公司联系，争取妥善处理。这里至少有饭店人工等费用的支出，宴会利润因此受损。

因此，宴会预订人不要轻易答应客人“自带物品”的要求，或至少签署一个书面协议：饭店对所携带物品不负担品质责任。

还有些自带物品可能与饭店产品冲突，如酒水、饮料，甚至部分食品，都可能引发后续的纠纷。

另有一些饭店，要求客人缴纳物品入场费或服务费，如“自带酒水开瓶费”等，而客人则会提出免费要求，并在大部分情况下都会获准。

拥有成本意识

一般而言，饭店应坚持合理收费的原则，不宜免费。

1．如果物品要寄存饭店多天则应收取仓库场地费、保管费。

2．如果带入物品是玻璃制品，易破损，则应建议客人在宴会开始前一小时再搬入会场。

3．现场封袋作业由饭店员工来做，应由客人支付相应的人工费。

这些事项，均应提前确认，并通过书面文件执行。

为什么必须这样做?

以一件物品为例，要达到使用目的，必须包括搬运、开包、再包装、封袋、发放、垃圾处理等环节，对饭店而言，其实是额外工作。

4．如果客人要使用饭店包装袋，将产生直接投入，故应收费。

同时，这里还有隐患。如果客人从印着饭店名字的袋子里拿出损坏或残缺品，即使是饭店能强调自己只是帮助主办方做“辅助工作”，也会损坏饭店形象。大部分物品在运入饭店时是不经饭店检查的，因此，饭店对此无从主动把握。

物品带入其实是很复杂的问题，也是很花经费的服务，所以不能免费。

5．免费是要有原则的。

这个原则，就是判断客人饭店之间是否存在共同利益关系，如果是，如长期合作、重要客户、上级指定等，则可以通过协商，饭店分担部分或全部费用。但无论如何，都不能认为免费是理所当然的。

因为我们所提供的服务内容，是一种“时间与空间的特殊价值”，否定这一点，就是否定我们的全部劳动。经理人员尤其要注意这一点，个人之间的人情，代替不了那个价值。

八、抱怨可能上升为诉讼

“破财消灾”的误区

面对客人抱怨，大多数员工的处理思路，是用钱（减免费用）或物品（免费补充提供）来解决。但现在我们知道，问题远非如此简单，因为背后有深远的成本与管理问题。

再者，如果养成以免费形式处理客人抱怨的习惯，以后遇到问题怎么办呢？至少在处理技巧方面我们不会有任何进步。而且，可能在处理问题之前，自己就已陷入最被动的意识误区：“我付多少钱可以呢？”

现实中，只要设身处地地考虑，就能明白，用钱使双方都满意的事情，几乎少之又少。最糟糕的，是这个思路可能导致大家在“数目”上纠缠，且极可能因此而发展到诉诸法律的境地。

“好心好意”代替不了规则

自认为已经提供了最好的服务，或出于好心好意去解决问题，但仍可能惹上官司。不要恐惧，而应有所预料，或者说，饭店应时时准备因任何闪失而被告，并在此前提之下兢兢业业地做事，把可能的损失降至最低。

近年来，饭店与消费者之间冲突不断，而损害赔偿诉讼，常常更加偏向于消费者。

一个例子

“我丈夫在饭店里跌倒，头部受伤，后医治无效死亡。原因很简单：饭店工作人员没有及时把他送到医院。”

死者妻子以此为理由，把某饭店告上法庭，要求损害赔偿，并最终胜诉。

当时，这位客人在饭店公共卫生间跌倒，被其他客人发现，员工按照本人的要求，把他送到房间。员工表示要叫医生来，客人说没必要。员工就把他扶到床上，让他休息，然后离开。第二天的早上，客人在房间里呕吐，说他很难受。饭店立即联系救护车，把他送到医院，但因脑挫伤严重，不治身亡。法院裁判说：“按住宿关系，饭店经营者要对客人安全负责。”

发生在客人和特定服务员之间的对话，因为没有第三者的证词，很难判断是非，因此，通常是结果说话。饭店要注意这个特点。

虽然是客人自己不小心负伤，但值得注意的是，判决认定“饭店在安全考虑义务上有过失”。也就是说，即使饭店的各个设施已非常完备，或即使是由于客人喝醉酒而摔倒受伤，只要他起诉，饭店也可能因为事后处理不当而败诉。

没有完美服务

饭店面临的“意想不到”的麻烦还有很多。

一位客人在游泳池更衣室里穿错鞋子，便抱怨饭店管理差。

一位客人将钱包放在客房床上，自己忘记了，就去参加宴会，一小时后结账发现钱包“丢了”，就向饭店抱怨，并要求报警。虽然是误会，还是引发了一场不愉快。

时刻准备打官司

一组客人参加在某饭店举办的宴会，之后，出现食物中毒症状。目标直指一道海蚌菜有问题。极度愤怒的客人要“打官司”。饭店方面向客人道歉是理所当然的。他们不希望被诉诸法律，因为他们知道自己将面临败诉。

但同时，他们又不得不为此作周密的准备。

九、自信地执行规范

像处理客人抱怨那样处理下属的抱怨

围绕客人抱怨的处理，压力可能不仅来自外部，还包括内部。这是因为针对每一个抱怨的处理，都要预想到部下对上司的判断是否赞成，是否有疑问和反对，而忽略这些，将打击部下的工作积极性，得不偿失。

上级应该怎样对应呢?

1．重视。不能因为是“自己人”就忽略。话说回来,不是“自己人”而是“同事”。

2．面对部下的抱怨，应以处理客人的抱怨的态度来面对，也就是说，要从认真听取部下的抱怨开始。

3．在此态度基础上，向部下表明：“我明白你的意思。认真考虑了一下，依我的经验，可能还是这样处理最好。我想，还是这样定。”

4．下达执行指令。不必含混，因为这是上司的职责所在。

朝令夕改不一定是坏事

下属有下属的立场，我们不能不尊重下属的立场。

饭店应该授权现场负责人，根据实际情况，调整处理办法。如果僵硬地通过上司把前一天现场负责人下达的指示在第二天的早上做变更，下属就可能有抱怨：“这样子朝令夕改，我们怎么做？能不能给我一个确定的指示？”

他们将因此而失去对现场负责人的信任。

反过来，大的原则由上级决定，具体做法由现场经理办，就可以解决这个问题。

同时，上司还要不断观察、判断，以便支持下属的处理工作。这对大家来说，都是非常重要的。

显然，朝令夕改不一定是坏事，关键看是谁改。

建设自信，给人自信

或即使由上司直接调整，也不能追求“翻来覆去的痛快”，而应跟下属说清楚：“昨天下达的是这样的指示，但实际情况有变化，所以，要从 A 转换到 B。”这是一个态度问题。

记住，现在已经不是那个“我说了算，不听给我走人”的时代了。

但是，话软不等于势弱，换言之，强势领导仍是绝对的需要。要有这样的自信，否则，下属就可能拒绝服从，反而会加速你自信的丧失。这是因为在麻烦处理中，负责人没有自信，会使事态更加恶化，当断不断，不仅不能平息客人的抱怨，反而会使客人越来越烦躁。

两者权衡，取其大者为至要。大者，就是自信者。

有时，必须把全体人员意志统一到一个有说服能力的人身上。而唯有职业经验的积累，才能具备这种能力。

总是抱怨上司的下属，或不能好好服从上司指令的经理，也应自我反省一下：

1．自己平时得到多少下属的信任？

2．如果有事，自己能很好地领导下属吗？

3．自己懂得把权限委托给下属吗？

4．作为上司，怎样支持下属，并承担责任呢？

总之，无论上司还是下属，在日常工作中都要建设自信，并能给人自信，然后，采取充满自信的行动。

通过细节体现自信

一次，在一个婚宴上，新郎由于紧张忽然失禁。现场经理得到信息，马上到场处理。他没有跟盛装的新郎说“换套衣服吧”。而是走上前去，悄悄说“忍一下”。一段时间之后，他创造了一个宽松氛围，然后带新郎到已经准备好的房间，为新郎换上了饭店准备好的衣服。新郎没有蒙羞，非常感谢饭店。

这背后，其实有着一个组织灵活运作的靠山，而不是僵硬、死板的命令垂直体系。而僵硬、死板的体系，看似强势，其实是缺乏自信的。

通过服务等级评估制度建立自信

建设服务资格认证体系，这对建立饭店人的自信很有意义。

应有一个机构来做这件事，如饭店，或饭店协会，或饭店集团，都可以这样做：

1．各种服务技能职业学校毕业的学生，即能获得三级资格。

当然要考核，内容包括学科考试和实习鉴定。学到的实际技能，应至少包括铺桌子、整理餐具、打扫大厅、床单枕套替换等种种“杂务”，把握其顺序和操作要领。

2．实际工作满四到五年的员工，将有资格参加二级资格考核。

考核内容应逐渐变化，包括引导客人入座、男女客人排序、呈上菜单、接受订单、饮料服务、上菜等。这一阶段可由六个考官进行评分，尤其要考察与客人对话的技巧。

3．获得二级服务资格之后一年，可以参加一级资格考核。

一级资格考试要有英语对话的内容，还要有各种酒水知识，懂得会议介绍、餐桌开瓶、品酒、配菜以及相关服务技能。因为要在考官规定的时间内完成固定的项目，即使是从事了十年餐饮服务的人，也将无法完全合格。

通过考核的员工，应设计一种标志，如胸章等，别在胸前，以示区分。一级资格可以是金色的琉璃徽章，二级资格可以是银色的，三级资格设计为蓝色的，应该很有趣。

取得资格的人将充满自信地活跃在社会中，社会地位也将大大提高。

不妨试试！

第六章

目标：化抱怨、投诉为支持

感谢客人的抱怨

让客人感动

电话拜访时机的选择

投诉的客人是饭店新品的第一发明者

设备服务带来新抱怨

推出新服务项目（产品）

培养发现细节问题之心

一、感谢客人的抱怨

服务，一种关于爱的工作

日本是一个服务大国，作家五木宽之写过一部小说，叫做《大河的一滴》，其中有这样一段描述：

雨水沿着树木，渗入大地，但不久又溢出地面。雨水渐渐地汇集，成为小溪、小河，然后，再注入大河。人生亦如这潺潺溪水一般，现世与来世，一一埋入大地，而后，又重返世间。这是一个轮回。世界就是这样一个轮回的平台。那么，是什么在支撑着这个平台呢？

是爱。

饭店服务工作的本质，是一种关于爱的诠释。

当然，这不是限于男女之间的爱情，而是一种对所有生命的感谢之情。所有生命，包括人类，也关涉大自然和宇宙间一切生灵。

生灵，或许是一种无形的存在。在班车上，我们应该感谢早晨，它带给我们饱满的情绪；感谢夜晚，它让我们休息。当我们能时时发现感谢的时候，我们会感受到服务的真正力量和发自内心的幸福感。如果我们能安然而自在地把这种心思用在服务上，我们和客人的人生都可能被改变。

服务是美的，是幸福的，是难得的。如果这样想，那么，事情就会向这个方向发展。反过来，如果你只认为“给客人服务不过是一种义务、任务或我赖以生活的工作”，甚或是“没办法，不得不做”，那将什么都没有。不能感动自己的任何事情，都不可能带给客人感动。而没有感动的生活，可能糟糕透顶，或毫无价值。

当然，服务是一种个人工作，但更是一种自尊，因为里边包含着最伟大的爱。

即使在处理客人的冷漠反应、抱怨乃至投诉的时候，也应先怀以感恩之心，感谢那些给我们磨难的人，唯有磨难能见真情。否则，我们将处理不好任何抱怨。

感谢客人的任何抱怨，包括误解，有则改之无则加勉。这样，我们将能成功地将抱怨的客人变成“铁杆”支持者。

有爱（待客的心），要说出来

服务就是表达。

饭店员工从迎接客人那一瞬间开始，就有了用语言表达待客之心的机会。例如，对雨天来饭店的客人说，“您好，瑞雨迎客，欢迎您”和机械地说“欢迎光临我们饭店”，客人的感受会一样吗?

仅说第一句话效果就大不相同。前者虽然有点啰唆，但却是用心的，是有爱的，能立即引起客人的共鸣，“话匣子”可能就此打开，任何在之后可能发生的抱怨与投诉，其几率必然降低，因为在此已经有了“泄洪通道”。这是真正的防范于前。

这些本领，我们可以通过看新闻、小说来掌握或丰富，同时，更不要忘记待客礼仪礼貌。

一块品牌香皂

一位女客人跟服务员说，“浴室里的香皂和平时爱用的不一样，有没有某某牌子的? 上次住 A 饭店时，他们就有。”

客房员工回答说，“好的，我马上为您找来。”然而，饭店里根本没有这个牌子的香皂，饭店商场里也找不到。这位服务员又到化妆品店去找，终于找到了，并欢天喜地地送给客人。

客人接过来，说：“谢谢你，不过，也花了太长的时间! ”

员工愕然，然后，心灰意冷地回到服务间，觉得很委屈，一天都不开心。

问题出在哪里

那么，我们该怎样来评价这个客房员工的行为呢?

首先，问题出在员工的“规范”回答：您所需要的东西，我能马上给您拿来。有些不假思索，基本上没有考虑能不能做到与怎样做、多长时间能做到。就是“走嘴”没“走心”。

正确的回答，应该是这样的：

“如果您需要，我马上跟服务中心联系，请他们按您的要求来处理。完成之后，我会马上送来。”

这句话中，“按您的要求”几个字很关键，内含“特殊服务”的意思。而上例中的“马上为您找来”这句话就是例行服务，即饭店已有这种服务。

可想而知，如果做不到，必然引发客人的投诉，因为我们的实际想法和客人的期待之间，已经有了重大落差。这样，即使是我们送来品牌产品，也可能遭到客人抱怨。

想一想，这件事应该怪谁呢?

在高级饭店里，客房服务中心应备十种或十种以上的品牌香皂，供临时选用。当然，饭店不是百货商店。但关键是要用心。

一句话可以改变格局

在上例中，如果客房服务员能这样表示，结果可能更好：

“噢，真是不巧，饭店里没准备您这个品牌的香皂，给我一些时间，我去准备。”

说话要有目的性（不是投机，而是给自己心灵一个方向），要让客人清楚，饭店员工“只为我一个忙”，从而感动。

客人的感动，反会影响我们自己的情绪，形成自己的感动。

说话模式的比较

规范：欢迎光临!

个性：您好，天太热了，您稍候，我尽快帮您办好入住手续。

规范：我马上办。

个性：我马上向上级报告，争取马上办好，我再跟您确认。

规范：我们饭店没有 A 服务。

个性：不好意思，我们饭店没有这项服务，但如果是 B 服务的话，可以马上为您办。此外，我们还为您准备了 B 以外的 C 和 D 服务。

同样一句话，不一样的说法，结果大不一样。

一个是给人方便、给人自信、给人欢喜；一个不是，不仅不是，还可能使客人的抱怨升级。

学习型饭店，首先就要学习这些。

二、让客人感动

组织运作的两面性

人是社会动物，因此，常常成为组织中的一员。

这样就有一个问题：一个组织，作为集团，在考虑推行其运作体系的时候，便不可避免地要强力建设金科玉律，以求约束。通过制度约束，使组织功能与效率发挥作用。饭店亦然，多数情况下，大家都是以员工手册、服务指南、流程及各类规范行事。

反过来说，这也是一种束缚，会约束员工待客处事的灵活性。

规范、流程与守则不是万能药

然而，饭店服务不光需要组织，还要有其灵活性，因为人是五花八门的，我们有时要以不变应万变，有时则要随机应变，不能机械地守规矩。

这是饭店工作特点决定的。

在投诉、抱怨处理中，人际关系介入其间，什么人、事件内容、发生的时间、地点不同，客人反应都会有很大差异。在这种情况下，如果我们仍然墨守成规，别说给客人感动，更别说使客人转而支持自己，恐怕连眼前的问题都解决不了。

规范、流程与守则是用来教育新人的

饭店提供给客人以精神服务，故其守则也便应具有精神性，于是，常常成为精神性的条条框框。

有用没有用？有用。

对谁有用？新员工。

换言之，守则的意义更多地还在于给经验不足的新手作岗前培训；或作为违规处罚的依据。

过去的新人教育，多用惩罚来使他们记住，如考核不合格将被罚款，或下岗再培训。现在的情况有很大改变，如饭店人手不足已成为行业性问题，简单惩罚已经不再奏效。于是，只能用嘴巴来教育。既然嘴巴教育如此重要，一些错误和不适宜的口头禅，便可能很快污染新人。因此，要以守则为学习范本，让他们记住。

但无论怎样说，规范、流程与守则，毕竟是根据饭店的情况来编写的，大部分内容与客人的现实需求无关，或顶多是“自以为有关”。

这正是关键所在！

麦当劳的一个例子

为了防止说话失误，麦当劳服务规范规定：要询问客人是在店里吃，还是带走。

一天，一人来店里买了十份汉堡。员工仍然按规范问道：“您要在这里吃吗？”岂非天大的笑话。

客人会为此而感动吗?

需要积累正确的经验

一般而言，只要正面的、积极的、主动的作用占服务的主导，客人会感动，会说“你很机灵”，或表示“你为我做了这么多，我很高兴”。

反过来，机械的、被动的服务多了，时间长了，客人一定反感。

因此，持续积累正面、积极、主动的服务引导经验非常重要。这些，最能打动客人。

一个扣子的故事

一位常客把饭店洗好的衬衫拿给客房洗衣主管，道：“衣服没洗干净。”

洗衣主管立即表示道歉并表示重新免费清洗。他细心检查了没洗干净的部位，同时发现，衬衣的一个扣子有破损，另一个快要掉了，就从自己准备的扣子中挑选了一个合适的，为客人钉上，也把那颗快要掉的重新钉好，然后送洗。

几天后，客人来到洗衣主管办公室，感激道：“谢谢你，都洗干净了！还为我缝了扣子。你的服务很周到。谢谢！谢谢！”

感动，就是在这样的服务过程中产生的。即使在处理抱怨时也一样，要超越那些应该掌握的守则以及客人眼前的问题，“顺便做一些事情”。

“顺便做一些事情”，真的是“顺便”吗？是用心。

而“用心”的结果又是什么呢？是客人的感动。

三、电话拜访时机的选择

销售电话打给婚宴父母

某饭店的宴会销售部员工常常从饭店的婚照服务部寻求一些帮助，那里有访客的住址及电话。他们可能马上结婚，现在正在寻找举办宴会的地点。于是，他们几乎每天晚上八九点都会做一组电话拜访，感谢他们光临饭店，同时，争取他们在饭店举办婚宴。

有时候，他们甚至将电话打到他们父母那里：

“感谢您儿子今天光临我们饭店。现在操办婚宴都需要父母帮忙，我们会努力满足您的要求，希望您考虑在我们饭店办婚宴。有任何需要，请随时跟我联系。我是宴会销售副总经理，名叫某某，我的电话是某某某某。如果有必要，我们也可以直接登门拜访。冒昧给您打电话，谢谢！”

话到这个地步，拜访即可以告一段落了。

实际上，这样的电话的确给他们带来不少生意！

时间与时机，电话与电邮

上例中，我们能看到一个问题：如何选择时间与时机，抑或电话与电邮？

显然，这是经验之谈。晚上八九点钟不宜登门拜访客人，那不合适，客人不会感动，反而会觉得麻烦。因为这个时候，常常是一家人在睡前团聚，喝茶聊天，因此，适合电话拜访。

当然，在这个时间发电子邮件过去是没有任何问题的，但同时，也可以保证基本没有效果。这是因为电邮不是语音交流，很难表达感情。

四、投诉的客人是饭店新品的第一发明者

抱怨是宝

客人的抱怨，实际上就是他通过体验服务，并从自己的角度出发，对饭店服务与管理提出的改善建议。如果我们都能作如是想，那么，处理客人投诉、抱怨的背后，将有一股充满期待与快乐的力量，而不是相反。

现场处理抱怨，确实要讲究技巧，要“短（时间）平（态度）快（决策）”地解决问题。但解决了眼前的问题，还不够完全，还必须使这个过程能成为接下来工作进步的一个阶梯。于是，要求我们听到客人抱怨之中的“建议”：改善饭店设施的，增加服务舒适性等等。即使一切都可以“搞掂后就忘记”，唯有“建议”，必须放到大脑中。

事实上，很多饭店的新产品，都是由投诉的客人开发出来的。比如，客人抱怨客房隔音有问题，我们不妨认真去寻找解决问题的办法。推倒重来不现实，问题在哪里？可能在墙壁不严实或太单薄，但更可能出在天花板内，没有砌到顶。然后寻找专家商讨解决方案，可能我们就因此而发现了一种物美价廉的材料和特别的施工方法。这是谁的功劳？客人的。

或如客人说：“你们在这一点上可以参照某某饭店的某做法……”其实，也

是一个创新的指令。我们不妨去同行那里考察、交流，便可能取得进步。反过来，如果固执地认为自己是老大，甚至说“我们就这样，没办法改”，则等于把客人的抱怨当耳边风，就浪费了改进服务的机会。

时差反应

一位欧洲客人从机场直接到饭店，长时间旅行，时差还没倒过来，很疲劳，以致于心情不好。他希望快些进房休息，偏偏总台服务员根据规范喋喋不休地确认用餐及退房时间。他非常不悦，大声说：“老兄啊，能不能免问了，我还不适应时差，能不能让我去睡觉啊？这是什么服务啊！”

显然，他是在撒气，但大部分服务员会莫名其妙，且不认为自己做错了什么，并坚信客人有问题，顶多相互周知“某某客人刁钻，接下来要小心”。

而正确的做法，应该意识到时差问题，并可以设定“时差服务”流程：从用餐的菜单，到按摩项目，到登记手续及退房时间确认等，赋予前台灵活处理的权力，那将能帮客人消除时差带来的烦恼，并赢得更多客人的满意。

这是将客人抱怨转化为饭店产品的一个很好的例子。

抱怨与商机

只要我们用心，那么，我们将“感觉到”，很多抱怨中隐藏着可能热销的产品。只要我们能活学活用这些抱怨，那么，饭店将诞生很多“商业计划”。如果这个商业计划能成为热点，结果将令人欣喜，因为：

1. 因市场需求而生的产品，通常有魅力，并能帮助我们成功地创造出与其他饭店之间的差异。

2. 提出计划的员工将获得奖励，或能证明自己的能力，为自己的升迁加分。

3. 对抱怨的客人来说，会觉得受到了尊重，认为“饭店善于听取建议”，甚至可能很感动，进而转为饭店的“铁杆”支持者。

同样的抱怨频发，则要检讨

当然，也不是要接受吸纳客人的所有抱怨。原因是把客人抱怨转化为商品，再推到市场，要花费大量的时间和经费，所以，饭店要慎重考虑、审查，这样才能均衡创新收益与投入成本。

但是很多客人同样的抱怨达五六次，对饭店来说，就不是“借鉴”，而是一个“倾向”问题，要在饭店内部展开讨论、检讨了。

五、设备服务带来新抱怨

传真机很吵

越来越多的饭店在向客房导入一些“家用设备”，如传真机、电脑、打印机、免费上网等，以满足商务客人更多的要求。或即使房间里不常设这些，也可应客人要求，出租并提供相关服务。在信息化时代，这对饭店来说，已是不可缺少的服务了。

但也不是因此就一定加分，有时，也可能成为客人抱怨的一个原因。

一天深夜，某饭店客人从客房打投诉电话到总台，说“传真机信号噪音太大，根本无法入睡”。这位客人的神经大概很脆弱。

这就是问题所在。大部分饭店客房都有直拨电话，只有客人拒绝直通，传真机才能被关闭。在社会日益国际化的今天，二十四小时信息传送已是常规服务，非常便利。但反过来讲，就是这个便利开始轻易地侵入个人私密空间。

所以，饭店还是要把握好自己的定位，饭店不是办公室，也不是家，关键是回归起点：饭店是确保客人健康、安全、安心、舒适之所。

用心：赋予设备人情味儿

没有人情味儿的设备是冰冷的，而且常常惹祸。换言之，任何设备进入饭店，都将不仅仅是设备，而一定是人的服务的附属品，因此，要为其注入富有人情味儿的灵魂。

要用心观察有没有应用最新技术的设备上市。如果有不发出噪音的最新设备，则要立即更换。于是，又有一个新问题：单纯追求硬件便利，会由于技术革新速度太快而陷入折旧泥沼里，即老设备成本还没收回，新式设备又要引进，最后难以为继，使得服务带不来相应的收益。因此，我们不能单纯地把目光放在硬件上，更要从人的服务主体方面下工夫。

这是饭店的最终价值所在。

就是说，要通过员工与客人之间的直接沟通、确认，达到既方便客人又不至于引发投诉的目的。比如传真机噪音问题，就可以与客人约定，到了某一时间，就转到饭店商务中心接收，第二天早上，再在指定时间送到房间，以确保不会误事。这样，服务就从通过增强硬件设施，追求“普遍的客人满意”，升华到“个性满意”。

就本质而言，设备服务可以代替人工，但永远代替不了人的服务。

饭店设备领先于一般家庭水平

不过，由于家庭的电器设备在不断更新，客人对饭店的设备也就越来越挑剔，对硬件要求一路提升，因此，我们固守旧有格局也不行。有时，饭店可能“被迫”花大成本对硬件进行改造，否则，也会引发客人抱怨、投诉。

我国饭店业从建立到运营，大都采用了欧美模式。这使得它的设备大都能长期保持领先于一般家用水平，这是我们饭店业的一个特别优势。

设备落后会引发投诉

因为引入欧美的设备需要大量环境工程的配套，而我们的城市公共体系做不到，而饭店要做到这一点，必须进行独立于城市公共设施的项目投资，成本通常居高不下。于是，也有饭店以家庭标准（如经济型饭店、家庭旅馆等）进行硬件投资的。但若在高星级饭店，这也将引发投诉。

在某饭店，一位日本客人刚入住，就投诉到总台，抱怨卫生间里没有温水清洗器。他粗声粗气地说：“到底是因为饭店本来就落后？还是你们经营者小气？”

这类抱怨很常见，只是大多数客人不直言就是了。为消除这类抱怨，或许饭店可以一口气改造设施，但这绝非易事。一个清洗器，意味着上下水管道、电路、防水系统等都要改动，绝不是一个小工程。

一般情况下，一个房间可能要花费几万元，若房间改造，餐厅、宴会厅洗手间就面临压力，也不得不改造，算下来，投入巨大。所以，必须慎之又慎。换言之，每一位员工都应知道，客人的一些建议，虽然重要，但也不是饭店马上就能做到的。

有了这样的心理准备之后，我们便可以知道，应该在哪些方面作进一步努力了。

六、推出新服务项目（产品）

取之于客人抱怨、投诉的个性化服务项目开发流程

1．来自客人的抱怨、投诉或建议。

2．饭店进行服务（商品）设计，落实开发企划。

3．饭店决策层组织相关部门研讨、判断其可能性，并做出安排。

4．实施必要而最低限度的硬件投资。
5．组织、实施最优质的人的服务。
6．新服务项目（商品）的推出。

“金钥匙服务”：虽非无所不能，但能竭尽所能

一位来自瑞典的注射器制造商拿着一张记录着国内八家生产注射器公司的名单找到饭店礼宾部，希望能帮他在两三天内联系到这些厂家。

显然，这不是饭店常规服务的内容。但因为饭店有了“金钥匙”，一切变成可能。

“金钥匙”立即行动起来，通过电话联系、其他城市饭店的“金钥匙”同行帮忙，或找熟人搭桥，前后奔忙，终于如期完成了客人的嘱托，还把商务洽谈的时间都安排好了。客人非常高兴，按协议支付了可观的“委托代办费”。

这就是饭店“金钥匙”服务。这类服务的正规称法是“委托代办服务”，一般设在饭店行李处，或称礼宾司，由获得“金钥匙”服务资格的员工（通常被称为“金钥匙”），给客人提供与城市功能相关、合法的“任何服务”。当然是有偿的服务。

这是世界饭店业为解决客人抱怨，满足客人的预期而设计的一个特殊服务。

“金钥匙”服务的理念，是“用心极致，满意加惊喜”。

将个体的“金钥匙”服务化为组织行为

有些事情太重大了，可能靠一两个“金钥匙”无法承担。于是，某饭店导入“金钥匙”服务理念，开设“外商服务沙龙”，并取得了成功。

“外商服务沙龙”，是把饭店当成国外客人在国内从事商业活动的一个“前哨阵地”。沙龙不仅提供一个场所，还要负责找到与他们的期待相对口的公司、政府部门，创造条件和机会，提供广泛的信息，包括为外国人提供工作上的支持。这样，就将个体的“金钥匙”服务，转化为组织行为。

当然，他们不是贸然实施的，而是进行了充分的计算：

预算多少？可能的利润多少？成本多少？投资能否达到预期效果？

任何一个计划的制订、实施，首先，要审慎考察计划本身，把上述的每一个问题都考虑清楚。然后，严格控制先期投资，在取得一些业绩之后，逐步充实硬件。

装修、家具、通信设备等都可以从简，但人的服务则绝不可有任何弱化，他们创建了一个二十四小时服务的秘书团，并在本饭店员工中选拔最合适的兼

职者。

现在，这项服务已坚持了20年，而且发展势头很好。

饭店业务的四个倾向：感、混、创、才

1.“感”。饭店业务应该充满感性。因此，要培养员工追求自己感兴趣的东西，从而敏锐地拓展新的服务业务。

2.“混”。饭店业务，应是混业经营，而非单一作业。因此，必须考虑到各种要素、资源的组合，以形成一个合作体系。

3.“创”。无疑，饭店业务应落实在一个发明、创造、革新的体系之上。

4.“才”。寻找并培养有才能的人，这是饭店运营根本之中的根本。

七、培养发现细节问题之心

要有好奇心

对一个合格的饭店从业者而言，要对所见所闻抱有好奇心，包括以这样的态度对待抱怨和投诉。当然，这个好奇心不是怀疑之心，而是与客人站在同一视点上，去发现细节问题之心。

但做到这些并不容易。很多细节问题都被忽略了。有人统计过，在十位客人中间，可能是只有一位客人的细节问题真正被发现，并得到了积极处理。

也只有这样，才能算“完满处理了”投诉、抱怨。否则，都不算，只能是“处理了”。

为什么要关注客人问题的细节？

因为客人的抱怨、投诉，常常起源于一般人毫不在意，或我们习以为常、不以为怪的地方。就是说，问题大都不在明处，而在暗处。

建立一个收集客人意见的机制

某饭店建立了宾客意见收集制度。他们给每一个服务员配备A/B两个《宾客声音簿》，每天装在袋子里一个，并要求服务员随时记录客人的声音，如电梯里、通道上听到的，为客人送行时的意见征询，客人抱怨或建议等等，无所不记。

《宾客声音簿》每天下班之前都要提交给上级。

上级则要摘要上报，并在声音簿上回复员工的记录。因为有 A/B 两个《宾客声音簿》，所以，员工手里总有一个。

摘要问题，也要有一个回复，重要意见还要在饭店员工宣传栏里张贴。

对发现有价值问题的员工，要及时表扬；对提出有价值建议的员工，更要给予奖励。

这样，该饭店就形成了一个促成全员关注客人细节问题的机制。

一个例子

在某饭店，一位客人漫不经心地对客房服务员说：

“你们饭店公寓房卧室跟厨房布局不大协调。”

一般而言，服务员对这样的话不大会在意，因为客人不是在投诉，也似乎没有抱怨，随声附和一下也就是了。但用心的服务员则很敏锐，她立即将这句话记录下来，并反映到了经理那里。经理也很注意，就立即检查了服务记录，发现客人已经在两个小时前退房。他又到房间确认，而员工已把房间整理干净，看不出问题可能出在哪里。

他百思不得其解。

为此，他开始仔细检查、体会客房内部布局、空气流通状况、厨房气味、家具摆设等。然后，请服务员回顾客人退房时的房间状态，如客人有没有移动什么。

一般而言，员工完成一个房间的打扫，大约需要 20 分钟，其间也可能两三人合作。只要认真检查，即使已经恢复整齐，还是会留下客人的痕迹。前面客人的痕迹，如体热，在两小时之内不会退完。因此，真正细心的员工和经理，会把握好这个时机。

当然，有些客人可能有洁癖或其他怪毛病，意见不足取。但我们怎么能知道所有客人都这样呢？因此，我们必须假设每一位抱怨客人都是正常人。我们要像侦探那样，找出他们是被什么“东西”侵害了心情。或许是房间的布局，也可能是洗浴间或床上残留的头发，也许是看电视柜架不在正中间而感到不顺眼。

总之，要细心去发现问题，包括及时性。

落实三级检查制度

怎样做到及时呢？

还是要落实在制度上，如三级检查制度。

员工打扫房间前要先观察，看看客人遗留了什么没有，或动了哪里，是有意的还是无意的，等等。如果有，则要记录下来，及时调整。如客人喜欢睡一个枕头，或喜欢盖双层被子，就可以在之后的服务中关注了。

此为第一级检查。

打扫完房间后，要由专业领班以专业目光来检查。重点看客人会不会遗留下什么不满（细节问题），如室内空气有什么不同。然后，才是检查房间清扫是否符合规范，等等。一旦发现问题，必须要求员工修正或重新打扫。这种严格的态度，是防止抱怨、投诉发生的必要前提。

此为第二级检查。

部门经理应该抽查最后结果。

此为第三级检查。

如果有 VIP 客人，还要进行第四次检查。

也许客人没有抱怨或投诉，但就是没有抱怨，我们也要把自己转换到客人的立场上，去找抱怨的理由，即养成以疑问眼光去追求完美的习惯，才叫优质服务管理。

这也是善于发现细节问题之心的一个例证。

当然，这个方法也可以应用于餐饮及其他所有服务的检查上。

最大限度地防止客人抱怨本身，就是一种好的服务

那些拥有发现细节问题之心的员工，将是饭店的一笔大财。

这些员工在处理其他问题方面，也将表现出自信，而只有自信的员工才能给客人带来有自信的消费。

须知，任何抱怨、投诉，其实都来自对自己的不自信。客人之所以抱怨、投诉，是因为他没有信心控制他所面临的局面，故而“求援”。反过来说，那些让客人感动的服务，无一不出自有自信的服务。

因为给人自信，客人受到感动，进而变得愉快，抱怨也将因此而烟消云散。

因此，有思想准备，不紧张，自然、平静、灵活以待，非常关键。客人将由此获得安心、舒适，以至于内心的感动。

我们说，最大限度地防止客人抱怨本身，就是一种好的服务。

记住客人的习惯

通常，客房内的电话机都放在床头柜右侧。但如果客人是左撇子呢？他就可能把电话机移到枕头左边。发现这一点怎么办？试想一想，客人外出后又回到饭店，见房间被整理好，而服务员已经按照自己的习惯或规范，把电话放回

了床头柜右边。客人会感到高兴吗？

优秀的服务员则会记住客人的习惯，不仅电话，连烟灰缸（如果有的话）都会改放在左边。还有，如果客人要求换房间，那么，行李员会注意到客人用行李箱的习惯吗？能否按照之前的样子，为他们摆放行李呢？

培养洞察力

优秀的迎宾员通过观察客人到达饭店玄关的状态，就可以判断出他们是来吃饭的，还是住店的，或是开会的，并据此选择适当的问候："欢迎您，会场在左手边。"客人会惊叹："我的脸上写着了吗？你怎么知道我不是来吃饭的？"

其实，迎宾员大多是通过客人随身携带的物品（行李）来判断的。

惊人的记忆力

一位迎宾员看到一位客人走下车来，就问候道："某经理，您好！生日快乐！"

客人惊讶不已："你怎么知道我的名字和生日？"

迎宾员就告诉他，说自己能记住来店客人的车号，还有司机的名字。同时，他还会关注店内每天的重要来宾预订状况通报，因此，知道大多数贵宾的情况。

客人后来给饭店发来传真，说："尽管只有一句话，但我感受到你们服务精神的精深。我非常愉快。这是我平生第一次遇到这样的接待。"

《饭店服务暗访报告》之一

前言

我希望这次暗访是一个愉快的经历。同时，我也将对我所见所闻的问题，不折不扣地提出自己的意见。

饭店就像一个舞台，我是来看戏的。但为了看好戏，我必须深入其中，或成为其中的一分子，才能真正体验到，并提出自己的观感。说差的，大家不要怪我，说好的，大家也不要骄傲自大。这是体验经济时代的基本特点。

饭店的名字我早就知道，报纸上有宣传，我也浏览了网页，并知道你们的经营理念很有味道："给人方便，给人自信，给人欢喜！"

这该是一种怎样的服务呢？我很想体验一下，且充满期待。

现在我的旅行开始了。

我通过第三方订房中心预订了你们饭店。当然，我特意告诉订房中心说，我也是做饭店工作的，并且是某某饭店总经理，希望他们能用心地查证我在别的饭店的待遇。

深夜到达

到达大堂的时间要比预订时间晚很多，我事先给饭店里打电话说："我是某某，预订时说下午6:00到，现在要晚一些才能过去，大概在晚上11:30之前，请帮我确认并保留房间。"

晚上11:00左右，我与当地的朋友一起乘出租车到饭店大门。

朋友也想看看你们饭店。

出租车停稳后，迎宾员很快地为我们打开车门，接过我的包，使我顺利下车。

一起下车的朋友就对他说："我还要坐这辆车回去，麻烦你告诉司机，就在这里等我。"

迎宾员答道："好的。我会让他把车停在停车场。"

说完，把手提包递给我，就去引导出租车了。

登记，然后进房

在离总台还有15米的地方，就听到总台服务员的问候："欢迎光临"。

我告诉她说："我已经预订，我叫某某。"

她就拿出登记表和笔递给我，请我出示证件，并表示说："我帮您登记。"再后，请我签字确认。

这时，一位领班模样的员工走向前，道："您是某先生，我们一直在等候您。"

到这里，我和朋友告别，拿到钥匙，向房间走去。

因为有行李员帮我拿包，我就能空手走，两个人并排走到电梯，并到了36层。

在房间的前面，已经有人在迎接。寒暄之下，知道是值班经理。他亲自从行李生手中接过钥匙，为我打开房门。他知道我是同行，就请示我是不是要省略房间防灾设施和避难路径等情况的介绍。我要求介绍，于是，他给我做了仔细的讲解。

这时，我发现床铺还没有整理好，床边也没放鞋垫，就问："你们饭店不放床边鞋垫吗？如果没有也没有关系。"

他们一边整理床铺，一边道："哪里，马上给您拿来。"

说完，就跑出房间。

睡觉前

我决定向员工提一些要求。

我问道："我要吃药，需要好一点的水，冰箱里有吗？"

员工回答道："有矿泉水，是免费的。我马上给您拿来。"

我就对他讲："谢谢。我马上要洗澡了，我会把门开着，在我洗澡期间请把水送到我的房间。"

我特意半开着浴室的门，以便在洗澡中也能听见门铃响。

门铃响了，我就大声回答说："门开着，请进！"

门铃声停了。

我穿好浴衣，进到卧室，但水并没有送来。这时，门铃又一次响起。值班经理把水送了进来。

趁这个时机，我就把第二天的计划告诉他。我说：

"值班经理，我明天早上要早起，咖啡厅几点开门？"

"6:30。"

"很早呀，一般饭店都7:00开始营业。我想喝一杯咖啡再离开饭店。6:30，能为我准备好咖啡吗？"

值班经理回答道："没有问题。"然后，告辞道："请您早点休息！"就离开了房间。

我想看电视，可打不开柜门，好像上了锁。没办法，只好打电话给总台，那位值班经理又一次来到我的房间，为我把电视柜门打开。

床头枕头边上，放着两个英式玉米甜饼。因为刚刷过牙，我没吃就睡觉了。

第二天早上

早上6:20，我下到一楼。先到总台结账，然后，走向咖啡厅。

6:25，离营业开始还有5分钟。我问咖啡厅引座员："我点的咖啡已经准备好了吗？"

她回答道："已经准备好了，正在等着您呢！"

坐在座位上。6:30，咖啡如期送到。

喝完咖啡后，我就拿着包，乘出租车离开了饭店。

后来

两三天后，我收到饭店总经理署名的问候信，感谢我的光临，并认为服务不完善，非常抱歉，请我务必指出来，等等。

评价

假如服务评价设定满分为100分，应该给饭店打多少分呢？

我的评价是这样的：

哪里有VIP服务？就连一般客人的接待水准都不够。感觉欠缺待客的热心，即不能考虑实际情况，而被规范束缚着。

首先是迎宾。深夜的时候，饭店门口的车已经不多了，我的朋友从下车到在总台和我告别，只需几分钟时间，有必要让出租车停到停车场吗？没有充分考虑到我朋友回头乘车的时间。再有，立即把手提包还给我，那里离总台还有15米，这本是一个大错误。此前接我提包的时候又是默不作声的，也不对。一般常识，迎宾员应直接把行李转给行李生。

然后，是总台接待。又怎样呢？打招呼的方法有问题。我已提前告诉他们，我将在晚上11:00之后去登记，恐怕那天晚上也就我一个人了吧。当然，总台说了“您是某先生，我们一直在等候您”这句话，应该不错，体现了待客的热心。不过，如果知道我应该享受VIP待遇，难道不知道作为特权，我是不用在总台登记的吗？

顺便说一下，这个特权还应包括预结账。

员工服务也存在问题。从总台向房间走的时候，和客人并排，不对。他应该走在客人前面一步，因为不是回头客，我不知道电梯在哪里的。实际上，我当时很困惑我应该往哪个方向迈步。

再有，你们忽视了我在洗澡的时候把房间门打开，让他们把水直接送到我房间的要求。这也是问题。不过，没有进房，或可能是值班经理的指示吧。

因此，我觉得在接待客人方面最有问题的，就是值班经理。

在客房迎接我，可以吗？对VIP客人应到总台迎接。如果因故不能下来迎接，应交代总台提前给我讲明，说：“今天值班经理正在房间门口等候你。”不然谁知道什么原因啊！

我进到房间的时候，床还没有铺好，可以说根本没有待客的诚意。

我虽是同行，但还是要付住宿费的，所以，我是彻头彻尾的客人！而且是VIP，实在不该。

第二天早上，我办完退房手续离开饭店的时候，值班经理没有出现。作为VIP服务，这的确很成问题。

咖啡厅员工在接到值班经理通知后，能以热情的态度迎接早5分钟到达的客人，这一点很周到，我很感动。但是，既然我已经坐到位置上，为什么咖啡在5分钟后才送上？6:25我到达咖啡厅的时候，煮好的咖啡香味已经飘了过来，说明已经准备好。当然，我不能抱怨，因为他们确实严格遵守了约好的时间。但是，我已经说过，我要早点出发，所以，还是觉得咖啡越是早上，我就越是高兴。

结论

满分100分，最多，我给60分。

感动？没有。这里所提供的服务，只不过满足了对服务很挑剔的客人的最低要求。他们没有实现“给人方便，给人自信，给人欢喜”的服务承诺（理念）。

所以，很遗憾！

《饭店服务暗访报告》之二

摘要

由于有热情积极的员工，他们尽了全力来弥补在食物质量及语言障碍方面的不足，因此总的来说，这是一次比较全面的、积极的经历。但该会展酒店被定位为豪华酒店应受到质疑。

前厅

在到达之前我打电话为我自己留言。第一个电话没人接（我打登记在WORLDHOTELS HR上的电话），第二个电话立即有人接听，总机不太明白我的问题，并询问是否能叫服务员到我的房间。我说我还没入住酒店，但我想给客人留言，接着电话就被转到总台，总台员工说以前没有为还没入住的客人提供接收留言服务的经历。总机和接待员工问候语大部分是中文。

在一个下雨天的早上9:30我到达酒店。酒店位于一个大型展览中心建筑的后面。直到的士绕过展览中心才看到酒店，在展览中心之前的道路上我没看到有任何通往酒店的指示。一位叫Kelly的员工很友好但有点紧张，对其他客人也是如此。她没注意我的旅程积分并要了我的THAI航空公司卡的复印件。总台没有摆放定期航线提示卡。

一个在大堂服务叫Ivy的宾客关系主任为我重新办理了入住。她很热情、友好并祝我入住愉快！她向我说明了旅费事宜，也解释了她没有接收到WORLDHOTELS关于我的入住费用是否符合旅程积分的信息。她承诺要帮我查询，一个小时后她回复我不符合条件。我有点惊讶，我的房费是在WORLDHOTELS网站上登记的最便宜的价格的两倍。

行李生Heshan陪同我到房间，他放好行李但没有向我介绍房间设施。后来在礼宾处他非常热情地向我介绍厦门旅游景点。我有点受宠若惊，他问我的姓要如何发音。我很惊讶他也知道我的国籍。他称是从电脑资料上查到的。虽然没有完全听懂他的介绍，但他却有非常热情和积极的态度。

由于我入住和第二天离店时间都比较早，自助餐厅还提供早餐。我留意了早餐结束的时间。Heshan告诉我早餐服务到11:00，10:50分我到了自助餐厅，但那里已不提供早餐了。服务员称早餐到10:30结束，只有周末才到11:00。

与我交谈的几个员工没有向我推荐餐厅服务项目。当我要求她们推荐晚餐时，Fanny问我是否要到店外用餐。她非常热心地向我介绍一些市区中心并在本市地图上作了标明。那个时候，Wendy正用一块已经脏的白色毛巾擦拭大堂墙壁檐口上的碎片，碎片掉在地毯上需要吸尘。

住店期间与总机通话不是很愉快。通话过程如下：我致电总机，总机员工的问候语是两种语言。我说，请接总台。总机说：请您稍等。接着有人接听电话说，对不起让您久等了，您需要什么帮助？我以为电话已经转到总台了就开始说了我的需求，但我发现这是总机的另外一个员工，当我重复了我要接总台时，对方说请您稍等，电话被转到总台。我不得不再次重复了我的问题。我总结出了可能部分总机员工英语较好，部分员工只掌握了一些常用短语，所以电话刚开始先在总机内部转接。

关于上网连接处理也有问题。入住后向总机要的密码一段时间是有效的，但当我一个小时后回房却发现不能用了。我不得不再打电话，总机将电话转到总台，总台又要把电话转回总机，但我坚持要总台员工帮我解决问题，不要再转电话了，总台员工（男性）称可以并叫我稍等。几秒钟后我发现自己处在三向的电话对话中，即我、总台和总机。总台和总机员工在讨论我的上网密码。总机挂线后，总台员工（男性）向我解释由于某些原因密码被取消了，但现在已经恢复正常了，他称是总机弄错了。过后，有一个总台接待员（女性）打电话到我房间，与我确认了我的中名而不是姓或名，并询问现在是否可以上网。

有个女服务员没有确认我的身份就为我开门。她看了我手上的钥匙卡但不敢问我。她的外语表达有待提高。另外一次是我有钥匙但我忘记了房号。我叫了一个楼层的员工帮我，他打电话到总机并拼出了我姓氏，但他们找不到，后来我又给了名字和中名，最后他们找到了。显然酒店员工对称呼国外客人姓名有障碍。

我的退房手续由 Spencer 和 Susanna 办理。Spencer 检查了我的账单并向我说明晚餐消费是在中餐厅。我纠正了她是在西餐厅。

最后总结：第一，部分员工外语表达有待提高。第二，当日值班的宾客关系主任的工作表现很好；她们的英语表达能力强并时刻在关注我，由于她们的努力让我感觉在会展酒店的居住是较愉快的。

房间

对房间的第一印象不是很好，原因是地毯卷起，帽子形花纹看起来很不规则。通向阳台的窗户上都是雾水。空调设置太冷（可能是那天突然下雨）。从海边吹来的风飒飒作响，阳台门轻微地振动。

窗户的铝合金框不是很干净。阳台墙面有污迹。家具看起来挺现代的，但是有些有磨损。沙发旁边的桌子不够干净，有细小的茶叶在上面。桌子下面的地毯上有果皮。

便签夹上的铅笔是中华牌，而不是印有酒店标志的。其中有一支是不能用的。

36 (HBO) 和 37 (CNBC) 频道收视效果很差。除了英语和中文外，我没发现有其他语言的频道。收音机也是如此。

房间服务指南和 WORLDHOTELS 指南放在书桌的抽屉内。叫餐服务项目是房间服务指南的一部分。上面没有饮料消费项目。

小冰箱很干净，饮料消费单上有本地啤酒和雪碧，但冰箱内没有。我比较喜欢看到有可乐。

浴室灯是由塑料做的，看起来档次很低。

电话在通话中有噼啪声。电话上没有显示紧急呼叫号码。速拨键看起来没什么问题。没有总台接待速拨键。其他键如“退房”是接到总台。当我拨票务速拨键时电话没人接。

我想拨打市区电话，按上面提示先拨“9”后却断线了。我打电话到总机询问为什么会这样，总机转了电话后，另外一个人接听但还是不明白我的意思。后来我自己发现原来拨完9后要立即拨电话号码就可以了。如果拨“9”后能听到提示会比较好。

浴缸排水口是关着的，如果开着比较方便客人使用。

晚上开了夜床并换了新的毛巾。床上放了一张天气预报卡，有些英文不是很准确。上面的名字是：Mr.Frank(又使用了我的中名称呼我)。

晚上还是感觉很冷，尽管排风设备调到最低档，温度调到30℃。

公共区域

大堂的橱窗洗得很干净，但是很多铝合金框架有污迹。

整个酒店的地毯都很糟糕，特别是楼层走廊的。地毯卷起，有裂缝，边角处鼓了起来。地毯的连接处有明显的断痕。

公共卫生间硬件设备较差但还可以接受。洗手台上没有花但有一盆绿色植物。有个卫生间的挂钩已经丢失了，但墙上的洞口却还很明显。地板上有小便污迹。

有一些电梯没有紧急警告提示（Don't use the lift in case of fire)。没有到达楼层的提示音设备。

地下停车场看起来很普通。地板和墙壁水迹很多，可能是由于下雨的缘故。所有物品摆放一团糟，停车场被用作储藏室。切割泡沫塑料的区域靠近人行道。另外一个有停车标志的区域被当作员工活动区，配有一些运动设备和简陋的台球桌。

酒店建筑长度可能有600米。有很多电梯没有标示是通往哪里。我乘了离我房间较近的电梯，到了尽头却是走廊，但出口被锁住了，经过走廊可通往会议室。如果给电梯编号，就比较方便客人识记自己要搭乘哪部电梯。

通往市区和机场的穿梭巴士只有客人有预订的时候才开，因此我没有机会体验这个服务项目。

大部分的紧急出口被锁住（地下室、会议中心），我没看到配备灭火器。店外通往大堂的门旁和停放自行车的地方堆放着沙包！

预订

预订电话是Hy Nim Po接听的。在确认是否有房间之前，她先清楚地与我确认我的姓名、抵店日期、联系电话。经过查询后，她简单迅速地向我介绍了三种房型，她特别向我推荐了豪华海景房并说明了房价，这是很好的销售技巧。但如果她能介绍三种房型的区别和房价，让客人更能感觉到住在豪华海景房的价值，这样会更好。当客人想要入住比较豪华的房间时，她也应该说明入住这种房型的益处。当她询问客人要吸烟房或非吸烟房时，她也没有做更详细的介绍。非常遗憾，她没有扼要重复预订细节。

餐厅（午餐、晚餐）

我与一位当地的朋友在半岛西外厅用晚餐。其特色菜是美国牛排和生蚝。我们7:00到达那里，招呼我们的是Marcia和Lukas，Lukas引领，Marcia大部分时间都站在门口，只有当Lukas忙的时候才进来。

用餐时间大约持续了3个小时，没有其他客人来用餐。Lukas向我解释这是很正常的现象，因为中国人不喜欢这类食物，这段时间酒店外国客人较少。

这个西餐厅没有窗户，显得有点暗淡，气氛不够吸引人。

由于酒的容量有问题显得酒单有点乱。有一部分是375毫升，有一些是750毫升，还有的两种都有，有一些没有标明容量。酒瓶上的说明很详细。我们点了海鲜，Lukas向我们推荐了白葡萄酒。当我告诉他我喜欢红酒时，他向我推荐了一种可配海鲜的红酒。

Lukas不是很擅长开酒瓶，试了三次，都没有将开瓶器插入软木塞的正中间反而把软木塞插碎了。他向我道歉。前面三杯酒倒得很好没有洒在桌上，第四杯酒内有木屑，刚开始我没有注意到。Lukas察觉到了，马上为我更换了一个新的杯子。

第一道菜我点了凯撒沙拉，调味汁太多了，我要求少一些，Lukas不明白我的意思，反而多拿了一些给我，我再次向他说明，他就把碟子收走了。他向我推荐另外一种凯撒沙拉，沙拉和调味汁分别装在不同的碟内。我觉得这个主意不错并叫他和主菜一起上。我的同伴不喜欢蘑菇汤的味道。主菜（鱼）还不错。后来的甜点，我点了布朗斯，英文应该是Brownce。甜点虽然有点干，但在调查卷上我写了还可以接受。

通往餐厅休息室的门两边都没有标志。其中一张桌子下面有白色电线和插头，看不出有什么原因需要用这些物品。

员工工作台上的电话响了两次，声音比较大。更多的打扰声音是从走廊路过客人的谈话声。厨房开门后，里面的噪声让人听了很不愉快。

Lukas有时会播放背景音乐，可能知道外面的噪声已经影响了我们的用餐。用餐期间他询问了我两件事情，这些事情应该是在餐前或餐后才问的：他说他希望再次见到我们，并问要如何称呼我（后来也没听到他叫我的名字）。可能由于之前凯撒沙拉服务失误让他失去了与我交流的信心。Lukas的服务意识和观察力很强，有发展潜力。他尽力服务让我们用餐愉快。这两位员工的英语水平有待提高。账单上大部分是中文。Lukas注意到我看不懂就很热情地向我解释上面的项目。

餐厅（早餐）

早上7:40我到了餐厅用餐，迎接我的服务员很友好、热情。餐厅员工工作井井有条，安排了许多员工随时为客人服务。实习生Lancy为我铺好餐巾并祝我用餐愉快。

我想食用芥末。有一个穿黑色制服的领班拿了一个小塑料瓶子给我，芥末已被其他人用掉一半。我更乐意看到它是用碟子提供的。芥末的味道闻起来好像醋。餐厅没有提供黄油、冷盘、鱼类。有三种果汁但都不是鲜榨的。鲜榨的果汁是要另外点的。面包看起来不新鲜也不够脆。

我用餐的桌子下面有污迹。木地板不是很干净。早餐食物要精心安排并及时得到再补充。

第七章

饭店危机处理：由知识到智慧

互联网时代：由知识到智慧

“风水”

微笑：出售与准备

了解客人的真实想法

适当迎合客人趣味嗜好

饭店文化：亲切与不亲切之间

识得“千人千面”

服务的结构：“点线面”

把握公平待客原则

“时空产业”规则

因势利导

督促客人遵守礼仪是员工职责

拒绝客人无理要求

一、互联网时代：由知识到智慧

客人发生了什么变化

在互联网蓬勃发展的今天，对信息的探求与好奇，就几乎成了所有人的“心动力”。

信息时代，人们似乎无所不知，并因此而盲动浮躁。

因此，我们的危机服务，必须是应这样的需要而登台亮相。

信息与智慧

何以评之为浮躁？

因为仅凭信息，无法创造智慧，而人们误以为有了信息，就能滋生智慧，全然不觉这是两码事。尚未生成的智慧或者些微的智慧，难以驾驭纷至沓来的信息，于是衍生出浮躁。

危机服务，因此就是帮助人们从不实信息引发的浮躁中解脱出来，哪怕客人只在接受我们服务，或只在回味服务那一时刻得到这般享受也好。

显然，这样的服务，不仅要靠知识、技能，更要有智慧。知识，是以我为中心去把握身外的客观存在的种种规律、道理、常识；而通过向内心——主观事实学习而获得的自证，才叫智慧。它的表现状态就是自觉。换言之，真正的优质服务，一定来源于自觉、主动、积极的“心动力”。

随着年龄增长，我们会累积各种经验，经验成为智慧的重要源泉，自觉、主动、积极的“心动力”都将由此生发。我们从实践中感受到、学到的东西是为我们所拥有的信息。如何将信息、经验升华为理念，内化于心，也就成为管理艺术必须研究的问题。

总之，应对客人的抱怨、投诉，智慧将是根本，而与此相应的服务或管理理念，则将是最大利器。

由“知识型”到“智慧型”

最近，“知识型员工”（Knowledge worker）一词被广泛使用，直译为“有知识的员工”，并被饭店界认为他们将是振兴饭店的关键所在。但在我看来，“知识型员工”不能单纯地被理解成“知识型”，而应是“智慧型”，因为时代已经进入了“智业”领航的新阶段。

尤其在处理客人抱怨、投诉方面，非常需要智慧。前边说过，每家饭店几乎都有客人抱怨、投诉处理规范，但现在看来，规范尚属“知识型”的范畴，如果拘泥于手册，将不能解决更多更新的问题，因为市场（客人）已经进入“智慧型”阶段，他们将“百人百样”、“千人千面”，抱怨和投诉同样是“百人百种”，故此，一切再也不可能“一言以蔽之”，或“以不变应万变了”。

过去行得通的方法，现在可能不行了；对某人可行的办法，换了别的客人就不一定有效了；某一个岗位行之有效的做法，换了一个场所，结果甚至相反；或即使客人抱怨的内容一样，其中隐含的实际想法也可能有本质的不同。

这时候的服务，即为读懂客人微妙的想法而进行的身心投入，我们称为“智慧型服务”。就是真正弄清客人需要的是什么，对什么有期待，对什么感到心情愉快……也只有读懂这些，智慧才能在信息和实践中得以印证。

当然，面对客人的抱怨、投诉，我们的态度很关键，前面已经用大量篇幅讲过了，但光有态度还不够，还要领悟到客人发出“为什么”、“怎么会这样”等抱怨声音的真正原因，然后，立刻整改（不是简单的改正），而后才能期望得到客人的理解。

二、“风水”

“风水”：愉快与乐趣的氛围

显然，人们追求便利的特性，正反映了一种时代特征，它甚至使快餐成为深受欢迎的“产品”。但我们还能发现，即使是快餐店，差别也很令人瞩目。比如相同招牌的汉堡店，有的门庭若市，有的门可罗雀。

当然，连锁店产生本身，也是人们追求便利的一个表现。一方面是经营者，因为总部已经制订了产品详规，包括用材、制作方法以及待客方法等等，做起来便利；一方面在客人，各分店味道、分量、价格一致，减少了选择的麻烦，吃起来便利。

既然如此，“门庭若市”和“门可罗雀”的差别由何而来呢？甚至有客人会跳过身边店，而到一站地外的店去吃汉堡。是一时兴起？还是另有隐情？

其实非常简单，在心情。是一种由衷的乐趣、惊喜等感性因素，起了关键作用。

“不知为什么，总之，那家店的感觉很好……”

"氛围不错，虽然有点远，还是去了……"

氛围由何而来

"门庭若市"与"门可罗雀"之间有奥秘，若不能理解奥义，我们将无法摆脱"门可罗雀"的晦气。

这也是"风水"问题。而"风水"的实质，是氛围。

"风水"，不是风和水的僵硬概念，就如住宅，单纯将它看做一个木、砖、石、水泥的结构，是僵硬而没有生机的，而必须加进人的要素，而成为如风一样飘动的水，或如水一样流转的风。换言之，它们不是一个死相，而是一种动态。动起来，才叫风水，才叫氛围。不明就里的人会问：明明一样价格，一样味道，待客方法也都遵循了接待手册的要求，为什么他行，我不行？

其实，问题就在这里。因为你考虑的只是僵硬的分店味道、分量、价格与接待手册，而没有认真考虑如何才能为客人提供乐趣，让他们心情愉快。

拘泥于手册的出发点本身就有问题，就如只就木、砖、石、水泥的结构来看"风水"一样。那不是"风水"。的确，按手册应对，客人大都不会有怨言，而没怨言不等于你满足了客人的期待。前者是后者的基础，即客人不抱怨只是服务的一个底线，而不是客人需要的服务境界。

不讲求氛围的店，大都将两者混淆了。

当然，客人可能说不清为什么，问起来，无非三个答案："没什么特别的不满……"或"挺规范的，设备也周全……"或"员工也没有什么问题……"好像水在烧，将到了90℃，却没法再提升，于是成了一锅热水，却怎么也成不了开水。

但我们自己却不可不知道那最后一把火在哪里。

在哪里？

在于我们服务员有没有主动去创造愉快与乐趣的氛围，在于这个轮流转的"风水"。

客人眼中的"风水"好店

客人认为"一定要去"的店，大都因为它有其他地方缺失的智慧闪光，有富于人性对话的创意商品。具体有以下十二点：

1．心情愉快。

2．有乐趣。

3．看了就心生喜悦。

4．店内整洁。

5．店员有礼貌。

6．服务员的举止言谈对自己的脾气（喜好）。

7．店堂明亮。

8．总有新发现。

9．服务的附加价值高。

10．便利。

11．店内和周边氛围好。

12．物有所值。

三、微笑：出售与准备

出售“微笑”

服务业出售的是“微笑”。

在所有领域，商业竞争都异常激烈。这是当今社会的主要特征。所以，如果我们只停留在卖东西这个“商业”概念上，将无法生存。

换言之，要销售“服务”。

如何表现这个“服务”？

“微笑”。多么简单！就是应以亲切的微笑，来接待每一位客人。

明朗的笑脸可以带来最直接、最温馨的氛围。出售“微笑”就是出售服务附加价值。其实，也正是这个附加价值，决定了服务的质量。

试想一想，一个人按接待手册规定机械地对客人道：“欢迎光临”。另一个人则带着阳光的笑脸和客人交谈：“您好！今天好像晚了点，工作忙吧？”

“冷漠反应”的根本因素

在上例的两类对话比较中，前者的问候是机械的、照本宣科的，员工的心里并没有“客人”的感受，而只有“消费者”这个概念。后者则满怀对活生生的“客人”“照顾”自己生意的感谢。或许，客人不会非难前者，但心中难免产生“不舒服感”，或至少没有“愉快感”。

然而，我们常常对此忽略不计，殊不知，这比客人的直接抱怨、投诉影响更大，是造成客人对服务“冷漠反应”的根本因素。

换言之，客人说出不满，等于为我们指出一条明路，给我们以补救的机会，还为我们留有余地；而“冷漠反应”将意味着我们永远地失去了这位客人。

面临抱怨，只要心中有客人，我们就能把握关键，就能与客人交流：不是机械地照本（接待手册）宣科，照本宣科是ATM机、公交车的留声机、商场自动门的功用，而是融通相互的想法，从而预防客人抱怨，进而创造回头客。

“退步原来是向前”

“微笑”在商业服务中的深层价值，不单单在一个笑脸，或一个传递想法的工具，更重要的，还在于它揭示了商业服务的真谛：妥协与谈判。

一首诗说：

手把青秧插满田，低头便见水中天。

身心清净方为道，退步原来是向前。

正道出了这个根本点。

因此说，带着笑脸与客人谈话，将是真正的交流得以产生的最重要的土壤。

培育交流的土壤，不需要任何经费。但少有人会把“微笑”当作自己与客人交往的第一步来实践，他们只会觉得“微笑”的魔力令他难以置信而已。

“微笑”只在心里

一天，大文豪苏东坡跟老朋友佛印禅师斗嘴。他忽然问：禅师，您看我像什么？

禅师不假思索地道：我看你像尊佛！

苏东坡呵呵一笑，说：我看你像狗屎。

禅师笑而不语。

苏东坡高高兴兴地回家，对妹妹说：我今天赢了。

妹妹问：赢在哪里？

苏东坡讲了之后，妹妹大笑说：哥哥，你又输了。

苏东坡大惊。

妹妹说：禅师心里有佛，所以，他看到一切人都是佛。你心里有屎，所以，你看到的东西都是屎。

你的心里有什么，你的世界就是什么。

准备“微笑”

为了“微笑”，不妨每天对着镜子，做一些简单的准备：

1．衣冠。对镜查找不当之处。

2．态度。对镜练习亲切仪态。

3．表情和动作。对镜检查是否自然流畅。

4．言语表达。对镜与自己说话。

当然，此间最重要的，是心里有“客人”，否则，可能只是一个表象，勉强为之，一定坚持不久，或即使坚持了下来也没有意义，因为缺少灵魂。那不是真正的“微笑”。

四、了解客人的真实想法

服务有起点，满意无止境

客人：饭店餐厅的东西很贵，但不如想象中的好吃，让我失望。

诚然，饭店大都装修得豪华绚烂，披金挂银，自然会挑起人们的更高期望，如果因此就认为饭店餐厅提供的都是世间罕有的珍馐美味，就不现实了。但人们不这样想，而是表示“不过如此”。

为此，我们只能这样定义饭店业务：服务有起点，满意无止境。就是说，我们只能以不断进取之心尽力去争取实现最好的目标。因为，千人千面，没有任何一种服务能做到以一当百。那个目标将永远在前边。

出发点：替客人着想

服务的出发点都是共通的，那就是“客人至上”这一基本理念。

没什么道理，遵守就是了。

但现实中，如何才是把客人放在第一位？

要做什么？怎么做呢？

这就难了。

对客人吩咐言听计从算“客人至上”吗？

有时不行，因为还要照顾到我们自己的感受，对一味咄咄逼人的客人该言听计从吗？

最后结果，所谓“客人至上”，即“经常站在每位客人的立场上，设身处地地为他们着想”。

这才是我们应有的出发点。

换言之，一个能主动感知客人想法的员工，无论何时都能在服务天地间应付自如。

抓住关键点

实践目标的关键，在于了解每位客人的想法。

了解的渠道，是客人的表情、动作、装束。

其实，这也跟我们每个人的日常生活观念相关，只要不浮躁，安于当下，就能从整体氛围中感受到“生活的哲学”，就能有“设身处地”的基础，也自然会获得更多的线索。

当然，语言更加重要。比如，我们从站在总台外边的客人说话口音中判断出他来自哪里，就能找到切入对话的话题，进而灵活应对。“您是上海来的吧？现在上海的城市规模真是不得了！”只此一言，客人会备感亲切。这种亲切感、放松感，其实，正对应了客人当下的重要想法。如果客人同时感觉“饭店果然不错，有一种亲切而放松的氛围”，则双方的互动就有了基础，便可以说，我们正在尽一个饭店人的义务。

诚然，这不是应付，不是一次应对就够了的，而要长期坚持，要一分一分地增加客人对我们的心理“储蓄”。

唯有如此，饭店的服务水平才会蒸蒸日上。

了解客人想法的“五蕴法”

了解客人的想法，就是以己之心去推量他人之心，以心换心，并通过“五蕴”去实践之。“五蕴”是佛家用语，包括色、受、想、行、识五方面。

1．色：周边状况、客人状态等可以看得出来的“有形氛围”。

比如，看到对方是一男一女，判断可能是一对情侣或新婚夫妇，然后决定“说话谨慎，不要让客人感觉不自在”。

2．受：接收由“色”而来的感受，决定应对的态度与行为。

比如，看到对方不大了解饭店，可能不常住饭店，便要给予亲切而得体、自然的提示，让客人不感拘束。

3．想：由眼前状态生发出去，在关联领域找到应对的话题。

比如，认为客人是上海人，就可以由此联想，去聊有关上海产业发展的一些事。

4．行：意志、愿望、期待而可能引发的下一步行动。

比如，客人说经常旅行，就可以向客人介绍本地的景点或文化，引导客人进一步消费，“我可以介绍旅行社协助您……”。

5. 识：将以上诸种判断与观察予以综合，帮助客人决策或表明自己的态度。比如，客人来参加婚礼，便可以表示恭喜，并祝愿客人愉快，再问一问是否需要红包，或有无需要帮助等等。

常客与非常客，要求大不同

饭店前台员工通常会对来到柜台前的客人说："欢迎光临。请问您有预订吗？"

这是放之四海而皆准的行话。如果客人已住了上百次，员工还不记得这位客人的相貌，仍然使用行话来问，那么，常客即使不跑掉，也一定会生气。

饭店对大多数客人来说，都是非日常性场所，即"偶尔才用用"。我们称这类客人为"非常客"，应对方法要关注规范，形成一种与居家不同的接待特色，如以规范语音问候。反过来，如果客人频繁使用饭店，已是这里的老主顾，那么，我们就应称他们为"常客"。常客会追求饭店的日常性，即如在家里一样。宾至如归，指的就是这类客人。比如，客人外出回来，我们就不应该说"欢迎光临"之类的行话、套话，而应说："您回来了，还顺利吗？"这会使客人心情愉快。

寒暄问候语，非常重要

刚才说到的对行话、套话可能产生的不满，在常客方面，是可以理解的。同时，也说明了寒暄问候本身的重要性，要求员工用心把握常客的资料，并用心应对。

或许，这些要求做起来并不容易，因为饭店是"铁打的营盘流水的兵"，因新员工无法确认常客而引起误解也在所难免，这就需要我们进一步提高服务技巧，以避免不愉快的发生。

技巧在哪里？就在寒暄问候的话里。例如，对客人说："欢迎您。"然后再补充一句："感谢您长期关照我们！"客人会抱怨吗？不会。大部分客人不至于说"我第一次来，哪有长期关照"，但心里会想："看来，这家饭店很关注常客。"

一句话，可以使初来者感到亲切，又不会令常客感到冷落。

然而，如果问候寒暄语变成了不用心的行话，客人仍可能不高兴。比如，对方表情严肃、动作紧张，这时你仍然说"长期关照……"，就会引起反效果。客人会觉得我才第一次来，这不是把我当傻瓜吗？因此，任何问候都不能机械，而须仔细确认，随机应变。

当然，最后的关键，还要回归能否通过"五蕴"法，迅速判断出客人是常客还是非常客。这对每一个饭店人来说，都是非常重要的服务天分。

五、适当迎合客人趣味嗜好

创造氛围，让客人充分表达愿望

饭店的一切都应具备与客人“对话”的功能，而不仅仅是服务人员与客人的沟通。

比如在客房的浴室，我们会为客人准备必要的洗浴用品。香皂、洗发水、护发素、牙刷、摩牙剂、乳液、发胶等。它们都在通过外包装、说明文字、摆放位置、色彩、味道、品牌等“诉说着自己”，并期待着客人的“回应”(愉快地使用)。但无疑，这些都是按饭店标准制成的，即是“普遍的对话”，而不能对应于“个性的表达”。于是，我们首先必须保障这个“普遍的对话”不至于出现“便宜货”、“怪异”之类的表达，以力求在这个阶段至少不让客人反感，并由此奠定更进一步对话的基础。

电脑各类功能界面对话框的设计，非常关注“人性化”这一点，值得借鉴。

那么，进一步对话又该是怎样的呢？大概如此：

“我不喜欢这种香型的香皂……”

“牙刷毛太硬……”

“不如想象中的那么高级……”

这类对话必然发生，因为饭店不可能把一切用品都统一成名牌，首先是负担不起。其次，即使全摆上名牌，客人也会挑剔，还想要另外的名牌。每一位客人都希望在饭店里用上自己用惯了的东西。自带化妆品的客人多起来，正反映了这个对话的实际。欧美饭店从环保考虑，也为着众口难调的原因，把各种各样的品牌用品摆成一排，“敬请选购”。他们一般不准备牙具，客人也很少对此有抱怨。但在我国，短期内还办不到，因为习惯问题。

况且，我们不可能，也没有必要走欧美饭店的路线。

怎么“对话”？在高档饭店，不妨在浴室里准备几种不同牌子的用具，供客人选择。或设立一个用品介绍牌，说明客人若需要其他品牌，我们可以在一定范围内予以满足。这样就可以减少更多的麻烦。当然，适当收费也是可以的。

哪些用品最宜“对话”

1．备用品类

烟灰缸、香皂盒、置物篓、吹风机、大玻璃杯（8盎司）、鞋拔、塑料或毛巾质地拖鞋、西装刷、男士用衣挂、女士用衣挂、便笺簿、应急灯、面巾盒、茶杯、茶匙、小茶盘、茶杯盖、茶包等等。

2．消耗品类

玻璃杯盖、火柴、意见簿、文具套、个人信封、航空邮件信封、海运邮件信封、国际信封、明信片、个人便笺、海运邮件便笺、传真条、笔记用纸、洗衣单、洗衣袋、晾衣绳、电视使用介绍、饭店介绍、圆珠笔、垃圾袋、保险箱使用说明、浴缸垫、煎茶茶包、咖啡包等等。

3．贴身用品类

牙刷（白、蓝）、刮胡刀、洗发水、护发素、剃须膏、浴帽、洗脸香皂、一般香皂、梳子、男性化妆品套装、女性化妆品套装、棉棒、鞋套、餐巾、抽取式纸巾、沐浴露、针线包等等。

别拿“惯例”当理由

每个人都有不同的喜好，这使服务面临两难境地。比如，客人说想喝果汁，我们端来鲜榨橙汁，客人会满意吗？过去或许可以，因为那时一说果汁，大都指橙汁，现在不一样了，果汁的种类丰富多彩，客人可能要柚子汁或是石榴汁。

假如饭店免费提供的只有橙汁，不能任点，“对话”出现“岔题”，客人满脸不满。怎么办？

不是“怎么办”，而是必须办的问题。必须改变我们自己。

现代服务业的特点是“体验消费”，因此，如果不能按客人嗜好提供服务，就会导致客人抱怨。抱怨就意味着消费终结。

所以改变的，只能是我们自己。

以创意实现改变

服务“对话”的改变，不一定是资金投入，更需要创意。

一位客人早上出门，跟饭店预订了6:00的晚餐，结果花了9个小时才回到饭店，洗过澡后去吃饭，已经是晚上8:00了。到了餐厅，那里人很满。说了预订时间，本以为餐厅方面会拒绝安排，不想他们没说二话，就给客人安排了。客人放下心来。

但试想一下相反的情况：

餐厅员工说："对不起，因为您订的是6:00，所以，我们无法留位，请按秩序排队……"客人不高兴了："那是你们的规矩，我们只是要吃饭！"

前者后者的投入相当，但结果却完全不同。

或许，大家觉得这很简单，但简单的事能长久"简单"下去，却是需要创意的。

客人到外地住饭店，大都希望吃到特色菜。但饭店的推荐（对话）能做到这一点吗？或即使推荐了当地菜，能保证味道合口吗？拘泥于"本地菜"概念的推荐很多，而真正的创意却不在此，而在于了解客人的需求：鲜、咸、淡、辣、冷、热、鱼、肉……喜欢哪一类？绝不是说：我们这里有多罗波蟹、海胆盖浇饭、鱼卵盖浇饭……了解了之后，要说：我觉得我们的南海鱼这道菜适合您的需要，我再为您配上一碟辣椒……

这就有一些创意了。

创意自查目录

1. 有没有其他办法？不妨试试！
2. 可以借用其他的方法？不妨试试！
3. 能否稍微改变一下？不妨试试！
4. 尝试把原来小的东西变成大的，扩大一些？不妨试试！
5. 尝试把原来大的东西变成小的，缩小一些？不妨试试！
6. 试着用别的东西代替如何？不妨试试！
7. 试着换掉本该如此的东西怎样？不妨试试！
8. 把相反的立场或角色、意见对调过来看一看如何？不妨试试！
9. 把两个东西组合起来看看如何？不妨试试！

一个不愉快的例子

一位客人讲了自己的经历：

一般来说，高尔夫球场饭店的菜单都是不能变更的。那天，我在出发前吃了点稀饭和面包，打算打完下午场再吃点什么，但就这一点想法也被拒绝了。

我喜欢三明治和烤面包。因此，我对服务生说，请给我烤一下三明治面包。多简单的事啊！服务生说：三明治用面包做，不用吐司，所以，没有烤制的。我说：不管是吐司还是三明治面包，给我烤出来就行。服务生说：没办法。

我真的生气了。他们根本无视我的想法。如果这里没有高尔夫球场，饭店早该倒闭了！

接下来的问题一样严重。

我说：那么，加一个水煮蛋吧。服务生回答说：我们这只提供炒鸡蛋。我非常生气：水煮蛋不就是只要有锅和水，连孩子都能煮的嘛！

是不为，而非不可为。

小小的改变，大大的效果

首先，饭店要倡导了解、揣摩客人想法的工作态度。服务态度可能决定服务的一切。

只要我们简单，那么，客人的愿望、要求大都简单，反之亦然。

虽然没有菜单，但当客人说："我想吃水煮蛋"或"我想吃烤三明治"时，就有两条道路：一条是配合客人的想法，"尽量去做"；一条是阻碍重重，说没有烤面包！没有水煮蛋！费用怎么算才好？要求来得那么突然……不可能照做，"办不到"。

结果怎样？

前一条道路会让饭店生意变好，后一条道路则会导致饭店门可罗雀。

只需改变一点点就好：当客人需要烤三明治和水煮蛋时，就说："好的，先生。"

一切将因此而改变。

六、饭店文化：亲切与不亲切之间

满意服务：来自客人想法，而非饭店规定

又一位客人的讲述：

因为次日离店时间早，所以，前一天晚上，我就跟餐厅打了招呼，说想在早上6:00开餐时喝杯咖啡。早上，我提前10分钟，也就是5:50就到了餐厅。

餐厅服务生没对我说"对不起，因为6:00才开店，所以，请稍等"，而是让我进去了。不过，咖啡却没有端上来。毕竟我订的是早上6:00，所以，我也不好说什么。我默默等到6:00。

店内飘着咖啡的香味，显然，他们已经准备好了。既然已准备好了，就没必要严守6:00的开店时间嘛！早点给我端来就好了！他们在遵守饭店规定，而

非我的愿望。

我觉得这家饭店（餐厅）不够亲切。

这样的饭店服务，不能让客人满意。

满意的服务

假如服务生这样说："先生您好，您订6:00的咖啡，我们已经准备好了，看是不是先上？"

这就好了。

一个转变,就由"饭店规则"走向了"客人想法",也从"不亲切"走向了"亲切"。

而这一切，又都不是形式，而在于待客之心，心里有什么，行动才能表现出什么。

"亲切"的根本，首先在心。如果我们心中想着："即使等一等，也不过10分钟嘛！"结果将只能滑向"不亲切"。要不要提前10分钟服务，给客人的印象将截然不同。

这个印象的影响，将不只对服务员，而是对着整个饭店。

当然，也可以有更加完美的服务：

"先生，您好！现在，早餐正在准备中。您看是不是先上咖啡？早饭恐怕还要等上五六分钟。"

如此，则客人一定能心情愉快地开始新一天的生活。

何乐而不为？

"亲切"的模式

情景1：

虽在餐厅营业之前，服务生仍能为客人端来咖啡，并表示：饭菜正在准备，能否先上咖啡呢？

情景2：

客人先到，房间还没准备好，但仍有空房间，服务生可以这样表示：您预订的房间还没准备好，能否先去别的房间休息一下呢？

服务环境已经改变

过去，人们对北方服务语言的印象是生硬，而南方软语则更动听。但近期，由厦门去山东济南出差，虽然是冰天雪地的时节，却发现那里的服务声声亲切：

称呼女士为“姐”，男士为“哥”，而不是千篇一律的“小姐”、“先生”或“美女”、“帅哥”。

或许，那难以成为饭店行业的规范，但却是实实在在的服务文化。

我认为，唯有良好的服务文化，才能提供真正亲切的饭店服务。“亲切”，是任何固守规范教条者所无法展现的。

当然，时代在变化。

以前客人对服务的印象，是中国饭店业在成长期形成的。

当时的一切都与现在不同，最好的服务员能主动思考如何更好地服务，并由此而创造出了饭店服务文化。

或可以这样说，虽然当时的服务设施与技术不如现在先进、成熟，但也提供了更加密切地接触客人的条件。那是一个有文化的服务时代。

老一辈饭店人上了年纪，陆续引退幕后，取而代之的，是70、80、90年代的新人。当然，他们也受过良好的饭店服务教育，勤奋工作，但对以前的老客人来说，感觉却发生了实实在在的变化。

让饭店文化说话

当然，我们不能因此就说现代饭店没有文化。不，正相反，现代服务设施与技术比处于成长期时的饭店更加先进而成熟，更有利于客人感受到愉悦、舒畅，同时，也更有利于服务文化的传承与创新。关键在于我们是否用心：

1. 通过训练、言传身教，保持员工提供优秀饭店服务的使命感。

2. 下大力气创造现代员工的工作喜悦。

如此而来，我们将发现：饭店的服务文化核心，其实，从来都没有变化过。

现在，我们要做的，是让饭店文化说话！

饭店文化的两个例子

一个是厦门国际会展酒店的服务文化：

给人方便

给人自信

给人欢喜

“给人方便”，讲的是硬件、条件与规范等，应处处体现出“能用、好用、有用”的特征。“给人自信”则指软环节的优秀，核心是员工对“知识、技能、沟通对话能力”的把握。“给人欢喜”则在于如何取得三个方面的成功：“一礼二快三到位”（有礼貌；回馈快，行动快；准备到位，技术到位，服务到位）、“接一待二招呼三”（服务好眼前的客人或流程；接待好其后的客人或下一个流程；把握好更多的客人或远期目标）、“一笑二轻三热情”（微笑；话语轻，动作轻；迎接热情，接待过程热情，送行热情）。

另一个，是日本大仓饭店的服务文化，是在开业那年的迎新会上，由已故野田名誉会长提出来的：

经常进步

世界第一的饭店

以和为贵

保持亲切

愉快工作

他们进一步阐释说，要实现这个目标，应有一个最基本的保障，即：

BEST A.C.S（最好的A.C.S）

A=ACCOMMODATION（设备）

C=CUISINE（用餐）

S=SERVICE（服务）

自平素起，就必须以最好状态，为客人提供设备、用餐和服务。因此，必须每天训练技能和服务精神，为让客人百分百满意而不懈努力；不忘保持一颗澄净优雅之心，并创造轻松的服务氛围。

七、识得“千人千面”

抱怨起因一般都很简单

面对抱怨，我们该如何应对？不能一概而论。要想找到对应的方法，首先，要弄清抱怨是在什么情形下产生的，以及抱怨有什么苗头。

客人有各种各样的需求或想法：“我想要这样……”“我想要那样……”但有一个根本的东西是不变的：任何饭店危机都是在需求无法满足的情况下产生的。

如此看来，抱怨的构造是简单的，难的是理解客人多种多样的需求。

所谓“千人千面”，就指的这个，而识得“千人千面”，自然就成为我们的危机服务的核心工作了。

满意与不满可能是一回事

有时，完全满足了某位客人需求本身，即可能已经埋下了令别的客人抱怨、投诉的隐患。

比如，一位会议客人提出喝茶水的要求，而会议协议要求只提供热开水，服务员甲满足了客人的需要，于是，另一位客人不满，说他向服务员乙要茶水，乙不给。

再如，一位客人在大堂层迷路了，员工对客人说："请问您要去哪？我来给您带路……"员工做得很好。这位客人与别人约好在茶室见，但正找不到地点。而同时，他约的客人却在着急，甚至开始怀疑是不是自己等错了地点，样子也像"迷路"。于是，也有员工上前询问同样的问题，他很心烦，根本不理睬服务员。同样的服务，有时能让客人满意，有时却招致了心里抱怨。

合格的服务员，都要有这样的立体思维能力。

饭店业：发现需求的"经验产业"

那么，从什么地方可以看出客人的需求呢？

只有靠经验和观察力。因此说，饭店服务业是客人的"体验产业"，也是服务者的"经验产业"。老员工是饭店一宝。

有个窍门，就是仔细观察客人的表情和动作，包括所有表情流露出的喜、怒、哀、乐。要是客人的表情隐约可见一丝"怒气"或"冷漠"，那肯定是服务有问题，我们的服务不是客人需要的怎么办？及时对客人说："我有没有做得不对？请您指出来，我马上调整！"是为"先下手为强，后下手遭殃"，即主动探究客人的需求。

当然，要想正确判断100个客人的100种需求，是非常困难的事，更不是一朝一夕就能掌握的。但不妨通过一次又一次用心判断客人的需求，不断积累经验来实现。

三类典型模式

1．客人说，"我还要吃那种炒饭"。饭店服务生说，"我们马上为您准备"，表明愉快接受的态度。然后，询问客人具体要求，加料、口味、热度、量要多少等等。

一般而言，客人会满意，会说，你们这里不错，真高兴，下次还要来！

2．客人说，"我要桑拿"。饭店服务生说，"对不起，我们这里是会员制，请问您是会员吗”？

显然，这个回答不能满足客人的需求，因此，客人会抱怨说，不就是花点钱吗？或即使不再言语，心里也会对这个待遇差别有意见。当然，对这种情况，大多数客人会憋在心里，不说出来。但之后，他们可能发泄在别处，或从此不再光顾。

3．对服务态度不满，感觉不够“亲切”。

饭店负责人表示，“对不起……”显然，这样的表示还不够，即我们的服务离客人的需求还有距离。客人抱怨（需要）不是仅听我们讲“对不起”，而是接下来你打算怎么办，他要看到服务的诚意。

八、服务的结构：“点线面”

出租车服务案例

一位客人通过礼宾处叫了8:30的出租车，可车却迟迟不来，客人非常焦急。

客人找到柜台理论，礼宾员说，已经叫好了，“车就停在地下停车场里”。客人大为光火，“说好了，要停在大门前”。礼宾员赶紧打电话通知出租车公司，让司机上来。但是等了20分钟，车还是没来。客人发火了：“怎么搞的，还是没来！”礼宾员再度联系，回答说：车已经停到门前了。但门前没有车，司机的电话也打不通。礼宾员到处寻找，也找不到出租车。后来，客人自己去找，感觉一辆车有点“像”，走近一问，果然是，而司机还大模大样地坐在车里。客人气得七窍生烟，另叫了车，对饭店的服务大为不满。

之后，饭店也断绝了同那家出租车的合作。

员工要知道自己在做什么

显然，出租车司机失去了生意。

那么，这个案例给我们什么启示呢？

也许，是饭店礼宾员订车说明的不妥，弄得不清不楚。但司机确实有问题。只要站在客人立场上稍微动动脑，就肯定会知道怎样才能等到客人，而不是单纯地“人家怎样说咱就怎样做”，那岂非白痴！

员工要知道自己在做什么！

《把信送给加西亚》一书很好地回答了这个问题，大家可以参考。

司机要做的是“按时接到客人，安全、准确送到目的地”，而不是“按时等在那里”。否则，当然会引起抱怨。

“点线面”：划定“自己的工作”范围

没有一项服务是“点”的，而一定是一个多“点”串连起来的“线”，并形成一个给客人综合印象之“面”。如此“点线面”的结合，将是我们确定自己工作范围的基本原则。

当然，“点”是基础与要点。

在上例中，出租车司机“自己的工作”范围，首先要延伸到出发前那一“点”，即弄清工作通知：某先生要租车，到某饭店去接他，并把他送到某地。如果不清楚，一定要确认。

接下来，司机要按时到达接客地点，这是第二“点”。

如果时间到了，还是没看到某先生，怎么办？等到见到为止？还是到其他地方找找看？当然，因为这个完美“点”，是见到客人。至于方法，可以自主。见不到客人，连“点”都没有，还谈什么服务！

最后一“点”，是在约定时间前把某先生安全送到某地，而这之前的所有事，都是“自己的工作”。如果客人说，想顺便去一下别的地方，怎么办呢？一是只按约定道路行走，回绝客人。二是顺路搭客人去；如果绕路超过规定距离，则向公司汇报请示收费标准再定。

以上三个基本“点”圈出了出租车服务这个“自己的工作”范围，缺一“点”都不行。但仅有三“点”还不够，还必须保证每一“点”都能让客人满意，即致力于创造一条由客人满意串成的“线”。换言之，没有客人的满意，就没有这条“线”，当然，也就没有给客人美好回味的那个印象之“面”了。

九、把握公平待客原则

“TPO”之意

T，代表时间，即TIME；P，代表地点，为PLACE；O，代表场合，是OCCASION。

要将此三者调整好，才不至于惹出抱怨。

烤仔羊与烤仔牛

餐厅里有位客人提出一个要求：

“能不能帮我把这个烤仔羊换成烤仔牛啊？因为我不吃羊肉。”

饭店厨房里所有材料都很齐备，因此，满足客人的要求很容易。大部分饭店都会做到。但需要仔细考虑一下，这样做究竟好不好呢？

如果我们毫不犹豫地说：“好的！”那么，近桌的其他客人会怎样想呢？一定有人会心中不满，因为他们可能也想“要烤仔牛”，只因菜单上没写才点了仔羊。如此一来，就会出现“会叫的孩子有奶喝”的不公平局面。其实，这是很要命的！

不损服务而又公平待客

要公平接待所有的客人，我们就不能随意更改既定菜单，否则，其他客人将不满。但如果僵硬地说不行，那么，这位客人就可能不满，从而抱怨。

于是，从“TPO”中找窍门。

比如，客人点了菜单上没有的东西，合适的服务就该调整为如下对话：

“请稍候，我马上确认！”或可以马上表示：“没问题，可以换成烤仔牛，不过，价格会稍有变化。您看可以吗？”

如此一来，就不会给别的客人以“走后门”的印象，当然，抱怨也就无从说起了。

公平办事，不能简单地理解为按饭店规定办事

某团队入住温泉饭店，一人一个双人间。饭店方面说：可以，但客人要付双人间房价。因为双人间本来就是为双人准备的。

但客人还是不满。一个人住，只用吃一人的饭，只盖一条被子，只用一双拖鞋……怎可以是双倍的，太贵了！或者多交20%也还在理！……

规定或服务手册之类，都是饭店自己的事，和客人没有直接关系。

如果只知按部就班，而没有通融，将表明该饭店还没有理解服务的本质。

饭店常见的五类“不公平”

1. 给一些（而不是所有）客人提供菜单外的额外服务，让其他客人大呼“后悔”，或“原来还可以这样”，或干脆投诉说“不公平”。

2．付同样的钱，却让安排了不同规格的房间，让客人很不高兴。尤其在团队或会议排房时，更要注意这点。有时候，那可能是旅行社或会务组的安排，但客人不知道。他们要讨说法：“为什么？”

3．员工一直在和某位客人聊天，其他客人认为饭店不重视自己，受了冷落：“难道我不是客人吗？”

4．服务产品在大小、味道、色泽等细节上有差异，让客人不满，或产生误解，认为那是特别优待某位客人：“他的那样，我的为什么不同？”

5．后来者居上。比如，我先点的菜，却先给后面人上了。明目张胆地插队，却没有人维持秩序，让客人感到混乱。

十、“时空产业”规则

作为“时空产业”的饭店业

饭店业，又被称为“TIME AND SPACE”（时间与空间）产业。也可以说，只有发挥了时间与空间服务的作用，饭店业才能兴盛。因此，于任何饭店而言，灵活运用时间与空间要素，都将是关键。

这个概念清楚了之后，我们就能把握一个原则：即使要迎合客人需求，也必须有效对应时间与空间的合理性、合适性。

一个关于“时空原则”的例子

客人打来订房电话，说：“明天我很早就到，请早上6:00帮我准备好房间，住一天。”

怎么办？

首先，应客人的需要，马上在电脑上确认6:00有没有空房。然后，表明全面配合的态度。同时，告诉客人：要交纳两天的住宿费。

一般情况下，客人会不解：“为什么？我只睡一晚！”

此时，即使客人抱怨，我们也不能让步，因为中午12:00之前的客房都属于昨天的商品，就是说，如果6:00开始用房，就等于买下前一天的房间使用权。反过来说，如果你使用房间，则饭店方面无权在第二天的12:00之前让你退房。

也许客人还不依不饶：“但如果前天就有房间空出来，没人住，就可以免费给我了。”

这时，我们大可以温和而坚定地婉拒。否则，我们将违背商业之“最大限度地利用时间与空间原则”。

当然，特别授权另当别论。须知，违背这个规定，破坏的将不是一件事，而是一个体系，最后，会难以收场。

另一类可能的事情

假如客人预订了晚上8:30的餐位，而餐厅营业时间是5:30。通常，餐厅会在8:30之前，安排另一组客人在那个座位用餐，这是因为座位空3个小时会影响经营效益，浪费空间，同样违背“最大限度地利用时间与空间原则”。

但有时会遇到客人延长用餐时间的尴尬情况。于是，后来（已预订）的客人就会抱怨。当然，客人没错，错在饭店。那么，怎样处理这种情况呢？

接受预订时就跟客人说清楚：“我已经为您订下来了。不过，那个时候最忙，所以，如果位子还没空出来，可能会调换其他位子，或需要您稍等一会儿，您看好吗？”

也许客人仍会因此而不高兴，但这种“预防针”还是减少客人抱怨的有效手段之一。

饭店服务＝“时空服务”

饭店服务，说穿了，就是为客人提供一个舒适的空间（SPACE），使客人愉快地度过属于他们的那段时间（TIME），并收取一定费用的商业活动。

有效的空间服务原则

“空间服务”的核心是创造“舒适感”，辅助目标是体现“品位”。为此，我们必须细心关照这样几点：

1. 安全

客人的生命、财产、隐私，在此能够得到充分的保障。因此，防火防盗的基本措施（员工安全引领训练、通道、防火墙等）到位，可视指示（标志、指示灯、应急照明、避难图等）应清晰可辨，相关用品用具（手电筒、防毒面具等）应有效配置。

2. 洁净

这是决定客人心情好坏的重要一环。因此，全员都应投入到清扫工作中，任何岗位都必须一尘不染。备用品、用具、洗浴用品等要清洁（可视）、卫生（不可视，但可测试），并配置得体、充分。

3．品位

现代人的品位概念，已经脱离了富丽堂皇的趣味，而进入了个性、文化的层面，关键是要让客人感到不俗。

4．有效率地利用有限空间，不浪费

确保空间的良好状态；削减无用空间；保留经营空间；改造和更新，使之常用常新；不断检查，确保可用、能用、好用。

有效的时间服务原则

"时间服务"的核心是创造"愉快感"，辅助目标是"轻松"。为此，我们必须保持阳光心态，善用美好语言，发挥聪明才智。

1．亲切待客。以合适、愉快而不失幽默的语言，跟客人谈话；平心静气地应对任何事项；细心地照顾客人。至于微笑，当然，只是这个过程中的一个"副产品"。但反过来，"副产品"却会发挥重要的作用。

2．有效率地利用有限时间，不浪费。

3．管理好时间。重点是营业开始和结束时间的管理，要严格遵守。但遵守原则要讲技巧，如怎样对待坐着不走的客人等等。

十一、因势利导

饭店的态度：从"禁烟"说起来

在这个规章制度日趋缓和的时代，有关吸烟的规则却是越来越严。如航班无论是国内线，还是国际线，都全程禁烟。即使在车站站台，也只有一角吸烟室(处)可以吸烟。越来越多的大楼全楼禁烟。对吸烟者来说,这不是一个好消息，因此，会有遭受"歧视"的感觉，抱怨也就在所难免。

但在服务业，尤其在饭店，与其高呼"禁烟"，毋宁多多改善周边状况，使吸烟者与不吸烟者"各得其所"。2005 年，厦门国际会展酒店在大堂最好的地方开设了一间"爱烟俱乐部"，与公共休息区相邻，有流水、树木设计配合。然后，在大堂等公共场所实施"禁烟"，并有完善的"禁烟"服务流程，引导客人到吸烟室。此举不仅没有引发客人投诉，“爱烟俱乐部”还成为饭店一景。

这是饭店应采取的正确态度。

有规则，更要有手段——服务

上例也说明了另一个道理：如果仅有规则，而没有与其配套、令大家自觉遵守的手段，违规者将层出不穷；而若手段不能令大家接受，则故意违规现象将频发，并引起冲突，造成进一步的抱怨、投诉甚至诉讼，对饭店伤害更大。

因此，必须弄清这个手段应该是什么。

是什么？

是积极、主动地为客人提供方便。因此说，这个手段，即服务，而不是抱着管控、限制的心态。心态决定手段的性质，也决定了所选择行为的方式和最终效果。

比如，现在风行户外活动，大家都出去旅游，以至于很多风景区大小旅馆林立，于是，非议接踵而至，有指责“污染水源”的，有表示“厕所卫生让人难以接受”的。初时，景区的管理部门开始立牌告示：“严禁污染水源！”或“此处严禁……违者罚款！”而这类告示的结果如何？路人皆知：基本没效果。后来，人们的观念改变了，在水源地边设立了一个现代化的饮水处，告示牌上的文字表述，也优美起来：“请尽情享用这美味的泉水！”很自然地引导人们保持水清洁。

两相对比，效果截然不同，而这就是充分考虑了客人的消费心理。

再说“禁烟”

如果一家饭店的管理者为了让人们遵守规则，只能提出“禁止”，而想不出“更好”的办法的话，那么，这家饭店管理一定是失败的。

因为这里没有服务。

仍以“禁烟”为例。比如，某大厦全面禁烟。管理层的第一个做法，是在大厦门外张贴出告示：“本大厦全面禁烟！”会产生什么效果呢？大厦门外烟头累累。边走边吸烟的人看到告示，随手就把烟头扔在那里了。这不是很滑稽吗？

解决的办法很简单，就是在贴告示的同时，在大门外配上烟灰缸（筒），再安排人员勤于打扫。这就是通过服务来禁烟，而不是通过禁烟告示来禁烟。

饭店有“吸烟楼层”（房）、“不吸烟楼层”（房），难道能放任吸烟房有烟味儿吗？应恰恰相反，正因为是可吸烟房，排气设备更要改善，同时还要经常替换烟灰缸，以保持空气清新。

服务不外乎如此。

遵守规则的一般心理

首先，是饭店有所期望：客人遵守“禁烟”规则。

然后，有两种做法：

1．禁止、强制：“吸烟区以外地点严禁吸烟！”或一片“禁烟”标志。

客人会如何想：为什么命令我？什么态度！我偏偏不执行！我烦！我讨厌你们的做法！

2．准备、循循善诱：准备好干净的烟灰缸，或在合适的地方设立清洁的吸烟室或吸烟区，然后，有人引导客人。

客人会如何想：人家特意提供了吸烟服务，应该去指定的地方吸烟。

十二、督促客人遵守礼仪是员工职责

礼仪礼貌的用意

礼仪礼貌的最基本用意，在于确保你的行为不会令周边人觉得不快。

即使是私人场合，也不能不顾及他人意愿而不拘小节。在公共场所，就更要保持起码的礼貌了。比如在家，你可以随便把脚放在餐桌上伸懒腰，但在饭店大堂，这样做就很没礼貌。

有些客人在餐厅用餐时会让脚出来“呼吸”，员工一旦发现，就应立刻提醒客人注意。一般客人都会说声“SORRY”(对不起)，问题也就解决了。还有一些客人在客房里赤身裸体，让服务人员大惊失色，不知所措。客人的这种举止也是不合适的，尽管房间是私人场所。

督促客人遵守礼仪礼貌规则是员工职责

饭店员工最不能做的事，是顾虑到对方是客人身份，而对不讲礼仪礼貌的客人行为视而不见，或装作“没看见”。那会演变成大麻烦，因为这些人破坏了饭店的品位和档次，而其他客人在观望。

一般而言，由饭店员工对客人做出提醒，客人会马上改正，但换做其他客人表示不满，则情况会很糟糕：他会生气，会演变成“为什么要被你教训！”

甚至客人间吵架。

所以，督促客人遵守礼仪礼貌规则，是饭店员工的重要工作之一。

督促的技巧

在烈日炎炎似火烧的夏天，人们在饭店里，会感到舒服而放松，于是，就有人躺到沙发上熟睡。这在其他客人看来，肯定不舒服。这时，员工应该上前提醒：

“先生，这里不能睡觉！”一些客人自觉没趣，便改正了。但也有一些客人会不高兴：“开什么玩笑！我哪里有睡觉？闭一闭眼睛想一想事不行吗？”

问题出在哪里？在语气。是服务的语气，还是制止的语气？

换个语气，由命令式换到询问式：

“先生，不好意思打扰您，这样（睡觉）很容易感冒，要不请您到房间休息吧！”

这样，客人就没了生气的余地，会纠正自己的行为。

饭店宾客有违礼仪的事情

1. 着浴衣在大堂或其他公共区域休息、行动。
2. 在高星级饭店着半袖、短裤休息、行动。
3. 在大堂打盹或睡觉。
4. 在饭店内跑来跑去。
5. 不顾他人而在店内大声喧哗。
6. 聊下流的事情。
7. 携带导盲犬以外的宠物进入饭店。
8. 携带危险物品进入饭店。

十三、拒绝客人无理要求

林子大了，什么鸟都有

无论哪里都有“极端分子”，他们的抱怨没有来由，或根本没有道理，或有悖法律和道德，给饭店从业者带来困惑。

不过，这都正常，林子大了，什么鸟都有。我们应有这样的心理准备，以见怪不怪，稳定服务心的根基。否则，就会随时见“怪”，动摇这个心理根基。

一般处理规则

1．要关注这类客人！为的是不让他们无事生非，给其他客人带来麻烦。这将有损饭店声誉。

2．提醒、正告客人，若他还不改正，则要召开专题会议讨论，达成共识。这是一个严肃的议题，不得等闲视之。

3．指定管理人员向客人通报，并做好后续工作的安排。

4．将他列入“UG 名单”（不受欢迎的客人名单）。

第八章

诉讼：饭店危机服务的极端形式

遗失或失窃
火灾
存车（停车场）事故
遗失物品
食物中毒
洗涤物品
员工责任
设施问题
客人的不法行为
受害者的过失
旅行社业
约款
预订失误
拒绝住宿
客人取消预订
支付的方法
饭店对客的债务优先权
饭店对客权利的时效

"投诉处理"问题解决了，"冷漠反应"、"抱怨"等若干危机服务的难题，大都可以迎刃而解。但总有例外，一些纠纷无法通过投诉处理等方式解决，而要诉诸法律，以求一种特殊的、具有强制性的"沟通"来解决，这就是饭店危机服务的最极端形式：诉讼。

伴随诉讼前后的，还有一个国际惯例问题，比如饭店收取自带酒水"开瓶费"是否合法？自助餐能否收取"服务费"？等等，这些问题将越来越难以"惯例"为由来搪塞，并可能引发诉讼，一并在这里讨论。

一、遗失或失窃

遗失或失窃

遗失或失窃，是饭店中最常见的事故。遭抢劫虽然少见，也属此类事故。为叙述方便起见，以下通称"遗失"。

怎样遗失的？什么人"偷"的？何时遗失的？在哪儿？遗失何物？等等，往往因情况不同，饭店所承担的责任也有所差异。

住店（就餐）客人的物品寄存

我们可以对象主体不同而将遗失分为两类，一是发生在住店或用餐客人身上，二是发生在非住店或非用餐而单纯寄存物品的客人身上，如已结账离店的客人寄放的物品。

前者寄存物品的客人，指饭店、餐馆等服务设施的消费者，后者则是将自己的物品委托给店方临时保管。

委托关系由当事人认可对此物的保管或接受此物品时起生效。一旦发生该物品的损坏、丢失，在受委托方（经营者一方）不能证明其起因为"不可抗力"时，便脱不了赔偿损失的责任。

不可抗力

不可抗力，指人力所不能及或无法左右的天灾地变，如地震、泥石流、火山喷发、雷击等，为自然不可抗力。同时，也包括人为造成的破坏。

一家饭店在夜间12:00，突遭5名蒙面抢匪冲击，以枪逼迫饭店工作人员就范，然后，夺走贵重寄存物品，逃之夭夭。

这一般可归于人为不可抗力。

显然，问题核心是店方必须有能力证明这种状况的形成确为不可抗力所致。但实际上，在大多数案例中，尽管人们倾向于用警方调查的结果来证明，而物品遗失等事故的发生，常常很难明确起因是否为不可抗力。假如上例中的5名抢匪手里拿的不是枪，而是菜刀，则可否算作不可抗力，便会有不同结论了。

饭店保险箱

现在很多饭店客房内设保险箱，分为钥匙式和投币式两种。那么，当客人对此加以利用时，可否被认定为“这些收容品已委托给店方了”呢？

这有两种说法。一种说法认为，饭店设置了以保管客人物品为目的的保险箱，并以书面或服务员口头传达的形式提示客人将贵重物品收入箱中保管，实际上，就等于饭店已经表明了接受保管的意思。同时，当客人将所带物品收入箱内并加锁之后，该物品的拥有权即在此时起转移到对保险箱拥有管理权的饭店方面，尤其在对此征收费用时（可以将此认定为保管费），完全可以认定店方已接受委托。

第二种说法反对这种意见，认为设置保险箱的事实并不等于接受寄存委托，只是单纯地提供一种便利，一种服务，而且，也无法断定其中收容的物品已转移到饭店一方，因为保险箱的钥匙由客人自己保管，投币式亦然，主动权仍在客人自己手中，故此，不能说该物的管理权已移入饭店一方。在这种状况下，有关寄存关系的契约并不成立。

另外，关于投币式保险箱利用过程中所投入的金额，可以认定为饭店方收取的“使用费”，而这只能从服务的角度来看待。包括饭店方面提醒客人妥加利用的告知，也可以认定为仅仅是一项“必要的服务”而已。

饭店或餐厅（餐馆）的立场

1．饭店、餐厅（餐馆）方面接受的客人寄存物品发生遗失、破损等事故时，当店方不能证明其起因于不可抗力时，应负担赔偿损失的责任，具体赔偿金额则应协商解决。

2．饭店客房内设保险箱所保管的客人物品，不属店方接受寄存委托的物品。因此，服务人员应该提醒客人“贵重物品请寄存总台”。

未寄存物品遗失的责任

客人随身携带而未向店方寄存，即寄存关系未曾发生情况下的携带品（包括首饰类）遗失，要看是何原因所致：

1．由“店方疏忽”所致。

2．由“店方过失”所致。

3．由“店方故意过失”所致。

4．由“客人自己疏忽”所致。

比如，客人随手将衣服挂在饭店庭院内的树上，便去散步，造成遗失，当然是“客人自己疏忽”所致,而不能归于“店方疏忽”,更不是店方“过失”和“故意”。后二者在民法中有相应的规定：因故意或过失侵害他人权利者必须负责由此造成的损害，按不法行为加以论处。这是一个大原则。

总之，在遭遇这类问题时，一定要具体分析事实，进行判断。

我们应把握这样一个根本原则：

饭店、餐馆等服务场所，对于非寄存物品的遗失，只应在确认事故起因于饭店“故意过失”时，才有赔偿损失的责任。

“疏忽”与“故意”的责任判断

关于店方的“疏忽”与“故意”，必须由客人一方做出证明，我们称此为立证责任或举证责任。

在客人主动寄存物品的情形中，我们要求由店方首先证明，而这里，我们强调客人方面的证明。如果客人只说“衣服搭在舞厅椅背上，便没了，应该是店方的疏忽”，或说“手表放在房间桌上便没了，服务员很可疑”，是证明不了店方“疏忽”或“故意”责任的。

此时，也可以借助警方的力量来证明。

现行犯的问题比较简单，指的是在现场实施犯罪活动者，无论有多少人，均可以在不持逮捕证的情况下加以逮捕。但对于除此之外的其他任何情况的指证，则必须有具体事实，如亲眼所见或知道其藏在身上某处才可以。

“疏忽”的具体范围更难一概而论，必须就某事论某事，遵循具体问题具体分析的原则。比如，在饭店客房的使用权属于客人期间，整个房间范围内的空间及其物品的管理权，其实都已转移给客人自己了。如果客人出门忘记施锁造成丢失，自然不能追究店方的“疏忽”责任。当然，如果服务员已经发现客人没有锁门，仍然对外来者不加注意，或发现外来人入室也不加问询，便不能不追究饭店责任了。

在舞会或其他大型集会场内，店方一般不对放在休息室内的物品负有监管责任。提供休息室，可理解为一般意义上的“提供便利服务”，仅限于此。

单方面“承诺”与“拒绝”责任

我们看到，一些饭店在显眼处贴出告示：“客人携带物品发生损坏、遗失等情况，本饭店概不负责。”这能免责吗？当然不能。

这类告示，或经口头传达的内容，在法律上是无效的。换言之，这只是饭店单方面向客人提出的要求。

但若反过来，公告出于对客人有利的承诺，如饭店告示中明确指出：“如发生本店客人携带品失窃、破损，不拘任何理由，我们将负担全部责任”，则是有效的。

这点与物品寄存行为中有关“不可抗力”及这里提及的“疏忽”都不相干，只是饭店方面作为一项经营原则，向客人提出的责任承诺。

那么，如果店方已在告示中明确指出：“贵重物品请寄存总服务台”，而客人没有寄存，并因此而发生了丢失，业者能否摆脱责任干系呢？也不能。因为告示的有无，只具提醒作用，而不具法律效力。故此，不能对法律效果产生影响。但有此提醒，可以在发生纠纷时，有助于业者方面的辩护。

责任期限与我们应把握的原则

物品遗失的赔偿责任有效期，国际上比较通行的惯例是一年，即“在店方返还客人寄存品，或客人取走携带品后一年为有效期限。超过一年，责任将自行解除”。但“如果客人物品全部遗失，则此时限由客人离店时算起。”

总之，凡客人携带物品未正式向店方寄存，而发生遗失或破损，在客人方面不能证明事故出因于店方的故意或疏忽时，店方无需负担此责任。但在怎样程度上可以视为店方的疏忽等项，不同饭店、餐馆应制订自己的处理原则。

保管贵重（高价）物品的责任

一般惯例认为，货币、有价证券及其他贵重、高价物品，如贵重戒指、首饰、照相机等，经当事人向店方申明种类及价格，并委托寄存，则店方必须对此部分物品的丢失、损坏负担赔偿责任。

那么，这是否就能说，当客人未能“申明种类及价格”时，店方便可以在裁决中占优势呢？可以这样说。

这样说来，贵重品反而容易处理许多？正是这样。

这条惯例是基于物品托运的法令条文形成的。托运物品发生遗失，必须以当事人与受托人之间签订的契约关系为准则进行裁决。这个契约，就是客人事先填写的托运单。托运单中都有“保价金额”、“物品价值”和“内装物品”等栏目。

当然，贵重物品未经申明种类及内容便寄存给饭店，并发生遗失或损坏，若能被证明，则店方要负责赔偿。在这种情况下，“未经申明”一点，只可以用来指证客人方面也有过失，并进而抵消饭店部分责任，减少一部分赔偿金额，仅此而已。

无法判断责任时的做法

在实际工作中，判断客人的寄存品是否贵重，往往是件十分棘手的事，或根本不可能。因此，只能就事论事，协商解决。

不过，作为饭店，还应有自己的道义原则。比如，尽管客人没申明价格，但当他能证明确实将钱包放进了店方的贵重物品保险箱时，寄存与保管关系即告成立，一旦遗失（被盗、被抢），则店方应从道义上援助，如免其住宿费，或赔偿部分购物费（购买最基本土特产品等）和归途的旅费。

但如果客人坚持说钱包内装 100 万元，则店方便不宜就此做出退让。这种情况下，美国法律规定赔偿上限为 500 美元，日本规定最高赔偿金额不超过 10 万日元。此外，日本还对大、小型旅行箱遗失的最高赔偿金额做出了规定：前者 5 万日元以内，后者 2 万日元以内。

不过现在的情况越来越倾向于客人，判例常常都更加严格地追究业者的“过失”责任，并以此为理由，责成店方承担部分或全部“不法行为”责任。

饭店可否拒绝客人寄存贵重物品

有饭店业者提出，每位住店客人的住宿费不过几千元、几百元，甚至只有几十元，却要担负其几万元或几十万元的贵重物品保管责任，得不偿失。那么，饭店能否拒绝客人寄存呢？

拒绝，不违反任何法律。因为饭店的本质，即在于“除特殊或特定的场合之外，只负责向客人提供住宿服务”的义务，所指的是客人的“身体”部分。故此，其身外的贵重物品，或可请其存入附近的金融机构，或请客人自行保管，均在可以理解之列。

当然，大部分饭店不会采取这样的实际行动，因为违反一般的服务准则，会给客人带来麻烦，除非客人自己提出来。

加入专项责任保险

近年，各国保险制度日臻完善，越来越多的饭店都加入了“饭店赔偿责任保险”。国际旅游者往往对此十分明了。

该项保险是在各种特别约款成立的基础上发挥效用的。保险公司将向因客人物品受损而导致赔偿的饭店补支该部分金额，且不论相关物品是寄存物品还是非寄存物品。换言之，饭店向客人支付的赔偿金中，既包括与法定责任相等部分，又包括超过法定责任支付的部分。所以，保险公司补支给饭店的，也不限于饭店法定责任的限度，还要包括一些没有达到法定责任程度，但社会习惯认可的部分。

这不是由法律决定，而是由保险制度的性质决定的。当然，该项保险对高价寄存物品的赔偿金额都设有一个限度，只是不同国家的具体数额不同而已，如日本规定“每件最高 10 万日元”。

寄存卡引发的事故

客人寄存物品之后，店方必须提供一式两份的“寄存卡”，以明确或证明这种寄存与接受的关系。那么，这种寄存卡具有怎样的法律价值呢？或者说，如果当事人丢失寄存卡而物品被拾到者冒领，店方是否必须承担由此而造成的损失呢？

在法律中，我们将这类证明卡归为“证券”类中。证券因其法律价值不同，被分为有价证券、设权证券、免责证券及单纯的证据证券四类。

有价证券证明该证券对金钱或物品拥有所有权，并必须在行使此权利时出示此证券，如旅行支票、信用卡、商品券等。

设权证券是在制成之时起，权利即被设定的一种证券。从另一个意义上看，旅行支票、汇票等也是设权证券。

免责证券，指向持有该证券的人履行证券所定的债务，即便其后出现真正的债权人，债务人仍可获免除责任的一种证明。有价证券同时也是免责证券，但免责证券却不都是有价证券。

此外，以上各类证券同时又都是证据证券。单纯的证据证券可以成为一种证据，但却无法认定其有价性或责任性。这些，要通过法定或社会惯例来认定。

比如，火车车票是有价证券（谁都可以使用），但检票之后便成了证据证券，只限于当事人才有效。

寄存卡属于免责证券的一种。免责证券保护“善意返还物品的人”。典型代表是持存折和印章到银行取款的情况。只向返还物品者支付业务，则即使其后出现真正的所有权者，该业务当事人仍将被免除责任。这里的特定条件，是面对不特定多数人，业务担当者不可能一一辨识对方。这是由业务性质决定的，此时，只有通过证券所具有的法律价值来认定行为了。当然，前提必须是善意，并且没有任何过失。法律不承认善意，但却能判断恶意。

那么，如果有人拾到高价寄存物品的半片（与店方的另半片相吻合后生效）寄存卡，冒领了物品，这半片寄存卡能否具有免责性呢？

这样的半片寄存只是证据证券，而非免责证券。上面写有客房号、客房服务员姓名等，只需向客房部征询即可确认其持有者是否为本人。而免责证券所强调的，是在面对不特定人群时行使的一种“只认证券不认人”的手段，是不得已而为之。故此，需要饭店方面对此细加斟酌。

处理要点：“只认证券不认人”

在人数众多并相对集中的饭店、餐馆服务台前，以有效寄存卡换取物品时，只要业务人员出于善意并没有任何过失，则其不承担此过程中发生的任何事故造成的责任。

将高价物品寄存卡分作两半，店方与客人各执一半，则店方必须在移还物品时确认领物者为寄存者本人，否则，店方将承担部分责任。

二、火灾

火灾造成客人财产损失的责任

饭店火灾不可能根绝，有时甚至会造成重大伤亡，因此，饭店经营者当以提心吊胆的态度对待火灾，时刻防范。

因火灾造成客人“寄存物品的消失或损坏”时，店方责任的有无，关键在于店方能否证明以及在怎样程度上证明“火灾起因于不可抗力”，而因火灾造成“非寄存物品的消失或损坏”的店方责任，则与其“有无疏忽过失”相关联。

不过，“不可抗力”与“疏忽”往往成表里关系，所以，对上述两类客人财产损失，饭店均要担负同一责任。

饭店火灾造成连带损失，基本可归于不可抗力。但若起火原因在店方过失，则与失火罪相当，不为不可抗力。若可以推定为漏电、客人烟头所致，则可以否定业者的失火责任，店方可以坚持认为此为不可抗力。当然，漏电情况也可能被追究为店方管理不善。

同时，从众多案例分析中，我们发现，即便是延烧或客人失火，第一责任不在店方，问题还要从相关状况下的处理细节上，加以深究，即客人寄存物品能否抢救出来这一点十分关键。假如在火灾状况下仍有充分的时间可以救出寄存物品，则造成此部分损失者不为不可抗力。

此外，还有出于饭店防火设施不完备而构成的店方责任。

民法怎样说

大部分国家的民法都有规定，因故意或过失而造成侵害他人权利者，必须承担赔偿由此造成损失的责任。此中的大原则是“不法行为责任”。失火之责在于因这种过失造成他人所有物烧毁，从而构成对他人所有权的侵害。但在很多类似情况下，饭店常常可以免脱赔偿责任。这是出于一种均衡理论的惯行方法。火灾可能因极微的过失而发生，并且损失额不可估测，所以，责其负担由此造成的全部损失，对过失者而言过于残酷。

故此，此时必须区分轻微过失和重大过失的量度。重大过失指一般人不易发生的严重过失，该种情形不能享受此项“恩典”。

民法之外的说法

当然，重大过失也好，轻微过失也好，都是相对于民法中的不法行为责任而言的。在饭店业务契约上，还有另一重义务，即保护客人人身及财产的安全。所以，店方不能免脱对寄存物品的受托责任。

比如，你借宿朋友家失火烧了这家及其邻居的房子，这便构成了对邻居的不法行为，你可以免脱对邻居的赔偿责任，但对朋友家却免脱不了赔偿责任。与此类同，饭店托管的客人寄存物品，或客人随身携入店内的物品因火灾而损失，在店方不能证明此火灾以及当时无法抢救的状况为“不可抗力”时，则饭店方面不能免脱赔偿损失的责任。

关于高价物品

关于高价物品，若客人未经事先申明内容、价格而寄存，则店方不承担此部分赔偿责任。当然，若在平时，我们是无法摆脱被作为不法行为加以追究的结局的。

但在火灾情况下，往往可以使店方从两方都获得免脱。

火灾造成物品损失的处理要点

因火灾造成客人物品损失时，若能证明其为店方故意过失或店方火源，或可证明在火灾状况下有防火设施不完备现象及避难、抢救迟缓不当者，店方必须承担住宿契约上规定的赔偿责任。但如果客人没有就物品内容、价格等加以申明，事后才声明是高价物品，店方可不负担此部分责任。

火灾造成客人伤亡的责任

因火灾造成客人伤亡事故，也依上述的思路处理：若原因不为饭店方面失火，或即便是店方失火，而非重大过失所致，饭店方面可以免脱不法行为的责任。

不过，住宿契约（或惯例）要求饭店必须保障客人生命、财产的安全。火灾原因不论，一旦发现饭店设施不完备或火灾过程中避难疏导不利，即可以作为“未能履行债务”，并因此而责其负担伤害的赔偿责任。

“霍夫曼公式”

对伤亡客人的赔偿金额，各国算法均有不同。惯常的算法是“霍夫曼公式”法——按一般人寿命的尺度，计算出此人大概可延年数，再算出这些年中此人的收入总数，从中扣除其必要的生活费部分，依余数还原出利息，折算成现金额，并以此作为损失额。

当然，也有应用其他方法的。而无论哪种方法，都对在职成年人具有合理性，对未成年者、未就业的青少年、儿童以及即将走完人生的老人而言，便不适用了。不过，在很多情况下，对后者也常采用此方法。

注意，这与人寿保险不能混为一谈。

虽然上述理论有其可行之道，但在实际计算伤亡赔偿金额时，情况就要复杂多了。既要考虑到事故的原因、状况，又要考虑到受害者、加害者双方的社会地位、心境，加害者的支付能力及其家庭成员生活能力等种种因素，而非单纯地依理论行事。

谁来追究责任

那么，如果出现死亡，其家人是否具有要求赔偿损失的权利呢？

有。对于伤害他人生命者，受害者的父母、配偶及其子女，可以主张自己的权利，作为死者的代理人，向法律执行机构提出有关赔偿损失请求权的保护。

此外，一些致死和致伤、致残案不仅涉及到民法，还要应用到刑法。各国刑法都规定，由于工作上的疏忽大意而造成他人伤亡者，将受到监禁或罚款，称此为“工作过失致死伤罪”。

失火的责任者，本当依此法律判定责任，有时，当事人或经理将以其设施管理不善、应急处理不当等原因而受罚。

这里强调一点，刑事责任与民事责任不同，前者强调当事人的现实行为，而不是以名义上的责任者为对象。所以，在这类案件的判断中，业主或经理人有没有在工作上尽职尽责，有没有疏忽大意之处，便成为关键点。

现代保险金制度，也将在处理类似情况中发挥作用。一种是客人的人身保险、旅行保险类，一种是饭店方面赔偿责任保险类。

火灾造成客人伤亡责任要点

因火灾造成客人的伤亡，若店方不能证明为不可抗力，则其必须承担赔偿责任。同时，业主或经理还可能被追究刑事责任。关于赔偿金额的计算，一般是以“霍夫曼公式”法为基准。

三、存车（停车场）事故

停车服务决胜未来

饭店、餐馆以至于商店门前设立停车场的越来越多，这将成为一个趋势，成为优质服务中的一项重要内容。可是，相应的失盗、损伤事故也随之而来。面对多种多样的停车事故，饭店将如何应对呢?

关于免费停车场的三个问题

这里提示三个重要问题：

1．将车停放在饭店的停车场，是否等于将车“寄存”到店方了呢?

2．饭店的大门内或庭院，能否算是“饭店内”?

3．汽车能否算是客人的“携带品”?

首先，“寄存”的定义是这样的：当事人一方认可为对方保管，或因接受了对方的物品而发生契约效力的行为。因此，我们不能认为客人已将车寄存到店方了。即使客人将车钥匙交给店方，也不能证明这点（参考有关保险箱的说明）。店方所提供的只是停车方便。客人交来的钥匙，在西方饭店中也只为了店方在管理其他车辆进出时的方便而已。

其次，“饭店内”的范围是狭义的建筑物范围内，而不包括其外的部分。明确这点很有必要。

再次，关于“携带品”的内容。携带品指随身的用品，当然，汽车不包括在内。但是，在欧美汽车旅馆发生的一些案件中，有人提出，这是客人到达该场所所必要的“东西”，所以，应该为广义上的携带品。况且，在预订这些饭店时首先就要订下存车的位置。因此，应就此进行细密的探讨。

责任归属

我们强调：“带入饭店的随身物品”，即“饭店内”和“携带品”成为一体，否认一方即等于否认另一方。故此，以上三个关键问题点便化转为两个：“寄存”与“携入饭店内的物品”。

当二者均被肯定时，则店方必须负担不可抗力之外的一切责任，几乎跟负担高价物品的赔偿责任性质一样，不利于店方。相反，若二者均被否定，则店方将不负担有关机动车的一切责任。

不过，饭店的一般做法，是从二者之间，找出一个合适的办法，因为实际情况往往十分复杂。很多国家在进行极大的努力之后，归纳出了一个基本相似的规定：

在当事者之间没有达成明确的寄存协议并相互明确认可情况下，免费停车场只是单纯的场所空间服务的提供。比如，停在场内的 A 车被 B 车撞破了前灯，店方将不对此负责，因为店方并不对具体的车实施管理。相反，如果停车场周围有小孩们在踢足球，正好砸碎了车前灯，那么，店方将负担责任，因为这是对停车场所自身管理不善所致。

免费停车场事故处理要点

饭店、餐馆的自属空间供客人免费停车，只是单纯在提供空间，而非“代存保管”机动车。故此，一旦发生丢失或损坏，只有当客人能证明其起因在于店方的故意或疏忽时，业者方面将产生赔偿责任。如果店方代存客人车钥匙，则在一般情况下，要有店方负担不可抗力之外因素造成的一切赔偿责任。

该原则也适于一般自行车的事故处理。

收费停车场的情况有所不同吗

收费停车场也随着车辆的增多而日渐增多，成为城市设施建设的一个重要项目。故此，饭店、餐馆所拥有的收费停车场，也便不单是饭店、餐馆一方的事，也必须纳入整个城市的相关法规管理范围之内。

那么，这笔所收费用是单纯的场地费呢？还是包括对车辆实施管理的费用呢？

自然，收费标准的高低是判断的一个依据，但就一般而言，收费停车场的费用，在原则上只是场地费。换言之，这项原则的确定似乎过分强调了一种经济的而非法律上的见解，不利于解决实际纠纷。因此，必须以法的严格说法注明：

“无论免费或收费，仅作为暂借场地，而不发生寄存车辆的关系。”

这点在停车场名称上也须有所注意才是。但是，这不等于免费与收费在责任上毫无差别，这在有关保险箱问题的讲解中已经说明。

收费设施较之免费设施，更要求停车场所有者一方，即饭店、餐馆方面承担提示、照顾的义务。汽车出入时发生碰撞之类事故，在收费停车场，便可能在一定程度上被追究为店方的“疏忽”责任。故此，也更要求店方严格履行其管理（不是汽车自身的管理）、监视义务。

收费停车场问题的处理要点

停车行为并不因店方征收停车费用而改变其“仅提供场所”的性质。但较之免费停车场，店方更有义务对现场实施管理、监视，以避免因疏忽而遭追究。

四、遗失物品

饭店遗失物品处理有其特殊性

关于遗失物品，大部分国家在民法中有规定：对遗失物品，须在法定的场所，或以其他法定的手段，加以公告，此后6个月之内无人认领，拾获者将对其拥有所有权。不过关于饭店内的遗失物品，情况便要复杂得多了，包括遗失物品和拾得物品的处理，都有其特殊性。

拾得物品应交给谁

关于拾得物品，可以分为客人拾得和从业人员拾得两种。客人在客房、餐厅、通道、浴室、洗手间及其他店内场所拾到他人的遗失物品，交付店方人员，店方人员必须将其交付饭店建筑物的所有者，即饭店或餐馆等的经营主体，指公司自身。

这里要明确两个概念：一是“占有者”，与所有权的有无不相关，只拥有对所持对象的使用支配权，也称为“使用者”；二是“所有者”，指的是对该对象拥有所有权的人，可以完全支配对象物的使用、收益和分配。二者有很多相似之点。

此外，不拥有所有权，但拥有租赁权者也可以称为“占有者”。

在一般意义上讲，“占有者”可以被理解为公司；而从方便角度讲，也可以认定为实施具体行为的经理。不过，经理之本质又仅为该建筑“占有者”的代理人，最终权利归属者往往不是作为个人的经理，而是公司。因此，按基本程序，拾物者有义务将该物品交给任何一位从业者，从业者有责任将其迅速上交经理。

至于从业者自己拾到物品，当然，应该交付该建筑物的经理了。

拾得者的权利与义务

从业者在饭店内拾到物品交给经理之后，经理即成为拾得者，并由此产生相应的权利和义务（客人拾到物品上交后，客人为拾得者）。

就义务而言，他必须“迅速将该物品返还给失主、所有者或拥有请求返还物品权利的其他人，或上交警察当局”，并必须在 7 日之内完成以上手续，否则，便失去拾得者的权利，而另当别论。

不过，很多饭店都认为客人会很快有信息传来，常将其存放半月到三周左右，这其实是违背原则的。

再就权利而言，可以分两种情况，一是失主出现，二是没有失主。如果出现失主，则可以获得失主的酬谢金；这是权利所当。一般额度为“所还物品价格的 5% 以上到 20% 以内”。

具体而言，当从业人员拾到时，经理可获 5% 到 20% 范围内的酬谢金；当客人拾到时，则可以在此范围内与店方各得二分之一。

“物品价格”一般指“适当的时价”。比如，失主强调“失而复得的这块手表是朋友送的礼物，是白送的”，也仍可按适当的时价折算并支付酬谢金。我国大部分人没有这个习惯，另当别论。

如果没有失主，则应按规定办理公告手续，之后 6 个月（自交付日算起），遗失物品所有权自行转移。从业者拾得，转向经理；客人拾得，转向客人。只是保管费、公告费及其他相应费用要由最终所有权者支付。

根据物品性质、价格不同，保管费及相关费用标准亦不一样，拾得者如果认为该拾得物可能会收费较高时，可以事先申明放弃有关拾得物品的一切权利，并可因此免除支付费用的义务。也可以放弃作为拾得者的权利。一般人出于人情常理都采取此办法。经理也可以放弃此权利，但若客人拾得者放弃，则此权利自行转向经理，不过，在失主出现的情况下，即使客人拾得者放弃权利，经理仍只有申请自己的部分的权利。注意，这里的“经理”，不是指经理个人，而是其所属的公司。

拾得物品的处理手续

鉴于以上情况，饭店在接受客人送交的拾得物品时，一定要请客人填写一份清单，注明物品名称、拾得时间、场所、客人住所、姓名以及对其拥有权的态度（行使还是放弃），并署名。

拾得他人的遗失物品时，拾得者将在此后获得该物品的所有权（没有失主），或有权接受酬谢金（出现失主）。这是一般情况下发生的权利。如果物品遗失在饭店或餐馆内时，则此权利归属该公司或由客人拾得者与公司平分。

不过，一般人都会选择放弃行使此权利，为的是一种“社会道义”。

五、食物中毒

饭店与餐馆的债务

餐馆必须负担向客人提供“清洁、无害、卫生的食品与饮料”的债务。饭店亦然，必须在保障客人人身与财产安全前提下，提供住宿及履行上述食品、饮料的债务。

一旦发生食物中毒事故，即等于店方没能履行以上债务，客人可以作为债权者，向店方要求赔偿相应的损失。

但是，客人身体受伤，又有时要应用到民法的其他条文，如“因故意或过失侵害他人权利”，店方便要赔偿由此产生的损失，亦可能被作为不法行为加以追究。

杀人或伤人，或盗窃，或破坏物品，在刑法上都另有规定，仅就民法而言，当事者必须无条件承担“不法行为”的责任。而客人的身体、生命，无疑是最高的权利对象，对此项权利的侵害，自然应予以赔偿。

赔偿多少

那么，具体金额应如何计算呢？

人体不同于物体，很难按一般标准定价，也很难予以客观地把握。惯例是支付与医疗相关的全部费用、本人不能工作造成的收入损失、若干慰问品类费用等。

如果因食物中毒而出现死亡的情况，可参考火灾死亡的计算方法。

只是这里不存在免责的可能性，较之不履行责任，更应纳入对不法行为进行处理之范围，或应用刑事责任的有关法律条款。

应把握的处理要点

食物中毒作为饭店、餐馆等的不履行债务或不法行为，不仅要向受害者赔偿包括医药费、歇业补偿费、慰问费等在内的所有损失，同时，也可能被迫追究刑事责任。

六、洗涤物品

洗涤物不同于寄存物

饭店洗涤部是专门向内外客人（客户）提供洗涤服务的，是饭店服务的一项重要内容。那么，对于洗涤物品，是否可认为是与上述高价物品、机动车相同的“寄存”物呢？

当然不是，后者对象以保管为目的，前者则以洗涤这一工作业务为目的，是两回事。

洗涤又可以分为两类，一是店内洗涤（使用自己的设施），二是送出洗涤。但无论哪类，对客人的第一责任都发生在直接店方。

洗涤服务适用于“承包合同”

接受洗涤物品在一般理解中，都可以与“承包某一项工作”的意义相同，因此，可以适用一般“承包合同”的规定及其相关约束要件。比如，当洗涤物品出现破损、污染或烧焦现象时，应按照承包合同或参照惯例办：

1．预订者可以向承包者提出限期修补的要求。

2．若破损、污染严重，则可要求赔偿此部分损失（因破损、烧焦等造成价值的差额）。

3．虽经修补，仍无法挽回价值的跌下时，可在要求修补的同时，要求赔偿。

洗涤物丢失

客人托洗的洗涤物品丢失，可以应用有关“寄存”的规定。只要不是出于不可抗力，则店方必须赔偿此部分损失。

洗涤服务应注意的其他细节

1．如果该项洗涤为送出作业，则店方要先向客人支付赔偿，然后再同洗涤方交涉。

2．如果客人要求洗涤的物品质地脆薄，饭店方则需先征求客人意见，在客人认可并在洗涤单上注明后送洗，店方将不负此责任。如果客人未加任何说明而送洗，被洗涤部门认定为“无法正常洗涤”者，则当事服务人员必须再度向客人确认此条件。

3．可以通过制定相应的规定或特别契约，获免部分或全部责任。如在洗涤单上注明怎样情况下的洗涤责任由客人自负等。不过，如果店方在接受洗涤物品时发现问题，必须再次向客人说明。

总之，饭店接受客人的洗涤委托并接受洗涤物品，则无论其采取店内洗涤还是送出洗涤的方式，即应视作“承包”。故此，若出现破损、焦损或污染等，店方必须负担修补、赔偿损失的责任。

七、员工责任

“无过失责任”

国际通则认为，一切事故造成的赔偿责任都应由加害者本人负担。不过，在今天的饭店生活中，这种情况正在发生根本改变。从业者造成第三者的损害，而饭店视若无睹，任由其个人承担责任的现象，已经不能为饭店的正义观念所认可了。同时，从业者个人的能力有限，受害者往往不能获得充分的赔偿，故易造成双重的不幸。

因此，各国法律都规定：凡发生在饭店服务过程中的加害行为，都要追究其所属饭店的赔偿责任，尽管饭店方面未曾直接加手于此。

我们称此为“无过失责任”。

这一点，跟我们传统意识中的“无过失则无责任”的那个“过失责任”观点截然不同。

从业者是你饭店的人，因此，饭店有责任和义务对其实施“选择、任用、监督、管理”。在相关案例判断中，如果饭店方面能够证明自己确实履行了上述责任和义务，并且严格实施了选择、任用、监督、管理的措施，则可以免脱无过失责任的追究。

不过，这种证明过程往往十分困难，事实上，甚至是近乎不可能的。所以，在一般结果上，饭店仍将被课以无过失责任，并受到追究。

“执行饭店业务指令”

关于“执行饭店业务指令”的理解，传统观念以为：虽然属于执行饭店业务指令，但当事人没有遵照管理者的实际意图，而是从自己的角度，以其个人意志为基础行事，造成对第三者的伤害，这时，不应追究饭店的责任。

不过，在现代人的观念中，仍要求饭店负担责任。因为“执行饭店业务指令”的范围越来越大。比如，从业者利用饭店的汽车去度假，并在此间以车撞上他人，一般认为不需饭店负担责任，但国际上很多判例都追究了饭店的责任。当然，有关交通事故还有另外的法规，这样的结果就等于双重惩罚。典型的例子是美国一位内务部官员的车子借给秘书办理一项与该官员无关的事务，途中撞死行人，结果，事故主体（车子所有者即政府）被判对此负责。

尽管如此，“执行饭店业务指令”的核心点，仍在于“执行饭店业务指令”，如果该从业者未经饭店允许而擅自驾车外出而造成事故，则饭店不应对此事故负责。再如饭店厨师跟客人吵架，厨师以厨刀刺伤客人，这类事故则不为“执行饭店业务指令”过程中的事故。

员工责任的处理要点

无过失责任的承担者不指经理或业主个人，而是事业主体即饭店。另外，事业主体拥有对饭店直接事故责任者要求偿还该部分饭店支出的权利。就此而论，这项惯例的根本点，不在于保护饭店从业者，而在于保护受害者。当然，很少有饭店行使要求从业者偿还债务的权利。

从业者因事实与饭店业务相关的活动（行为），而造成第三者损伤，在饭店方面不能完全证明其“选择、任用、监督、管理”上的完美性时，要负担损伤的赔偿责任。

“饭店业务”的范围越来越大。

饭店拥有事后向该从业者要求偿还该项债务的权利。

八、设施问题

设施造成损失或伤害

除去与事业主体、从业者行为相关的部分外，一些事故的发生是由建筑物及附属设施的缺欠引发或造成的，包括财产的损失和人身安全的伤害。饭店、餐馆常受此困扰。国际惯例认为，由于地面工作物设施的设置或保护、管理不善而造成他人损伤者，该工作物使用者有责任向受害者赔偿损失。如果使用者可以证明自己已为防止伤害事故的发生采取了必要的措施，则此责任将要进一步追究到工作物的所有者。追究其无过失责任。

“工作物”

上述“工作物”的范围设定的立足点，在于保护受害者。因工作物缺欠而导致的事故，如墙壁的倒塌，楼梯扶手折断，电梯事故等。

关于占有者与所有者的区别，已经在上面阐述过。这里更要强调双方务必恪尽职守，以及在预防事故发生方面的义务。

有关第一责任者的说法，可以参考以下判例：

一个人安排他人借宿在朋友家，墙壁倒塌致人伤害，这时，第一责任者为此安排借宿者，如可以确认他充分注意了保护措施，那么，第一责任者便转向其朋友（所有者），被害者可以向所有者直接提出赔偿要求。

如果类似情况发生在饭店，那么，饭店作为法人组织，将承担此责任。此类事故可纳入保险，特别是电梯事故等，以降低饭店方的责任风险。

设施问题处理要点

因工作物（设施）的欠缺而造成第三者的损伤（含财产损失、破坏），该设施的所有者或者相当于所有者地位的有关方面，无论自己有无直接过失，都必须负担此部分损伤责任。

多数情况下，赔偿者为饭店自身。

九、客人的不法行为

客人行为造成损失或伤害

除去由饭店方面引发的事故之外，客人自身的种种行为（包括不法行为），也可能造成饭店方面的损失或伤害第三者。我们称此为“客人行为造成损失或伤害”。

盗窃（顺手牵羊）现行犯

这是饭店中最常见的客人不法行为，如将客房中的睡衣、器物等顺手牵羊地拿走等。这属于盗窃罪性质。如为现行犯，可以当场解决，按刑事诉讼法解决即可。

这类现行犯，可以通过以下四点加以确认：

1．被发现盗窃，并被作为犯罪嫌疑人追喊。

2．携带赃物或持有可以证明被确认为犯罪工具的物品。

3．身体或服装上有明显的犯罪证迹。

4．被讯问时企图逃走。

当然，这些不是定罪标准。饭店客人的不法行为多表现为第二点中的情形。

此种状况，一般可以通过语言沟通，要求其返还该类物品。如果客人拒绝，则可以采取自救行为（以自己的力量取回物品的行为），不过，这种行为容易引发暴力冲突，最好是通知饭店保安或警察协助处理。

对于现行犯，一经抓捕，必须迅速送交司法部门。

没有证据时怎么办

以上是比较容易处理的盗窃事故。

而令人头痛的是：目前没有证据，物品又确实丢失了，店方既无权对每一位客人搜身，又不能报警，以免影响饭店的信用。

这种情况常发生在团队客人接待过程中。

按惯例，此时的着眼点以就事论事为宜，依实际情况解决问题，而不深究于法律问题之中。

上策是通过领队向受怀疑对象说明情况，以求在内部自行解决（饭店方面力求不介入）。如果不能解决，便要衡量失窃物品的价值与饭店信用之间的关系，如果有自信，可以报警，一般而言，这是下策。

第一，没有明确的现行犯，警方无权实施逮捕和搜查。而疑犯不明，或失窃额不高，司法部门也不会下逮捕令或搜查令。警官可以在获得怀疑对象允许的情况下搜身，但要承受很大压力。

第二，警方不尽力行事，店方有上诉权利。但搜查机构人员出动往往需要较长时间，此间，没人能保证犯人会将赃物继续携带身上。而若搜不出赃物，则可能被反控饭店方面损害其名誉。

对客人盗窃的处理要点

客人拿走饭店、餐馆的物品这一事实非常明确时，可以作为现行犯抓获，也可以在现场令其返还物品。对小件、小额物品，往往以后者为上策。

如果因此发生纠纷，则有必要通知保安人员或借助警方的力量。

因嬉闹（或不合时宜的动作）发生损失或损伤时

客人因嬉闹造成饭店方面物品损坏者，将视为侵害他人权利，责其赔偿该部分损失。这是常理。

对于醉酒客人造成的破坏，也同样不能免予追究。此时，客人强调被人灌醉等均不成为抗辩的理由。

总之，我们应把握这样的原则：凡客人因其不合时宜的动作造成店方物品损伤，包括醉酒者在内，都将被追究赔偿损失的责任。

吵架

饭店酒桌上吵架的现象常有发生。此过程中造成客人自己方面的伤害和衣装破损，属于自作自受，而若使饭店方面财产受损害，则必须赔偿相应部分的损失。

在吵架者相互推卸责任或参与吵架人数较多时，不仅主要责任者要负担赔偿责任，其他随从者、教唆者也将被视作共同行为者，共同担负此责任。如 10 人造成 1000 元损失，则店方有权要求其支付 1000 元的赔偿，若其中一人支付了 1000 元，则店方的债权自行消失。而交付该款项者，有权向其他人要求个人承担的费用，一般原则是平均份额。

上例中，也可以在客人相互推脱责任的情况下，要求每人交付 100 元。当然，这里所指的共同行为只是一般民法上的概念，至于刑事问题，则另有说法。

对吵架问题的处理要点

吵架，特别是群架，参与人数较多，由此而造成的店方人员、财产的损伤，店方有权要求行为者全体成员共同担负赔偿责任，即向每人要求金额的平均份额。

十、受害者的过失

事故发生的原因往往多种多样，有时候，受害者（客人）一方也有过失。比如，交通事故的发生，很多情况下是出于受害者的疏忽或乱闯，另外，在有关失窃的责任纠纷中，也常发生争执，如客人忘记锁门出去了等，受害者有一定的过失责任。店方也可以据此减轻自己的责任。

比如，客人放在客房里的西装被窃。该西装原价 2000 元，已穿用一年，按旧装可折为 1000 元，而客人忘记锁门也有责任，所以，又可将责任与店方平分，于是，索赔金额便可确认为 500 元。这即所谓的“过失相抵”。

总的来说，即使是必须从业者方面负担责任的事故，如果客人方面也有过失，即可以依此减少部分损失的赔偿额。

十一、旅行社业

旅行社业的法律资格

一般旅行社都具有这样的功能：作为中间人，为国内外旅游者有偿提供交通、住宿及其他与旅游相关的设施的联络、预订、保证服务。

这从一个侧面决定了其作为“旅游者代理人”的资格。故此，在法律上，我们说，旅行社业者在获得报酬的前提下，开展下列活动：

1．站在旅游者立场上，就接受交通和住宿服务事项，跟交通部门和饭店签订合同，充当媒介或代理人。

2．站在交通和住宿服务提供者的立场上，就上述服务项目的提供，同旅游者缔结合同，充当媒介、代理人。

3．利用他人经营的交通设施和住宿设施，向旅游者提供交通或住宿服务。

总的来说，旅行社业者立足于客人与饭店之间，作为二者间建立住宿契约的中间人或代理者开展业务，主要以饭店方面的代理商面目面对客人，也有时作为客人一方的代理人，但较少。

代理人

旅行社的对客代理权通常由客人本人委托，并以适当的手续确定下来。这里需要明确的问题有三点：

1．旅行社业者的代理行为是商业行为。

2．业者接受客人委托成为代理人，委托者（客人）必须向其支付相应的报酬。

3．签署包价合同的行为，一般被认定为特定旅行社业者作为特定饭店代理商的行为。这时，业者不可以再以客方代理人的身份与饭店缔结住宿合同，即禁止双重代理。这是一条重要的国际惯例准则。

饭店方面要注意，旅行社代理业务由于增加了一些中间环节而使客账支付过程复杂化。旅行社方面可以客人尚未支付为理由，拖延向店方付账的时间。

这里应把握的要点在于：只有在旅行社业者接受了由客人授予的代理权时，他才可以作为客方代理人开展业务。但这时候，旅行社应向饭店支付的款项，为客人本人的债务。

中间人

中间人是指站在他人之间，作为商业行为的媒介，开展业务活动的人或者其所属机构。故此，他本人并不等于行为的当事人。本来，旅行社业者的性质就在于“中间”之中。他连接起客人和饭店，并以收取手续费为目的。有时候，甚至仅仅是通一次电话而已。

这里要再次明确，这种状况下的旅行社业者不是与饭店签订合同的当事人。只要其中间人的身份不变，住宿合同的实质仍是客人与饭店之间的。费用支收也是二者之间的债权债务。即使发生客人事后不付账的情况，饭店方面也不能要求旅行社业者代付。就是说，作为中间人的旅行社业者不发生代客支付的责任。

相反，客人即使已经向旅行社业者支付了费用，并不等于与饭店方面的债务已经结清。中间人报酬，一般由饭店方面负担。所以，这里应重点把握一条：

旅行社业者以电话等方式为饭店提供客源而不附加其他服务内容，即单纯安排，该业者或业者方面的身份即属于中间人（区别于代理人），住宿合同的当事人为客人和饭店，费用收支也是两者之间的债权债务。

旅游批发商

单纯的代理和中间人行为远不能满足现代旅游者及旅行社行业的需求。旅行社业者不仅作为代理或中间人，而且作为旅游活动设计者和随员，直接参与此间活动——组织旅游团队或承担个人旅游、团队旅游服务。

他们一面组织客源，全面安排旅游活动，一面与饭店签订住宿合同，自身即成为合同的当事人，无论对客人还是对饭店，自己都是权利义务的主体。在此条件下，业者的身份即可被称为旅游批发商。

不过，旅游批发商又不同于一般行业的物品批发商。本来，我们称以自己的名义为他人购买或出售物品提供服务的行业为批发业，而旅行社营业的对象决不同于物品，所以，必须在理解这一特殊批发概念的前提下，来理解旅游批发商的定义。

旅游批发商不同于中间人

旅游批发商与中间人的本质差异，在于前者“以自己的名义”参与营业，自己成为合同的直接当事人即权利义务主体。不过，从饭店角度讲，往往很少注意到这种差异，应引起重视。这种情况下，债权债务发生在饭店与旅行社业者之间，而不及其余。

一般，我们可以通过以下几种情形来确认旅行社业者是否具有旅游批发商的性质：

1. 由旅行社业者书面对饭店进行预订并分配房间。

2. 该次旅行不只停留在一家饭店，而全部日程均由旅行社业者同相关部门签订合同。

3. 旅行社业者派随员领队。

4. 旅行社业者不特别明确客人是谁。一旦发生客人逃账，作为旅游批发商的业者必须负担此责任。

针对旅游批发商的注意点

有一个问题要引起注意：发生火灾或者其他灾害，造成由旅游批发商安排入住的客人生命财产的损失时，饭店方面将向旅行社业者负担赔偿责任，而不与客人发生直接责任关系。

从客人方面讲，需要向旅行社业者要求赔偿。

当然，这其中也有相当的不合理成分，很多国家都在制定专门应对于此事故的法规，以求从“第三者合同”角度解决这一问题。至于途中交通事故，由于缺乏权威而有效的规定，所以，一般均由加害者（交通部门）向被害者（客人）负担此不法行为责任。

但不管怎样，关于旅游批发商的定义都要明确把握，即旅行社业者承担组织客人旅游活动的全项，亲自组织团队旅游，即具备了旅游批发商的资格，并因此成为饭店签约的当事方。饭店可由此向旅行社业者要求费用，如预付款等。此外，还要明确，旅行社业者的营业，其实是由中间人简单转化而成的。

代理商

如果旅行社业者与饭店方面签订联票合同，即业者从客人一方收取饭店住宿费，发行具有包价性质的票证，持此票（证据证券）者可以按合同入住饭店或短时休息，那么，此种情况下，旅行社业者便是代理商。

代理商包括两种，一种是代理签署与交涉有关契约事宜者，为缔约代理商；一种是仅代理介绍业务的，称为中间代理商。

现实中，二者常常混为一体，很难明确划分。

代理商的运作特点

作为代理商，旅行社业者依联票合同方式为饭店输送客源，这种行为，即等于饭店直接与该客人签订了住宿合同，并发生相关责任。即使旅行社业者与客人签订了不同于他与饭店签订的住宿合同，如跟饭店签约时已定下 100 美元／间夜，但旅行社业者却跟客人收取 120 美元／间夜时，饭店方面仍必须按合同价格（100 美元／间夜），提供符合条件的住宿设施。当然，也可在其后据理向旅行社业者方面要求赔偿损失。

不过，联票不同于一般的有价证券，它不可以交易，具有人格特征。它显示出客人的姓名、民族、性别、年龄、人格等特定的内容，原则上限于本人使用，而非凡拥有此证券者便可以入住。

同时，它是证据证券，处理方式可参考前面有关内容。外国旅游者所用的旅行支票，是在其已向银行支入金额之后缔结的一种合同形式，并反映于该证券之上的。

关注代理商

旅行社业者一经与特定的饭店签订了联票合同，该旅行社业者即成为该饭店的代理商，旅行社业者的合同行为，均可视为饭店自身的合同行为，饭店必须承负由此发生的责任。

联票的性质为免债证券。

十二、约款

旅行社业约款

该约款中包含着至少六点：

1．与旅行社业务相关的各项收费及其与旅游者之间发生的费用收退关系约定。

2．提供住宿及其他旅游服务时，必须向旅游者提交的书面材料种类与表示权利、义务方面的约定。

3．有关解除合同的约定。

4．有关责任与免除责任的约定。

5．有关赔偿损失的约定。

6．其他“未尽事宜”。

总之，旅行社业者必须将旅游经费、手续费的收受及其他法定事项记人旅行社业约款之中，并在与客人交涉时当面提示。

饭店住宿约款

饭店住宿约款也同样是让客人看的。所以，必须保障其有效的展示，并在住宿合同发生过程中发挥直接或间接的作用。我们制定约款内容必须考虑如下问题：

1．在合约签署过程中，客人能否很自由地读到约款？

2．当客人看到约款内容之后再实施行为是否来得及？

3．从习惯上、道理上，能否保证约款的内容在客人没有看到之前即可以获得基本承诺？

旅行社约款，如《旅游须知》等，可以在旅游活动开始之前为客人所明确，饭店住宿的相关约款则一般要在客人到达饭店之后才为客人了解，如标注在《饭店服务指南》内，或张贴在客房等场所。

无论如何，饭店都有必要制定与自己饭店现状相适应的待客约款，并要展示在店堂或客房内。不过，约款内容没有法定，故此，往往不被认可为住宿合同的内容，只能作为饭店的管理措施发挥作用。

服务费

与饭店住宿、餐厅就餐相关合同的建立与履行，是租赁、借贷行为的一种。这类合同是以“承包”为基本内含的复合性合同。

当然，我们不必为合同类型所拘束，而要根据每个合同的实际情况，来探讨其法律效用。

住宿、饮食费用之外加收一定量的服务费已成为国际惯例。在我国，通常为饭店食宿消费额的10%（三星饭店或以下）至15%（四星饭店或以上）。

关于服务费会计处理，在国外，一般是直接用于从业人员的工资补贴；在我国则大都算作营业收入的一部分。不过，就其本质而言，仍是小费的变形，是小费制度普及化的一种表现。

那么，我们该怎样正确认识服务费呢？

首先，服务费应视为客人在住宿、饮食消费过程中向店方支付的营业费的一部分，即使一些饭店、餐馆将该项费用还原给从业者，也不改变以上的性质。

其次，是要明确，小费不同于上述的服务费。付小费是一种出于自愿，或出于习惯的个人行为，是个人对个人表达酬谢、致意、满意的支出，一般由客人直接交给从业人员，所以，小费既非业者的营业收入，也非从业人员的工资。大部分饭店规定，从业人员可以接受小费，但索要或变相索要小费属于违规。

十三、预订失误

理解契约

契约，所指的是对申请做出承诺并由此而成立的一种关系。饭店、餐馆的预订是一种契约，不过，条件是客人已经交付预订金。否则，只能是饭店单方面的义务，而无法保障双方契约义务的履行。这是我们必须明确的问题之一。换言之，客人违约也要负担一定的责任。现在，很多人提出预订不是签约，而只是签约之前的交涉，故此，不存在违约之说，其实不对。

所谓“对申请做出承诺”，是对话者双方之间，即当事人双方通过协商决定某一事，签订相应的契约。这只是一个证据问题，以防将来出现关于这种商谈结果的争议。

一般，当所签的文字合同只是作为证据时，通过双方商议，契约即告成立，这种契约叫作承诺契约，大部分契约属于此类。而相反，必须在书面落实、文字表现的前提之下才可成立的契约，则是形式契约，如遗嘱、结婚证明等。

隔地契约（预订）

现代社会，通信技术高度发达，契约缔结方式也日趋多样化，就饭店业而言，契约形式至少可以归纳为三类：

1. 散客契约（预订）

相距较远的两地沟通，在从未谋面、素不相识、偶尔投宿的客人与饭店之间，必须在一方对其申请加以承诺并发出通知时，才能发挥效力。当一位客人打来电话或寄来一份订房申请，而饭店方面没有回电话、回信，则该契约不成立。客人到来后强调已经申请（预订），饭店方面仍不发生相应的责任。

至于这对饭店声誉、信用度的影响，另当别论。

2. 常住客契约（预订）

常住客是指饭店营业的经常性对象，他们常来住宿。在国际旅游商法和惯例上，要求饭店方面“迅速对其申请给予答复，发出允诺与否的通知；若延迟发出通知的时间，则可以视作默认”，发生相应效力。

3. 旅行社业者契约（预订）

对于旅行社业者的申请，处理方法也一样。视当事者的现实行为的性质，判断其是一次性的散客，还是长期性客源，并由此决定采取“散客对策”还是“常客对策”。

就总的原则而言，饭店的住宿契约应由预订之时起开始成立。对于隔地客人申请不加回复，在一般散客，可视为契约未成立，而在常客，则视作默许。通过旅行社介绍的客人，对策应据其现实行为所属类型性质而定。

变更承诺

客人希望 × 月 × 日以 200 元入住，饭店方面答复称 200 元的客房已经售完，但有 300 元的，是否可以。这种情况即称变更承诺。

首先，是拒绝了客人的申请，其次，是提出新的附加条件，再次向客人提出申请。这时，若客人认可，则契约成立，否则，即无契约可言。不过，作为提供服务的饭店方面仍要以服务精神为根本，因为任何生意都应考虑长线，而不是眼前利益。

美国等国家法律规定，回复时若附带“轻微”变更条件或附加条件，可以视为承诺。

要点：对客人的申请回以附加变更条件的承诺，并不表示契约已经成立，必须再度确认客人应诺与否。

双向契约与单项契约

在住宿契约之中，客人为债权者，饭店为债务者；在履行契约之中，饭店方面则为债权者，客人方面为债务者。无论哪一方面发生“债务者不履行其债务，债权人都可以要求其赔偿损失”。我们称当事者双方互为债权债务者的契约为双向契约，大部分契约属于此类；而一方只拥有债权，另一方只拥有债务者为单向契约，这种关系一般只发生在馈赠行为之中，很少。

失误责任处理的三个基本方向

对于直接签署合同的客人，由于业者方面失误而造成忘订、误订，致使客人到后无房等，便属于上述不履行契约的行为。饭店方必须从以下三方面解决此问题：

1. 提供本饭店内与预订等级不相当的客房

这大体有两类，一是比预订房价低者，二是高者。如果客人认可并负担不同的费用，问题自可解决。经济等客房的房价可以再降低些，都是必要的处理手段。如果客人不认可呢？便可以尝试下面提示的第二种与第三种方案。

如果房价高于预订价时，比如预订 100 元／间夜的客房，并获 OK 认可，而所余只有 200 元／间夜的空房，便可以将二者之间的 100 元的差价视为失误责任的损失赔偿。不过，如果只有 500 元／间夜以上的空房，差价悬殊过大时又当如何处理呢？本来，这种“损失”是很难加以具体合算的。届时，有必要参考以下方案，比较后做出选择。

2. 介绍其他饭店

这也可以分出三种情况。一是介绍与所订本饭店同等同额的客房，二是介绍低于本饭店价格者，三是取价格高者。前种情况下，客人并无实际损失，但由于未能入住所期望的饭店，自然使客人不快，所以，原订饭店一方应予客人适当的补偿。二、三种情况同于第一种方案的内容。而若客人对此不加承诺，便只有应用下一个选择了。

3. 到处均无空房，而必须返回原订饭店时该怎么办

客人方面将产生往返交通及时间损失、误工误时损失、精神损失等。不过，这里的“不履行债务”责任所强调的是“普通概念中的损失”，即由此而引起的直接损失费用，如此段交通费用等。况且，这种情况下除交通费外的具体金额核算，都是不大可能的。当事饭店应考虑酌情给予补偿。

履约失误处理要点

由于饭店方面的过失造成误订、忘订，店方必须承认不履行债务的责任，然后，提供本饭店较高价格的客房，或介绍其他饭店，若均无着落，则要负担较之客人寻找饭店往返的交通费用更多的金额。

总之，要赔偿能够普遍为客人接受的费用损失。

根据广告来住宿的客人

依广告而来，客房又恰好售完，饭店方面将担负怎样的责任和义务呢？

当然，首先要保证广告的真实性。广告失真情况大体有如下几类：

1. 本来没有卫生间、淋浴间、空调，却在广告上打出，此属于谎告设施。

2．客房本来只有300元／间夜以上的，却在广告打出200元／间夜，此属于谎告房价。

3．本来房客只能容纳500人却说1000人，此属于谎告规模。

一旦出现虚假广告，饭店方面便必须承负“故意或因过失损害他人权利”的责任，并要赔偿由此造成的损失，包括往返时间损失、费用等。

广告允许适度夸张，如抽象的赞美，但不许可虚假。

不过，广告不等于契约，而是对契约成立的一种引导手段。但如果广告对象非常具体，并指明时间、事项、内容，那么，面对这类客人，便不能以“广告”为逃避责任的借口。

认清广告的实质

每一位业者都要清楚，广告只是吸引客人前来建立住宿契约关系的一种手段。因此，饭店方面不担负由此而来的客人的客房保障及其由此而发生的其他责任。广告内容允许适度夸张，但不允许出现关于具体条件的虚假信息。若出现后者情况，那么，饭店方面将对因此而来的客人承负赔偿相应损失的责任。

十四、拒绝住宿

无论在哪个国家里，饭店都是以保障客人的生命、财产安全、卫生为前提的一种营业单位，除去特殊情况，一般不允许拒绝客人住宿。而“特殊情况”又可能因国家、民族的不同而有所差异。国际通用的“特殊情况”为：

1．已明确确认欲入住者患有传染性疾病。

2．已明确确认欲入住者有赌博及其他违法行为或扰乱社会风纪的行为。

3．住宿设施确已没有余裕，或因其他地方政府有关条例方面的理由不能提供住房。

此外，诸如精神病患者、烂醉如泥并明显地要对其他客人造成影响者，以及举止、言论将影响其他客人者，也可以纳入应予拒绝的类型中。

营业者方面要备有客人名簿，并要准确地记入住宿客人的姓名、性别、住址、职业等相关事项，当政府有关方面要求出示时，必须马上提交。而就客人方面而言，也必须以实相告，准确填写相关项目。在我国，内宾要出示身份证或其他有效证件，外宾要出示护照或其他有效证件。

总之，除饭店客满，客人有传染病，有赌博、扰乱风纪等明显行为倾向，或其他法定禁止入内的情形之外，饭店不得拒绝客人住宿。同时，对上述客人饭店应主动予以拒绝。

十五、客人取消预订

新的债权与债务

如果预订失误由饭店方面造成，我们可以在追究债务责任时，明确双方的地位、义务和相应的处理策略。那么，如果过失出于客人一方又将如何处置呢？

比如，客人已经预订，饭店回复OK并准备了房间，但客人届时既不联系又不到来，便属于此类。一般而言，要追究客人作为债务者的迟滞责任，要求其支付一定比例的违约金。

以下就不同情况，进行讨论。

在有特殊要约情况下取消预订

客人随意不履行债务的处理方法已然明确。这里，又有关于赔偿金额的细节，各国通行的法律对此表述都很抽象。首先，是在有“特殊要约”情况下，取消预订的处理。

特殊要约，即在缔结住宿合同时，双方已就违约金事宜达成共识，并落实到协议合同之中。很多时候，旅游代理商所发行的联票背面，便以印刷体字列出包括违约金等各方面的要约内容。对于持此而来的客人，饭店方面便应视之为已经签署违约协议，依章办理。

违约内容及处理方法并无法定，通行方式是从客人第一日住宿费用中征收违约金：当日取消，包括不加联系者，收取80%；前日取消者收取20%；团体客人二日前取消者，收取10%。这是大体标准。

诚然，以上情形的前提是客人已交订金，也只有在此前提下，特殊要约的契约方可成立。

如果客人不持联票，即只有在到达饭店之后才能知道有关要约内容，则属于下种情况——无特殊要约。

此外，团体客人减员也可以遵照上述做法。这就要求我们必须明确旅行社业者与饭店、旅行社业者与客人、客人与饭店之间的关系层次，以在发生问题时迅速采取相应的措施。

在没有特殊要约情况下取消预订

在此情况下，处理原则通常按照“被普遍接受的损失额度”要求赔偿。

预订金中，除去税金、服务费之外的部分，我们称之为基本费用，即保证其住宿和饮食（部分）的费用。客人未到，造成所订客房不能出售，自然影响营业成绩，饮食方面也会出现浪费，因此，责其以全部费用的一部分作赔偿，是可以“被普遍接受的”。具体额度比例，可以参用上述要约的处理方式，向客方提出要求。

这里要注意的是，有关额度比例要约多由饭店单方面制定，自然要在最大限度上取有利于店方的倾向，所以，一旦与客人发生争执并经法事部门裁判，也可能出现低于特殊要约限度以下赔偿金额的结果。

因此，我们应把握一些基本原则，在此基础上，灵活运作：

客人无故取消预订，饭店方面有权征收其违约金，若其使用联票，即可视为已经签订合同，则可在退返预订金时抽取违约金；若未确立特殊要约，而店方已经做好接待准备，则可以在实际处理中依特殊要约的规定额度，要求客人赔偿由此造成的损失。

因特别理由而取消预订

这里的特别理由，包括两类：

1. 发生地震、台风等“自然灾害”，属不可抗力。

2. 飞机、铁路或汽车发生事故等，属不可抗力。

处于这种状况之下，从债权债务关系角度而言，不是“债务者客人不履行其责任”，而是“无法履行”。概念不同，处理方法也不同。这一方面包括客人方面的取消，也包括饭店方面的取消，如发生火灾、倒塌事故等，性质相同。

因此，我们要注意，因台风、地震等天灾，以及其他在正常判断之下得以成立的特别理由，客人不能如期入住，则饭店方面不能要求其支付违约金。

契约规定期间空住的时间

这与上述情况又有不同，不是客人取消预订，而是改变原契约约定的日数。那么，对这期间空住的费用，应如何处理呢？

原则上，可以采取与上述“无特殊要约”一项相同的处理方法，追究其可“被普遍接受”的责任，具体赔偿金额也可同上。但要注意，这前提是客人先行取消预订并不住宿时，我们才能依其首日入住应付标准，计算出违约金额，如果客人在约定住宿期间未全部住满，空出客房，又不知其何时归来，怎么办？饭店方必须为其保留。此间的违约金，可以根据具体情况，如未加通告便空了客房的情形、通告之后空房以及完全空房、有物品寄存房间等，视具体个案处理：或收取全额入住费，或收相当日数的费用，或收全额的一部分。

要点：在饭店逗留期间，即使客人正式提出取消部分预订日数（而非随意空房），饭店方面也有权利要求客人支付全额或部分房费。

十六、支付的方法

饭店、餐馆的支付模式有别于一般贸易

在饭店、餐馆营业中，客人与业者之间即自然形成双向契约关系。在这种关系之下，双方均具有要求对方同时履行债权债务的抗辩权，即当一方未能履行债务时，另一方可以拒绝履行债务。一般贸易活动的买卖双方的钱物交换，是其中的典型。

但在奉行“先消费后埋单”惯例的饭店、餐馆，则略有不同，客人在这里的支付，往往要在住宿或就餐行为完成之后（餐券式餐厅例外）才能发生，所以，我们必须从惯例角度，对此加以理解，并充分认识到这种情况下，严格地讲，同时履行的抗辩权（利益）已经不存在。

预付

这是饭店业者方面最欢迎的，应尽量推行，但现实中很少被采用。

联票（包价）

这在客人看来，也是预付形式的一种。不过，在餐馆很少见。因为联票（包价）的本质不在于其作为支付手段，而在于缔结完整契约本身。饭店业者应予高度重视。

现付

在临走时支付，这是最普遍的付款形式。为防“逃账”，饭店必须在“现金支付”之外的环节上做好文章。

支票或信用卡支付

支票可以代替现金，只要其有效，效果即同于现金支付。但支票不是通货，所以，特殊情况下，亦可拒收，而要求客人以现金兑现。尽管如此，饭店或餐馆的前台服务人员仍有必要掌握有关支票的基本知识，并注意以下四点：

1. 支票兑现系统是否健全？即弄清所属金融机构的信誉，票（卡）面是否正规，金额记数准确与否，支付人、印章准确与否，日期准确真实与否等等。

2. 认定有关收取人的说明。是指定该饭店、餐馆为收取人，还是不加指定，即“认票不认人”的方式。虽然两者均为有效票证，但在安全性上却有区别。

3. 最重要的，还是支票的实际资金兑付能力。如果对此有疑问，一定要通过相关银行加以确认。关于标注日期的有效性，也要注意，我国一般以 5 日为期，国外多以 10 日为期，此期间均为有效期。但是，注明昨日日期的支票，也可能表示今日没有资金。

4. 有些支票的兑现只限于其固定对象，一般在安全上有保障。

后付

相当于一种赊账的形式。对于常客、熟客或协议客户，可以采取寄账单要求支付，或押后支付的办法；而对一般客人，则必须要求现付，如果客人不服从，甚至可以按有关拒付的规定，追究其现行责任。

总之，客人的支付方法可以多种多样。饭店相关服务部门的从业者有必要把握有关知识，比如支票、信用卡的用法、政策等。同时，还要在饭店财务管理方面建立起相应的预警机制，把好这个关口。

十七、饭店对客的债务优先权

拥有优先权者，可以依法律规定，优先于其他债权者要求债务者以其财产支付抵当自己的债务。

比如，我们去修手表，修表工有权利在我们未付修理费之前拒绝将表还回。这种权利，又称民事抵押权。至于在商业上应用，范围便更加广泛而抽象了。

饭店的客人逃账时，其所携带的物品便可以成为抵押品——这是惯常做法。但要注意，实际上，客人所未支付的是住宿、餐饮费用，其携带品并非“目的物”，本当“罪不及无辜之物”，所以，必须从概念上认识到，我们是通过抵押客人物品，并依法拍卖，由此部分收入偿还其应付债务，即着眼点不在于客人物品自身。

然而，此过程中的手续一定要完善，包括拍卖时间的指定、公告、通知利害关系者、期限规定等。一般而言，饭店很少真地这样做，而只是借此要求客人付账，或在付账之前为其保管，最严重者可以借助法律力量。

要点：饭店（不含餐馆）对客人的食宿费用支付拥有债权，当出现无理拒付或逃账时，店方对客人携带品拥有优先占有权，再依法律程序交由相关机构拍卖，优先要求从拍卖收入中偿还债务。

十八、饭店对客权利的时效

时效，或称有效期，包括两种情形：其一，是行使权利，即通过形式占有这一事实状态的持续，获得权利的有效期。其二，是因不行使权利的状态持续而使权利解除的失效期。

饭店、餐馆所涉及的对象，一般发生在后部分。然而，既得利益者决不会自动提出时效问题，这是常理，即失效期的对象多为债权者。由饭店、餐馆的住宿、就餐等活动引发出的商业性债权、债务关系，一般以 5 年为时效。而具体的房费、餐饮费等债权是由一时性行为产生的，所以，一般以 1 年为其失效时限。

为不使时效发生作用，必须中止之，这便要采用以下两种方式：

1．通过口头和书面文字催款催账，则时效时间可以从发信日算起。

2．获得对方的认可，通过此方法延长时效。

要点：饭店、餐馆对于住宿费、饮食费用的要求权时效，一般以客人离店后 1 年为期。业者有时还要考虑中止时效生效的方法，此中，获得对方对欠款的书面认可是上策。

附录　关于饭店事故法律诉讼的问题

饭店、餐馆的经营者、管理者、从业人员忙碌于营业活动，而无暇学习有关法律知识。同时，法律裁决部门也不了解饭店、餐馆经营的实情与特性，所以，出现了一些对判例的不同认识。

比如，公安人员以抓赌、扫黄为由突击检查客房的现象，饭店消毒设施与食品检验不落实现象，以及在相关判决中思路狭窄，不能以“理”服人的现象等，都基于这些。

希望读者参考上述国际惯例及旅游相关法律，对下列案例做出自己的判断、分析。

案例 1：置于饭店庭院内的自行车夜间被窃

1．经过

张某投宿饭店，将一辆自行车放在饭店庭院里，当晚被窃。

2．争议

张某认为，自行车已寄存给饭店，事件发生是由于饭店的设施不完备，即饭店方面的注意不够，因此要求赔偿。

饭店方面强调，自行车是客人自已随意放置的，并非寄存，饭店的防范设施足够完备，盗贼是破坏围栏之后进入的，属于不可抗力，并非自己疏忽所致，所以，没有赔偿责任。

3．判决

综合现场检验及证人证词，饭店在防范方面，已经做出了与其地位相当的设施充实，盗窃发生，出因于暴力破坏围栏，属于人为的不可抗力，故无赔偿责任。

4．提示

争议要点在于有无寄存。如果为前者，关键看饭店方面是否疏忽；如果为后者，便要明确是否为不可抗力。

上述判决的不可抗力，是否成立呢？

案例 2：物品被同室客人盗走

1．经过

王某投住饭店后，出外办事。此间，饭店前台又在其房间内安排了另一位客人。当晚王某遭该客人扒窃。

2. 争议

王某以饭店方面疏忽，以致安排盗贼入室为理由，要求赔偿，饭店方面则强调不知另一人为盗贼。

3. 判决

饭店方面将其并不了解的客人安排与王某同室，致使王某遭窃已成事实。同时，店方行事又是在王某外出之际，强行为之，难以认定为出于善意，故难脱疏忽的责任。认可王某申诉，由饭店方面予以赔偿。

4. 提示

如果确被认定疏忽过失成立，则店方将承担赔偿责任。但受害人对自己物品的整理、保管情况也要引起注意，此案例中客人也可能有过失。另外，若所失之物含钱物，则所适用的处理方法又当有所不同。

此外，即使有要求，如会议组织者或旅游团安排等，也应尽可能不安排非熟人者同住，至少应征求意见，或由会议、旅游组织者提供排房单。

案例 3：寄存在饭店的现金被客人朋友骗取

1. 经过

客人李某投宿饭店，并将手提包寄存给前台服务员赵小姐，只说内有现金，赵小姐随即转交寄存保管员存入保险箱。时值淡季，并无其他客人寄存物品，所以，也没办理寄存证。当天，李某的朋友来访，次日早又来访，并很快二人一同离店。中午，饭店赵小姐接到电话，对方称自己是李某，因有事不能脱身，派朋友去取寄存物品，请届时转交。随后，朋友出现，经过赵小姐从保管员手中取走手提包。李某回饭店后发觉被朋友骗取，宣称内有 50000 元现金。

2. 争议

李某强调，赵小姐及保管员作为饭店员工，有义务从保护客人生命财产安全的角度，对店内所有情况依流程管理，尤其是本职工作。但他们没能这样做。李某借此要求饭店方面赔偿其手提包中的 50000 元现金，以承负不法行为责任。

饭店方面则说，李某在寄存时并未明告金额数量，故此，不当负担该项赔偿，同时，又列举了李某及其朋友同出共进等情况，认为因不法行为引起过失的说法不能成立。

3．判决

饭店方面对电话人未加确认等种种行为，明显构成不法行为，又未能按规定制作寄存卡，在将手提包转交保管员时也没能说明内装现金，以引起注意，采取相应措施，故此，要对此过失负责。

同时，李某也有一定过失。

最终判决饭店方面赔偿 5000 元。

4．提示

高价物品寄存，必须说明其种类、价格等，否则，饭店将不负责此项损失。不过，客人往往习惯于不加说明，这也是常事。在本案中，尽管李某胜诉，但实际损失仍多由自己负担。所以，只是名义上的胜诉，获得的只是关于法律对饭店责任的一种肯定而已。

另外，李某与其朋友会不会合谋欺诈也是疑点。但这也提醒饭店方面务要以此为戒。如果当初客人明告内装现金 50000 元的话，饭店是必须全额赔偿的。

案例 4：客人熟睡时，遭入室行窃

1．经过

两位客人（夫妇）入住饭店，服务员引领到房并交付钥匙，然后，他们外出吃饭，晚 10:00 左右客人回来，将西服挂进衣柜，交替洗澡、看电视，11:00 就寝。二人在睡前均已确认钱包在衣服口袋内，并在睡前检查了门窗落锁情况。早上起来时，发现钱包失窃。当晚，值班人员共 6 位，轮流巡视至深夜 12:00，之后至早上 6:00 之间，在办公室打麻将。其中一人（厨师）在 2:00 左右离开，自称去休息室。次日，警方前来调查，发现应由服务人员持有的房间钥匙中少了两把，两周后，在对厨师住处进行依法搜查时，发现一把。但依此定罪仍为证据不足。

2．争议

客人要求饭店方面负担使用者责任，赔偿全部金额，另附加安慰费。饭店方面则坚持三点：其一，缺乏证明厨师行窃的证据；其二，客人住宿过程中的钱物损失，责任不应由店方负担；其三，饭店方面已经在服务指南中明确告诉客人，贵重物品应存柜，以此拒绝客人的要求。

3．判决

首先可以断定，是“知情者”使用失窃的钥匙（或复制品）入门行窃。是内部犯人，尽管可能不是厨师，但饭店方面对钥匙管理上存在漏洞这一点无可置疑，由此也难以保障客人的生命财产安全。另外，在人事管理方面饭店也存在较大过失。还有，就是饭店服务指南中的说明，没能引起客人的注意，客人也有责任。至于安慰费，在非“特别价值”、“特别状况”下的一般损失中，不加考虑。

结果，要求饭店赔偿客人原金额的80%。

4．提示

饭店用人、管理制度的严格实施，在保障其营业过程上经常发挥巨大作用，因此不可不慎。但很多时候，经营管理者并不能有效地注意到这些，只有发生了事故，才来亡羊补牢，应以此为戒。

案例5：饭店失火造成外宾携带品损失

1．经过

饭店改造，由B公司承包床具制作。这日午后，B的工作人员在置有床垫充填物的地下室丢烟头失火，造成全楼烧毁的大事故。其中包括4位外出办事的美国客人的若干件高价物品毁失。

2．争议

客人认为，第一，饭店方疏于施工管理、防火措施不健全、在易燃品室内丢烟头等，无一不是重大过失，故此，店方必须负责赔偿高价物品的损失。第二，高价物品之外的一般物品，也要依法赔偿，总金额为64000美元。

饭店方面则强调，其一，饭店防火措施已经过公安消防部门检查认可。其二，床垫充填物（木棉）并非易燃物品。其三，B公司的人不是饭店工作人员，所以，责任不在饭店。其四，B公司工作人员使用地下室之事，饭店方面不知情。

3．判决

驳回客人关于饭店“疏忽”与“重大过失”责任的说法。虽然饭店方面不知B公司工作人员在地下室工作一事，有自己的过失，但与火灾无因果关系。至于用人管理疏忽之理也不成立。因此，以店方必须负担重大过失责任为前提的起诉，不能成立。

4．提示

这里涉及了高价物品赔偿问题、使用者责任问题等。关于“使用者”的概念一定要明确，其所指不仅是单纯的拥有合同关系的工作人员，而是事实上从事属于其业务范围内工作的所有人。

另外，所谓“因果关系”的种类很多，如直接因果关系、间接因果关系、相当因果关系等。

案例6：饭店客人就寝中因煤气泄漏致死

1．经过

某公务员入住带厨房的客房，由服务员提供相应的餐食、开夜床服务后便睡去。次日，该服务员前来整理房间，发现烧烤间的煤气管脱落，煤气外泄，忙关上总阀门，加以处理。此时，客人已经死在床上。

2．争议

客人家属方面强调，其一，饭店总煤气阀昼夜不关。其二，客房用煤气胶管处于拉直状态，极易脱落。其三，煤气胶管与管道接合处处理不完备。此三原因终致客人中毒而死。饭店方面坚持，根据服务员的证词，他们在离开客房之前，已经检查了煤气总阀的关闭情况，所以，总阀门的开放，只能是客人在其后自己所为。

3．判决

服务员对警察的证言与对法庭的证言之间有很多相互矛盾之处，可以断定，对是否完全关闭总阀，服务员有隐情未如实讲出。其次，由于客人喝过啤酒，故此，煤气管脱落也可能由其后来自己使用未留意，或者不小心碰断开的。但客人自杀的可能性被基本排除。

最后核实，服务员并未检查总阀门的关闭情况，因此，饭店方面有不可推卸的疏忽责任，必须负担原告（其妻子及孩子二人）所要求的赔偿。该损失额的计算如下：

该客人月收入460元。

该客人一家年生活费——根据该市平均水平，收入支出的平均比例为：3600（支出）/4800（收入）=0.75，由此而推，客人的收入可以认定在460×0.75的标准上，即345元。

该客人的生活费用，自己与妻子、儿子（二人）之比为100:80:90:90，故该客人的年纯收入={460元－［345×100÷（100+80+90×2)]}×12，余数为4370.4元。

该客人现年45岁，按平均寿命，可余27.87年，其劳动时间按18年计算，运用霍夫曼公式计算，得出系数为12.603。就是说，该客人今后将得到的利益是4370.4×12.603，结论是55080.15元。

加上丧葬支出4000元。

另根据过失相抵的法律准则，客人的过失为七，服务员的过失为三，则至少要赔偿上述金额的30%，以及相当的安慰费用。

4．提示

以上案例运用的是民事调查。原案材料达 30000 字之多。这里要强调的是关于赔偿损失额度的计算方法。由死亡者收入算起，运用霍夫曼计算法。另外，在很多国家的继承法中，都要求对所赔偿费用加以具体划分，参考比例是妻子得三分之一，孩子得三分之二。

案例 7：餐馆就餐客人因吃河豚中毒致死

1．经过

某餐馆经营者是经国家考试认定的一级厨师。他购得鲜河豚，并破腹清洗，将骨、皮、肉、肝分别装入食品袋，余下部分丢掉，又将肝加盐搓揉 30 分钟，浸入水中，均置入冷库。隔日，四位客人点要河豚火锅。吃时，厨师曾告诫客人，河豚肝要注意大家分开来吃，不要一个人吃得太多。结果，其中一位客人吃的量稍大了一些，回家后发生中毒症状死亡。另三位则毫无症状。

该客人一方以工作渎职致死罪向法院起诉。

2．判决

渎职（业务过失）致死罪成立的基本条件，便是在具体事项上，一般人都可以对其结果加以预测，而实际上却没有采取任何措施的情形。

在本案中，由于这样几点：第一，当地人吃河豚（包括河豚肝）已为习惯。第二，河豚毒性较小，并可通过充分清洗消毒。第三，当地有关部门没有制定有关河豚食用的法律规定。第四，卫生部门也从未加以干预指导。第五，当地至今曾发生河豚中毒事件五次，一人死亡，但被认定为特别体质所致。第六，本餐馆出售同样菜食已达七年之久，从未发生过中毒事件。

最后，法院参考该厨师的料理过程，判定无罪。

3．提示

本案其实是刑事案件。故此，已非我们的一般沟通所能解决。通常，是要按渎职罪加以处理的。本判决则强调河豚中毒之事不存在客观预见的可能性，从而否认了其过失。不过，过失责任包括两种，如上是刑事过失责任，第二是民事过失责任，二者的判断角度不同，虽然一致处不少，但仍要考虑到处置方法上的差异。前者强调刑事责任，或处以拘禁、罚款等，后者强调民事责任，包括损失赔偿、后事处理等。

案例8：饭店服务员携带客人现金出逃

1. 经过

某客人住在饭店很久了，因手头现金将尽便要求公司寄钱来，钱寄到后，客人便委托了饭店方面代取。结果，受饭店方面派遣的服务员取到现金后即离家出走了。后被逮捕，但钱已花光。

2. 争议

客人认为客人与饭店之间的住宿合同中包括很多内容，其中之一，就是代处理邮件物品、汇款等。据此，饭店方面必须赔偿此损失。饭店方面则强调，客人所托付的服务员并非负责人，故此，此项委托不在饭店营业范围内。

3. 判决

一审判决，宣告客方起诉不成立。客人上诉。

二审判决，认可现代饭店服务的多元化、多向性，包括取汇款在内，都成为营业内容的一部分，故此，驳回原判重审。

4. 提示

这里的要点有两个，一是关于此项业务是否在营业范围之中，二是关于受委托人的性质及其饭店的档次。

有必要进一步探讨。

案例9：饭店部门主管携客人寄存款出逃

1. 经过

杨某将装有15000元现金提包交服务台主管保管。主管携款出逃，后被捕，追回12000元。

2. 争论

杨某认为此案出因于饭店业务执行中的不法行为，所以，店方要赔偿所余3000元的损失。饭店方面则认为，杨某所持的现金并非客人本人所有，而是他人的，此外，服务台主管并非当值正职管理者，故此，没有代存保管大笔现金的权限。由此而论，客人方面存在相当的过失。加之未明告所存物品的种类和价额，不应由饭店方面负担赔偿责任。

3. 判决

无论现金是否为杨某的，杨某必须承担对此金额应负担的责任。

作为借款，必须清还。因此，饭店主管所为是侵害客人现金占有权的行为，客人有权要求其赔偿此部分损失。

主管作为饭店成员之一，无论其有无资格接受保管此现金，在上述行为中，仍为饭店代表，并在其业务范围内，所以，饭店要承负相应的赔偿责任。

但鉴于杨某未能准确断定对方的资格而轻率寄存，也有过失，故饭店赔偿金额为2500元。

关于客方没有申明所存物品种类、价额等项，按商业法规，应不予负责。但从饭店对委托寄存的义务履行角度上看，则无法摆脱相应的责任。

4．提示

这里要思考四点：第一，饭店要承负责任的，是仅限受害者所有金钱，还是包括受害者接受的别人委托的金钱？第二，主管接受委托保管客人现金，是否为饭店业务行为？第三，客人将现金托付给主管，有多大责任？第四，关于现金失窃和一般物品失窃的一般法规是怎样的？

案例10：因付账发生争议，客人遭殴打

1．经过

林某和朋友去酒吧饮酒，不知该酒吧主人已换，仍按原来月末总结账的协议，未付款离店，遭致服务员的殴打。林某脸及下颚重伤，住院40天，养病两月，仍残留咀嚼困难、发音不清、牙齿脱落等后遗症。

2．争议

林某要求酒吧方面赔偿此部分损失。酒吧方面则认为，此系服务员所为，并不能归因于酒吧所为，服务员并不是在接受酒吧方面指令、委任或因业务需要而实施的，故此，责任不应由酒吧担负。

再者，本地公安部门规定，酒吧营业时间到晚11:00，此时已是后半夜1:00，为非营业时间。

3．判决

本案所涉加害行为为酒吧方面的服务员故意所致，并且是为执行酒吧业务所为，酒吧方面必须赔偿损失。

4．提示

此案关键在于服务员的行为是否能够作为“酒吧服务员责任”加以追究。本案的判决中，可能有一部分是出于情绪的义愤。

案例11：客人醉酒，由二楼餐厅坠落致死

1．经过

某大学大学生毕业前夕举行告别餐会，使用饭店二楼餐厅。一位学生醉酒，由落地窗摔下，造成脑挫伤、头盖骨骨折，次日死亡。

2．争议

学生家长要求该餐厅经理赔偿15万损失费。餐厅经理强调，落地窗是学生们自己动手打开的，餐厅经理曾告诫学生，不要坐到窗台上。故此，此案因由在于醉酒的学生，餐厅方面没有责任。

3．判决

一般餐厅都要向宴会客人提供啤酒、白酒等酒精饮品，所以，客人饮酒及其可能发生的反应，自然要成为餐厅管理的内容之一。店方要充分注意到防止险情的设施设备的完备。

本案所涉的落地窗，窗台防护栏由地板而上只有36cm的高度，而外面直接能看到水泥路面，故此，具有危险性，有必要加设安全设施，如提高防护栏的高度等。就是说，该餐厅在设施上有缺欠。

不过因冬季，窗户自然要封闭，同时店方也曾告诫过学生，所以说，餐厅在险情管理上，没有过失。但因为是宴会厅，温度较高，气氛热烈，所以，店方应考虑到学生开窗的可能性。

鉴于餐厅方面在建筑安全性上的缺欠，承负本案损失赔偿责任在所难免。但这里又要分两部分考虑，餐厅是属于饭店的，设施设备设置上的失误责任不能由餐厅管理者来承负，同时，即使本事故构成不法行为，餐厅方面也不必独立承负安全作业义务上的责任。餐厅经理只对建筑物的此一部分拥有使用权而已。所以，饭店必须对此负责。此外，学生当事人也有过失。过失相抵，各为二分之一，故赔偿额外负担也要以二分之一计，认定为8万元（含安慰费），由饭店方面支付。对餐厅则免予追究。

4．提示

建筑物的所有者、使用者或既是所有者又是使用者三种情形之下，承负的责任有所不同。这里的核心点在于肯定了客人醉酒坠落致死中的业者的责任。这对各种服务经营者都是一个警示：必须强化保护受害者的意识。

这应是一个必然倾向。

案例12：饭店二层窗户没设安全栏，小孩跌落受伤

1．经过

入住某饭店夫妇的四岁小孩在二层大厅玩耍，由窗口跌落7.4m下的地面受伤。该窗的下部只有高40cm的窗台。

2．判决

属于工作物缺欠，认定饭店方面的赔偿责任。同时，双亲照看不周，也有责任，过失相抵。

案例13：高尔夫练习场上击球致伤事件

1．经过

在高尔夫练习场上做投球的甲，被邻位在打垒位置上练习挥杆的乙出杆击中受伤。二者的间隔为2.3m。原设计为5打的习位，每打间隔2.76m，后改为6打的席位。

2．判决

工作物缺欠，该高尔夫球练习场的经营者有赔偿责任。但受伤者也有疏忽过失，过失相抵。

案例14：由游泳池跳台入水受伤

1．经过

客人刘某在饭店游泳池跳台上，以近90°的角度扎入池中，头部触底，造成重伤，以致下半身失去能力。

2．争议

客方认为，设施本身有缺欠，同时，游泳池管理不善，由此而致事故发生。其一，水深不足1m，却设置跳台。其二，不设任何说明、禁止的标志。店方则认为，水深1m，跳台高水面0.35m，符合国际通用安全规定，故无缺欠可言。当日也曾立下“跳水危险”的标志，并有服务人员提醒客人注意。因此，事故是由垂直扎下的客人自己造成的。

3．判决

认定设施本身的合理性和安全性，故责任由客方自负。

另，店方及游泳池管理者也对游泳者给予了充分注意。但“垂直

入水”这种姿势，纯属特别情况，为出乎常人意料之外。

4．提示

设施缺欠为物的、静止的，管理不善为人的、运动的。这两点必须明确。就是说，不能将“保管”与“管理”相混淆。对设施缺欠加以修整，并不等于管理好。双方的直接责任者不同。

案例15：客人拒付未住房期间的房费与服务费

1．经过

客人吴某住进饭店，因业务关系，自3月6日到6月27日之间，有30天没有在饭店住，因此，拒付此30天的房费、服务费。饭店方面依此，并根据财产处理优先权利惯例，拍卖了其在饭店的存留物品，以此抵债，同时，进一步要求其支付不足部分。

2．争议

饭店方面提出：第一，吴某在空房期间仍将个人物留存在房内，同时，未向店方申明离店事宜。第二，饭店收费包括独立的两部分，即房费、饮食费和服务费。服务费也是客人的债务。因为该项费用不是指使用者个人应对于个人服务的小费，而是饭店向客人提供服务的对等价格。

3．判决

吴某必须承担此间房费，同时，也是根据契约关系所定，交付服务费，而不论服务费性质怎样。

4．提示

该判决涉及三项法律问题。一是契约实施期间，客人实际并没利用饭店设施的情况处理；二是服务费能否被认定为饭店对客人的债权；三是饭店关于客人留存物品的优先处理权。

案例16：旅行社业者贪污客人所支付的住宿费，饭店向客人二次收费

1．经过

某旅行社组织一系列团，总人数达2000人，分20批旅游，均入住某饭店，但旅行社方面却贪污了客人支付的住宿费，只将其中一半交给店方，并随后宣布倒闭，董事长自杀身亡。

2．争议

饭店方面要求旅游团客人支付另一半费用，旅游团客人声明已全额付给旅行社，故不存在债务之争。

3．判决（1）

一审判决认为，旅行社业者所涉契约合同的缔结，其自身只作为接受服务的旅游客人一方的代理人，而实际债务效力将涉及接受服务的客人本人。所以，该案中，旅游团客人本应成为契约的当事人，责其支付所余款项。

4．提示（1）

旅行社仅仅是客方的代理人吗？第一，如果旅行社仅仅如此，那么，便不应存在交易，就是说，旅行社业者的行为不是商业行为，旅行社业者也非商人。第二，旅行社业者的手续费由饭店方面支付。如果他们是客方的代理人，则该费用必须由客人方面支付。第三，如果旅行社业者与饭店方面缔结的是联票合同，那么，其即成为饭店代理商，便不能再充当客方代理人。本案的要点在于旅行社承包了该团体的全部旅游活动，所以，饭店指控的对象应为旅行社。

5．判决（2）

终审判决：推翻一审判决，驳回饭店方面的起诉。

6．提示（2）

首先，就本次旅游而言，客方与旅行社方面已签有承包契约，并在此基础上展开全面业务活动，故此，饭店的契约对象不是客人，而是旅行社。至于“承包”和“中间”之分，在于前者是契约合同的内在形式，“中间”是其外部形式，二者并不相斥。旅行社业的存在意义尤在于前者。

其次，是有关承包与报酬之间关系的问题。这里有两个概念要明确，一个是法律上的报酬，一个是经济上的报酬。前者所指的是“客人支付的全部费用”，后者则指旅行社业者将这些费用大部分用于旅游交通、住宿等之后，手中余存的“手续费”。

末　章

危机必然来临，所以……

——《易经》六十四卦序对危机服务的启示

《易经》六十四卦序给我们一些很好的启示。众所周知，《易经》是我国最古老的经典，也是先贤们大智慧的结晶。六十四卦道尽天理人道，不失为一部在大系统中处理危机的好教材。其顺序排列，既有宏观的视野、系统的思维，又有辩证的逻辑，值得每个饭店人用心研读。当然，这不是因为它发明了什么，而是因为它有所发现。饭店运作的现实、服务与管理的“危机”及其与之相应的“危机服务”，尽在其中矣！

把“杯水”倒进“江湖”里

饭店的危机及相应的危机服务，无一不是大事，并且，它们自成体系。但如果我们因此而认为这个体系具有完全的“独立性格”，那么，结果将是负面的，就如你说饭店某一部门的作用大于另一个部门会引发经营运作思想的混乱一样。眉毛、头发跟眼睛、鼻子相比哪个重要？似乎后者重要，其实一样。或许你会说，没有眼睛、鼻子人会死，但我强调，没有眉毛、头发，可能带来终生烦恼，甚至让你生不如死。

如此说来，饭店服务的整体，就相当于奔流不息、险象环生、百溪归流的一条大江、一个大湖，饭店危机与危机服务，则是一杯水。一杯水或能救命，但只能救一次或几次。因此，只有把它放进大江、大湖里，才有永续的生命，才能发挥保驾护航的作用。

那么，怎样描述这“江湖”与“杯水”呢？

《易经》六十四卦序：一部服务与危机服务关系的系统指南

《易经》六十四卦序给我们一些很好的启示。众所周知，《易经》是我国最古老的经典，也是先贤们大智慧的结晶。六十四卦道尽天理人道，不失为一部在大系统中处理危机的好教材。其顺序排列，既有宏观的视野、系统的思维，又有辩证的逻辑，值得每个饭店人用心研读。当然，这不是因为它发明了什么，而是因为它有所发现。饭店运作的现实、服务与管理的“危机”及其与之相应的“危机服务”，尽在其中矣！

《易经》前三十卦称上经，主要揭示事业成长跟经营者、管理者（危机处理者）的关系。很多提示不仅值得借鉴，更有必要时时谨记。兢兢业业地做事，变中求静，静中求变。只要你认真揣摩，肯定会受益。积极、向上，在哪里摔倒就在哪里爬起来是其核心。

三十一卦起被称作下经，着眼点在危机处理者、经营者自身，是人生经，又是人伦经，是每个人成长路径的辩证指南。

任何事业的经营、管理，归根到底都是以人为本的活动！不仅是本，甚至可以说是全部，尤其在饭店服务业。反过来说，人的成长路径，自然也就是事业成长的路径。

现在，我们将“杯水”倒进“江湖”里。

“乾坤”观：危机服务的基础观

《易经》第一卦“乾”为天，第二卦“坤”为地，有天地，然后万物生，天地之间为万物所充盈。这是一个大视野，所讲的是每个饭店人及每家饭店都有其生存发展的机会和条件。

天地给人的机会是均等的，关键是要有做好的信心。

执著最重要，但动机纯正更重要。不执著或动机不纯，可能就没有圆满的结果了。要切切实实地将自己的能力投入到行动之中。就是我们平时常说的：要有想法，更要有办法。

这是关于饭店市场与经营观的总卦，是个积极的卦象。

英美两国鞋商为开发非洲某地的鞋业市场，各派一调研员赴现场考察。两人到达目的地后，发现当地人都赤足。于是，分别向本部发回了传真。英国人道：“非洲无鞋业市场，此地人赤足成习。”美国人道：“非洲鞋业市场前景无量，现尚无人穿鞋。”心态不同，市场观不同，卦象结果显见。大庆铁人王进喜曾说：“有条件要上，没有条件，创造条件也要上。”创造条件，就是积极寻找支持，找能源，追求阳光。

发挥主观能动性，是乾坤二卦给人的最核心启迪。上至饭店业主、总经理、部门经理，下至普通员工，都可以由此卦象中获益。信心、市场调研、工作计划、服务意识等等都是这种积极性的科学化结果。总之，此卦提示你，你所希望的一切都有成功的可能。

只要找准方向，坚持，坚持，再坚持，一准能成。这是任何危机服务的基本观。

初出茅庐

第三卦的“屯”字的形象是一根草，下边结出根须，上边萌芽初现，表示万物或事业开始生长。饭店破土动工或开始筹备，你刚刚入饭店办理劳动手续或刚刚晋升为经理，都适合于这一卦象，意为“物之始生”。

天地生机酝酿于寒冬，草木萌芽起始于冰雪，但却生机蓬勃。不过，也充满艰难，因为刚“萌芽”，非常脆弱，所以，不可轻举妄动。

第四卦是“蒙”。种子落地刚发芽为蒙，意为事物尚处于幼稚的、启蒙的阶段。

幼稚阶段要怎样？要养育。市场刚刚开发出来，客源刚刚明确或你刚刚接受一项工作，都必须经过养育的过程。心浮气躁，要一口吃个胖子，不死也病。比如，客源还没稳定就要涨价，就要挥刀斩客，营销必败。又如，让你当经理，又说只给你一个月的试用期，营业搞不好（营业额不达标）就免职云云，显然不正常，因为失了养育之道。没有谁能保证在一个月内改变一个市场。

所以，这一卦要求我们在纯正的动机和科学的方法前提下，进行系统的、持续的工作，持之以恒仍最重要。如何养育呢？且看下卦。

循序渐进

第五卦“需”。需者，饮食之道。

跟养育婴儿一样，先要吃饱，再求吃好，身体弱了，求食补，病了，求药补，养精蓄锐。这里的学问就大了。当然，首先弄清需要什么。客人需要什么，员工需要什么，公司硬件哪里必须完善，或软件工程要怎样建设才能满足市场档次要求等等，无一不在考虑之中。弄清这些，然后对症下药，量体裁衣，循序渐进，步步为营。故，此为基础建设之卦。它一边有物之刚健的基础，一边又面临险阻。所以，不可贸贸然。

要养，要等待时机，所谓磨刀不误砍柴工，百忍成金，是也。

进入角色的危机

第六卦“讼”。讼，就是斗争、争吵，打官司。

开业，生存下来了或为了生存得更好，就得努力争取更多的阳光、养分。比如，获取了50%的市场份额，还要得到60%的。怎么办？就得争。职位的升降、工资奖金的多少、部门之间的平衡、同事之间或上下级之间的摩擦等，都发生在此阶段。

这一卦象显示，你所面临的，既有上进的基础和机会，又有阴谋和陷阱的阻碍。

自以为是，逞强好胜，往往会蒙羞，招致伤害。所以，应注意自省，把握中庸之道，以至中至正为为人处世的根本。总之，自然才好。若一味争讼，即使可得一时之利，也不会长久。

不过，有些事，是不以个人的意志为转移的，无论你争讼与否，物以类聚，人以群分，不同的用心终会在方方面面作用于人际关系，于是，必然形成营垒，形成派系，管理学上所说的“非规范组织”，便是指这类。“统一战线”思想也由此而出。所以，要懂得建立“人脉”、“市脉”。

危机服务之势

第七卦“师”。师就是群体，就是众人。

管理、组织系统的建设，管理者（危机处理者）个人能力的发挥，在这个阶段显得至关重要。公司何以兴？就在于能否在此时形成群体精神、团队意识，即处理好“出师攘外”之前的内部问题。关键在于形成企业文化的向心性、一致性、积极性。

一位日本人和一位法国人进山打猎，没找到猎物，就脱下鞋，在山间小溪里纳凉。忽然，远处豹吼，见一只豹子朝他们跑来。法国人拔腿就跑，日本人则穿上鞋子再跑。他们都脱离了险境。事后，法国人问日本人：“在那么危急的情况下，你为什么还要穿鞋？”日本人答道：“我们的目标不一样，你的目标是豹子，我的目标是你，只要超过你，就会脱险，因为豹子吃了一个人就足够了。”这是思维取向的问题，是目标定位的问题。

师卦的含义，就是要求我们获得组织层面的成功，并借此结成统一对外的铁壁铜墙。至少也要在观念、意识上，实现这个目标。所以，有两点很重要：一是纪律严明，办法科学，不可刚愎自用；二是安全为重，统一指挥，协调调度，不能重用小人。即使小人有了功劳，也不能让他们握有大权。以上由第一卦之乾至第七卦之师，揭示了由创业期到发展期的过渡状况，特征是大动大乱。

不过，当你经受了这场考验，事业就将进入繁荣期，反过来，就会归于失败，只好另起炉灶了。换言之，第七卦师获成功，就进入第八卦“比”。

比，就是一个人在前边走，另一个人在后边跟，标志着统一战线已经建立，团体意识已经形成。集体的力量是无穷的，众人拾柴火焰高。

当然，比，又有比较的意思。虽然大势所趋，大局已定，但并不能保证内部没有分歧，辩证地说，分歧的存在是必然的，所以有斗争中求团结之说。总的说，要在这一阶段体现出互相辅助的原则，以人为本，以诚为根，积极主动。同时，动机必须纯正，择善固执，远恶亲善，宽宏无私，包容而不强求，一贯始终。

守成的态度

这样的结果，才有第九卦“小畜”。

小畜，指生活或基本建设方面有了一定的积蓄、积累。比如，最起码的肚子（吃饭）问题可以解决了，工作取得了一定的进展。但成长过程中，有时候还会因为力量不足而不得不停滞。不过，这不是退步而是喘口气，积蓄新的力气。所以，要对这一步有信心，一本初衷，全力以赴地做事。

这一阶段切忌贪得无厌，要适可而止。如老子所谓“满招损，谦受益”。

这算得上是一个好卦——大家的事情大家做，有所成就也是必然的。

可问题又来了：如何守成？如何持续发展？

我们进入第十卦“履”。履是鞋子，或作行、走路讲，所以是关于礼的约束之卦。

物质文明取得成就之后，精神文明当然要跟上，所谓“仓廪实而知礼节，衣食足而知荣辱”，若无法跟上，就充满危机了。

这是个实践的卦，事非经过不知难，要具体地实施，才会有收获。

经营模式、管理方法、督导观念、行为准则的系统都是在此基础之上建立起来的。星级标准的导入也适于此阶段。这些都是为了发挥礼的约束作用。

同时，它又涉及到人性假设。管理学的原理被发现，起于对私心的研究，经济学则源于对有限物质的占有欲的研究。最终，这一卦指导人们走规范、合辙的道路。企业管理标准化、规范化、操作程序化都属此卦，反不正当竞争、多劳多得等原则也须赖此得以维护。

高素质人才、高知识水准应该在此阶段发挥作用。这里的要点，是小心翼翼，坚定信念，以柔克刚，不可一意孤行。要甘于寂寞，量力守分，不逞强冒进。

泰极否来之下的危机服务

前边的事情都做圆满了，会出现第十一卦的景象——泰。泰是安定的结果，是太平，是舒服，是顺利，也是自由平等。

生意走向高峰期，营业额不薄，员工收入也好，社会效应不错；或者是你升任经理之后，路子走得很顺；或是一项政策的推出达到了预期效果；或是某一项目的投资获得了较好的回报，都在此卦里边。王道坦坦，畅通无阻。

至此，我们走出了创业的艰难。

但不要高兴得太早，创业艰难，守成更不容易。所以，这一阶段的要点更在于如何从安定中求得进步，以攻为守。市场营销学上讲，每一年中，饭店都会失去 20% 左右的客户，换言之，每年至少要发展 20% 以上的客户，才能有新的建树。另外，我们还可能在这一阶段遇到衰落的威胁。其实这也是必然。如果我们能够预知，那么，或为避免走下坡路而积极行动，或因势利导以减轻损失。此时要注意：逞强则加速死亡，是谓物极必反。

人无千日好，花无百日红，事业不可能永远通泰。

所以，最好的景象之后，往往是第十二卦“否”。

否极泰来，泰极否来，道理一样，要特别小心。

一位朋友要去接任一家业绩非常好的公司总经理位子，我劝他小心，事情不好做，因为那里好到了顶点，再努力也难在短期内有大开拓。相反，当另一位朋友为即将接任一家出租率不足 20% 的饭店总经理位子而苦恼时，我劝他乐观一些：否极泰来。按目前市场看，20% 已是最低点了，只要做到 21% 就有成绩。企业经营者都得有这样的心计，做事如此，做人也一样。

这个时期，应先求巩固团结，弘扬正气，把握好自己的立场。同时知道，势为必然，人力难以挽回，坦然承受，以求自保，避免无谓的牺牲。这时该抓人的问题。交朋友，找能人，组合志同道合、有效运作的人事班子，丢掉包袱，从零点做起。

收复失地

这就到了第十三卦“同人”。

有了同人，就有了信心。人不会永远倒霉的！要坚信这点。经营饭店也好，别的什么事业也好，有起伏是正常的。这是市场的规律。“与人同者，物必归之”，令邪恶屈服，果敢排除障碍，牺牲小我，完成大我，先苦而后甜。这里要忌讳两点：一是同流合污，二是自命清高。

只要用人得当，把握得体，事业就会进入第十四卦“大有”。

“与人同”，是在考虑人人为我的同时，关注我为人人，在要求别人给你什么之前，先考虑你能给别人什么，以诚心沟通上下，以信誉确保秩序，以善意与人和同。这是一种经营者、管理者（危机处理者）应有的大胸襟。它将是公平、公正精神的体现，也应是廉明内敛的体现。

如此，就有了朋友，有了支持者、拥护者，有了很多好的因素。是谓大有。

饭店经营，事业运作，归根结蒂，是做人的问题，包括你的员工，你的顾客。

所以，人总是第一要素。

永恒的利益

接下来是第十五卦“谦”。谦，谦虚，谦让，讲究平等，只问耕耘，不问收获，以德服人。

这里边，最重要的一点是谦虚必须有实质内容，否则就是虚伪的。但，人有了很多支持者，常常易受娇惯，表现出自满。你会以为得罪一位客人无所谓，反正生意依然好得很。你会以为自己是老板的大红人，不把他人放在眼里。你会以为市场总是偏爱于你的，于是放松了市场开拓。这都是让你落水的因素。所以，孔子讲：“有大者不可以盈。”反过来，“有大而能谦，必豫。”

豫，是舒服、自然、悠然。“豫”是第十六卦。

这一卦关乎事业经营者个人的形象，也关乎事业自身的形象，C I 策划，就含有此卦的意义。要一贯维护形象——谦的形象，不以物喜，不以己悲，自然能获得平安、长久。

但动荡的市场现实提醒人们，舒服的日子不能过得长久。歌舞升平的日子一久，内部就会出问题。没有不出问题的：租期到了，折旧期到了，股东会议要求管理者（危机处理者）提高经营指标，新人得不到提升机会等等。

新一轮危机服务

于是，有第十七卦“随”——反面的东西时时找空子“追随”于你，“随便”之意渐起：失去了追求的新目标或只守不攻，或自以为满足、稳固，“随他人如何”，或不再想动脑筋做事，“随意懒散”。经营者、管理者（危机处理者）若对此种现象置若罔闻，则会受意外的折磨，因为人与人之间不可能永远没有冲突。

注意，这时必须舍弃个人私心、私利，随合众意，以维系安全的局面。这里还要注意到一种人——“以喜随人者”。你的业绩蒸蒸日上之时，你志得意满之际，总会有更多的人想跟随身后，想随便获得些什么，而且这种人会越来越多。请你招待的，想加入你公司的，想拉你的广告的，想做你的装修工程的。需要小心。

不过，“随”之情又常常防不胜防——总有些人会投你所好。所以，第十八卦为“蛊”。

蛊，本是一种虫子。虫子多了，当然不会有好事，人会昏头昏脑的。它的作用叫蛊惑。但千万不要怕蛊，不要怕事，更不必怕人，怕就有鬼了。

你要说：有事才需要我，天生我才必有用。这是一种本事，一种积极心态。以此心态配合“我为人人”做事的胸襟，就能引导局面由“多难”走向“多益”，发挥众人能量，将蛋糕做大，这样，大家都有份了。这是一个值得冒险的阶段，胜败在此一举。找到有力的帮手，使用能人，培养后备军，作持久战的准备；坚持原则，一贯到底。

于是，出现第十九卦“临”。临，就是延伸、扩展、壮大、推动，是一个领导卦。

要讲统御才能，运用集体的力量。这个时机稍纵即逝，所以，务必把握好。要求你增强自己的人格魅力，掌握宽严并济的管理艺术。如此，就可以壮大了，壮大了，你的危机又过去了——“物大然后可观”。

第二十卦为“观”——可观，受重视，受瞩目，对事业如此，在市场亦然。

店铺默默无闻地偏居深巷子里，又没人喊，当然没有人知道。又比如，一棵树在林子里，没人注意，而一旦把它栽到故宫门口，一经岁月催发，就成了照相取景的对象了。因为它“大”了，可观了。公司上因特网，上 NEC 网，上各种类型的预订网，都是为了可观。提高产品档次、生产规模、规范度，都是为了可观。大的意义在于广而告之，形成大市场认可的良性循环局面。回头客的卦象也体现于此。

当然，这里的大不仅仅是物理上的大，还包含内在深度、有效的影响力及规范程度。麦当劳快餐馆的规模有大有小，但即使小的，也让人不敢小看，因为它们的规范程度相当高。规范程度越高，安全性也越高。所以，吃大家的麦当劳与吃小家的麦当劳不会有什么不同。

同时，本卦还揭示了刑罚的原则：要使一切获得真正的保障，就必须立法建制，为保持秩序，亦应不惜采取刑罚手段。要坚决、果断。此亦致大者也。

再上层楼

观卦之后是第二十一卦“噬嗑”。噬嗑是嘴咬下的意思，是啃，是相合。

有了可观之处，服务好、设施好、方便、价格合理，自然吸引人，自然人缘好，自然有生意。这就是“合”的方向。但是，合不是苟合，苟合就没有意义了。这是要警惕的。另外要提高警惕的是，管理者（危机处理者）的一举一动将成为全企业员工的焦点，所以不可掉以轻心。同时管理者要有主见，对上对下对事对物都要有主见。

第二十二卦“贲”紧跟其上。贲，饰也，装饰、文化、文明。

这是个礼仪之卦。显然，上边的苟合，就是不讲究艺术，不讲究美了。企业有了生意，就觉得ＣＩ可以放松了，墙纸破了，随便找一块补一补，广告也做得少了，维护维修也忽略了，人事班子的组合也不讲究最佳配置了，反正还能凑合。在承租式经营管理状况下，企业常可能在合同期到时，风采也被耗尽了。

苟合，还有时是指各种过度的情况。如太有钱了，灯是水晶的，餐具是镀金的，墙是高级大理石的，一切都好，就是放在一起不谐调，反而没了档次，像暴发户一样，这也叫作苟合。要特别警惕。这是考验你的境界的时候。通过了，就能够发展上去，没通过，就会走下坡路。企业向上，大目标乃是走向艺术的境界。建设文化的底蕴，要追求深厚的内涵。把握适可而止的技巧，懂得拒绝，避免陷入烦琐和空虚。管理讲艺术，经营讲科学，服务讲求美。有了艺术性的“合”，就有味道，有品位了。此谓企业（公司）文明，也是都市文明的点睛之笔。

风波再起

但追求这些也不能过头。

第二十三卦“剥”，讲的是“致饰然后亨”，亨通了，就到了尽头路，过分注重形式，就开始产生腐败了，小人得势，君子受挤压。

这一阶段，要注意自保，千万别走火入魔，偏离正道了。

经营是来不得半点虚饰的：市场用户的眼睛是雪亮的，谁也骗不了谁。要实实在在地付出。有文化有内涵有价值，物有所值才有成就。否则，就“剥”了，物极必反，慢慢地剥脱，没毛的凤凰比鸡还难看。在我国各行业中，过度注重形式而导致失败的例子不少。这是一个恶性循环的卦，而且，从此之后，循环频率会不断提高，周期会越来越短，情况会越来越复杂。

不过别怕，如果你能反其道而用之，适度而中庸，又会有好成果，就是第二十四卦“复”。

复，就是翻然悔悟，走上复兴之道。

受到打击时，人会有种种反应，但反应的程度有所不同，有的激烈，有的隐忍。在经营上也如此，表面上一切都好，实际上可能已有什么发生了，等显现出来，生米做成熟饭，覆水难收了。营业额高或低，可能都有问题。所以，作为经营者、管理者（危机处理者），一定要训练自己对任何变化的敏感性。

感觉到问题了，如何做？自我反省，重新编制开发计划，重新展开攻势。这阶段，根绝过去的错误最重要。在战术上，宜从反腐倡廉开始，不计个人得失。能做到这点，大吉；做不到这点，大凶。这个过程是第二十五卦“无妄”，结果也是无妄——没有过分的东西。

不虚伪，实实在在地落实，实实在在地收获。这样的努力，总会有助于你。

以车代步的心理

有了新的起色，发展自然更大了。最后的发展的结果，叫“大畜”，为第二十六卦。

经营至此，真高兴，真累，真想休息，真想享受，而且自认为有资本，有资格。

这又是一个危险期。

收获多了欲望也大了，所以，面临的危险也大了。这时，你不是固步不前，而要采取老子的“止而不止”的疏导方法，让自己的东西流进来。切忌过度，一切以中庸自然为原则。

由此，进入第二十七卦“颐”。颐者养也。

这是自然的。不仅养自己，也养育很多人。事业壮大了，如制造业，就带动了相关的销售、配件、原料加工等产业的发展。又如饭店业，就会有周边的餐馆、酒吧、夜总会等跟着发展的情形，一大批人因你的发展而有了工作。但此时一定要注意独立，千万不要让别人来养你。必要时，可以光明正大地采取“取之于民，用之于民”的策略，权宜行事。但出发点一定要正确。这一阶段容易发生的错误是沾沾自喜，不思进取或恐惧畏缩，患得患失。

若此，结果怎样？往往真地出错——以往的基础牢固时，或可以照旧维持一段时期；基础不牢者就惨了，所谓病来如山倒。

阴沟里翻船与柳暗花明

太舒服了，不能自已了，要小心这时的第二十八卦“大过”。

过在哪里？浪费、奢侈、炫耀。这是必遭天谴之卦。道理很简单，什么都有了，所谓万事俱备，就产生了活思想，有些不安分了，直至采取一些非常行动去实现“理想”。如上一个大项目，或个人有了大野心，必然有危机。所以，在这个时候，一定要慎重地思索，审时度势，一不能过度自负，二不能纵容恶人，免受牵累，三要使用正确的手段。不然，会跌得很惨。这个阶段走得好了，“大过”之期就过去了。

大过之后，又将有循环的生机出现。但人的劣根性常令人不愿爬出安乐窝，或者受挫后一蹶不振，或者难以凭自身力量突破艰难险阻。此时要坚定，要刚。这是表现你诚信的最佳时机，表现你高尚行为的最佳时机。要明察，避免陷入陷阱；若已陷入陷阱，不要操之过急，要逐步脱险。在做法上，可以不拘常理，运用智慧求得解脱。读书、学习很重要，学以致用更重要。利用一切可以利用的机会，爬出坑地，不求最好，只求更好，爬得出来就好了。爬不出来，就算到了一坎，到了塌陷的阶段。

这是具有阶段性意义的一卦——第二十九卦“坎”。坎，就是陷。

陷了也好，撞到南墙，于是有可能回头了，见到棺材，有可能落泪了。摇摇欲坠之际，跟着坠下去？不能！要爬起来，爬出来就有好处，因为迎接你的，是第三十卦“离”。离，丽也，是太阳又一次从东方升起的卦象。

朝阳无限，前程似锦，新的生活开始了。事业再次汲取到了生命之露。但方法上都要讲究。这又是一个表示攀附的卦，就是说，在这一阶段，要找依托，找靠山，但应注意，千万别起乘人之危之心，要找强者，同时，断然踢开绊脚石，总的策略是“有限宽容”。

回归本分

“咸”卦是下经的第一卦，为第三十一卦。

咸，是感的意思。感字去掉心，就是咸字，表示一种“无心的感应”，就像少男少女一见钟情一样。强调了自然、平等、一致。要致力于感动他人，包容他人，扩大爱，建立和谐的人际关系；忌孤僻冷漠，封闭自己；防备花言巧语的小人行径。这是个一体化的卦，也是关于婚姻的卦。

第三十二卦为“恒”，意为经常、恒久。

它旨在揭示一种由人伦而起的人际社会关系的总原则。有天地，然后有万物，这是乾坤大法。有万物，然后有男女，这是自然。有男女，然后有夫妻，然后有父子，这是社会与自然的进化法则。亦如事业投资，自然有业主，有总公司（母公司）、子公司，都不违背自然规律。这是大框子。

再有父子天伦，然后有君臣制度，再依君臣制度，分出等级名分，最后建立并实施礼仪。这是大框子里边的微观规则，是不变的，恒久的，不能乱，一旦错乱，就失败了。事业建设的等级制度、礼仪训练、制服的区分制作，都充分反映出这种规则。如果总经理指挥不动部门经理，就“礼崩乐坏”了，要么是体制出了问题，要么是个人出了问题，肯定有问题。同时，每个操作步骤的顺序也不能错位，因岗设人的做法顺应了此原则，一旦反过来，因人设岗，就有问题了。这些都是礼仪规则，礼仪是使人与人之间的沟通在等级关系网中畅行的道具，失礼少礼的人令人讨厌，没规没矩的集体必然失败。

这是每位经营者都了解的。

防患于未然

咸也好，恒也好，都如夫妻的结合一样，不是一朝一夕的，一旦成为夫妻，就应包涵，应合作、配合，否则，两败俱伤。但同时也应清醒地认识到，真正不变的现象是没有的，永远维持原状的物体是没有的。动荡会出现，小人会出现。

所以，接下来是一个表面繁荣状态之下隐藏着不安的卦象，即第三十三卦“遁”。

遁，退，退隐、回避、退避。不过，这不是消极的逃跑，而是积极地等待最有利的时机。遇有机会，不可迟疑，没有机会，不可妄动。自己了解自己，知道该不该做、应不应做、能不能做，不行，就让就退，见好就收。批评人家，不能搞到人家全无斗志或寻死寻活的；表扬人家，不能让人家觉得肉麻。知退，功成名就，全身而退，是吉利的。年老了，将事业给年轻人，也是吉利的。这些都是遁的道理。

积极的遁，结果是第三十四卦“大壮”。

出于公正、自知知人的退让必将带来企业的大发展。壮，是有力的象征。当然，仅仅有力还不够，还要有身心共同的进步。要心正，讲究量力行事，不可恃强任性，更要意识到盛极而衰的必然，因为艰难的时刻已经到来，力求自保为上。

学习与革新

如此，便有第三十五卦“晋”。

要求进步，努力学习，取得性命双修的真正成长，是自保的最积极办法。所以，它又是一个学习卦。然而，随着实践力的增强、学识的增强、能力的增强，必然会发现很多不合适、不合理、不合时的东西，于是，要改革。

这便出现第三十六卦“明夷”。夷，是受伤、破坏的意思。

破坏掉旧的东西。这是一个革命卦，一个进步卦。但要前进总会有危险。尤其当自己的力量不够时，努力的结果可能导致彻底失败或无谓的牺牲。所以，进行改革时，还要注意收敛锋芒，韬光养晦，待机而动，是谓“用晦而明”。亦可以考虑采取非常手段，但要稳。切记，革命是柄双刃剑，在伤及他人他事的同时，也可能伤到自己。就是说，遭受创伤的人与给人创伤的人，位置不会一成不变。每个人都有受伤的时候，工作如此，生活也如此。怎么办？

温暖的“家人”与窝里反的“睽”

第三十七卦“家人”告诉我们：“伤于外者必返其家。”

要为企业每位员工创造出家的温馨，一种叫“委屈奖”的措施就反映了这种心思。要使他们有一个归属感、家庭感。实际上这也是经营者、管理者（危机处理者）为自己造窝，连家都不爱的人，还能爱企业吗？那么，这个窝要怎样才能造好呢？保持中庸。好不能好到极点，好到共产主义；坏也不能坏到过分。工资太高太低都有危险。太高者，高到不能再高时怎么办？忽然因经营状况不佳落下来怎么办？只能滋生“救火”意识，增加短期行为。太低就留不住人了。这里很有学问。

第三十八卦“睽”，在“家人”之后虎视眈眈。

睽，反目的意思，指发生乖违现象，不合了，离异了。发生乖违现象就要出乱子了，而且常常不可收拾。乖违，说到事业上的行事，指不合情理的情形，如无故扣发员工餐食补贴、拖欠工资、奖劣罚优、老实人不得志等等；说到个人行事，就是乖张、个性偏激。所以，得顾全大局，求大同存小异。切忌互相猜忌。猜忌是这一阶段的最大敌人。不注意这点，必然会引发不好的结果。

平衡

这结果是第三十九卦“蹇”。蹇就是灾难，本意是跛脚，受了伤，寸步难行。

这一阶段，要注意采取以柔克刚的策略；必须冒险时，要调动同志的力量，发挥人格的魅力。否则，只有更惨。但话又说回来，万物不可能始终处在灾难之中。事业经营实在难以维持，还可以转卖、合股、委托管理、改变功能，总有办法使无用变有用。

这就是第四十卦“解”。穷则思变，困则思变，以求缓和危机，解除穷困，改变命运。

解者，缓也。缓是急的反意表现。从前的穷困与危机可能就是急躁所致，偏激所致。但也不能矫枉过正，走上另一个极端：原地踏步，畏首畏尾，一朝被蛇咬，十年怕井绳了。

就是说，此一阶段的另一面危险来自缓慢。迟缓推脱，或把机会拖丢，或把问题拖大，一样会误事。古人讲“秀才造反，十年不成”，就是这回事。

因此，在此阶段采取断然措施，严加整治，非常必要。但要整治，就会有牺牲，所以，第四十一卦是“损”。损，损失了，败了，当然晦气。

但一方损失了，自然就有受益的一方；在你自己而言，在这方面受损了，可能在另一方面受益了。所以，这时的计较，有必要以相对的和辩证的观点来判断，即使因缓而损，也要认识到缓也有其可取之处；反过来，可取的、得意的、得志的东西，也可能成为你重蹈覆辙的根由。

因此，上边的情形是关于“损”的注释，也是对于第四十二卦“益”的理解。

很多人学历史只注重某人之所以失败，然后戒之，反其道而行之，却忽略了某人的成功经验对其后来失败的影响，而后者在现实中往往更具实用价值。

还是老话，得意的顶点，就是崩溃的起点。固守已成功的老办法、迷信于某一家成功者的模式、照搬书本上的东西来用，有其“益”的路子，有价值，殊不知，它同时也能带来“损”。不能小看这个损，因为它已经升级了。

柔中有刚又一春

这升级了的东西，就是第四十三卦“夬”。夬，决也，指断了，崩溃了。

过度增益，过分贪婪，必然适得其反。所以，此卦要求渐变，要明修栈道，暗渡陈仓，要绝断小人。但变化已经发生，可能一朝起来，一切都断了，崩溃了，如何办？惊慌失措？照旧苦撑？都不好。好的做法是运用智慧细加分析，明确地、果断地中止它，进行改革。

当然，能柔则柔。

这是管理者（危机处理者）的工作作风问题。

这样，不需太久，你就会看到一个你不曾看到过的新景象：一个新环境、新心情出现了。

这是第四十四卦“姤”。姤，即遘，邂逅、不期而遇之意。

让你惊喜，让你忧。姤卦是阴阳相交的卦。一切都在辩证之中。新景象、新环境、新心情的出现，要求你以新的措施去应对。“一朝天子一朝臣”道破了此卦的关键。

这一阶段的战略原则是以不变应万变，顾客至上、员工至上、服务第一等等，都是不变的经营战略原则。而针对具体客人就要有个性了，此之谓个性化服务。个性化的东西就是以变应变，用来支持总的不变的原则，这是战术原则。这时，你的关注点必须放在如何支配与运用新聚来的各种力量方面，因为“物相遇而后聚”。新的东西必然有新的遭遇、新的结合。

不过，谁也无法说，人们一定会遇上好的东西，也许会与邪恶相遇，故应高度警惕,发现坏苗头,严厉禁止,围追堵截,避免扩散；即使我们不幸陷入困境，也不可以借力于邪恶的力量，而要变邪恶力量为正道所用。

接下来的，是第四十五卦“萃”。萃还是聚，是遇到志同道合者之后的景象，是创业的又一春的景象。

青春可人。你利用好了，活用了人力与物力资源，这盘棋就活了。

但要警惕一点：动机要纯。转回来讲事业经营。任何经营归根到底都是人的经营，只要你把握了人，就能够做起事来，就有春意盎然的景象。

“升”与“困”中的人才观

第四十六卦是“升”。

人气旺盛，是餐厅追求的第一目标，餐厅的特色只能从人气角度体现，没人来吃就没有任何意义。这是萃而升的现象。

当然，觉得自己力量不足，找帮手一道干，也是萃。自己的资金不足，发行股票或通过合资及其他形式扩大资本金，也是萃。个人管理能力、经营水平的提高，即个人力量的增强，从员工而主管而经理，也是萃。萃，然后升，相辅相成。

升只是开始。有了开始，就有终结。升也有限度。

已经有总经理在有效地主持工作了，你就不要过分地、无理地抢班夺权了。升的结局或在过程中，将遇到困难，遇到新的阻力。这些阻力甚至可能是原来的支持力量。毕竟情况有了变化，你不要怪别人。一家企业总经理因工作调动而将离开原岗位，原来的一位下属立即改换门庭，听命于曾与该总经理关系不好的副总，做些令这位总经理没面子的事。孰料事情又变，该总经理的调转令取消，仍在原岗任职。这位部门经理很惊慌。抛开人格因素不说，相对于这位部门经理的作为而言，该总经理是遇到新困惑。好在他能理解，并在一次会上直接告诉大家：“生存与发展是人的基本需求，无可厚非。”

同样，这也必然造成那位部门经理在今后升迁路上的新困惑。困惑多了，就有危机了。

《易经》为这种现象排出了第四十七卦“困”。

仍以上边的例子讲，此困不解，总经理、副总、部门经理三位都将陷入不幸，三败俱伤，企业自然也遭殃，因为上行下效的力量是无穷的。推而广之，任何时候，在人生的或事业的顶峰上遇到困难又不能解脱，都会影响成绩，而且，绝不会再上升，而只能下降，有时甚至会下降得很厉害，直降到“井”里。这是第四十八卦——井。业绩下降时，即使你仍居总经理位置，也是下降。又如，你由副经理升到经理职务，却不为大家拥戴，还是下降。到了这个地步，你要品尝的将是井中滋味。上不去，下不来，四面楚歌。

所以，为人为事，慎之又慎啊！这一卦要求我们：处于穷困中，必须起用贤能，不要浪费人力资源；作为受用的人，更要诚心诚意，全力以赴，自觉进步。否则，船和船中的一切都将遭淘汰。

改变从我开始

面对这人生路上的死门，办法只有一个：第四十九卦“革”。

革，就是打破自己为自己制作的束缚，打破别人为自己造成的困惑，打破环境的不利因素，尤其要彻底根除腐败的迹象。它是一个革命卦。革自己的命，革他人的命，革环境的命。每一次市场促销活动，每一个新管理文件的出台都可能是一场革命。不过，必须清醒认识到，革命不是拼命，不是一朝一夕实现改朝换代。没有一位企业总经理的工作能一步登天，由地而天必须有一个过程。还要强调渐变是根本，突变是结果，孤立的突变是没有的。所以，应先求巩固自己，再发动革命。革命中，亦应以身作则。

员工训练课程中有一个项目叫应变能力训练。

训练什么？训练紧急状况下的应对方法。这其实是一个马后炮式的课题，在讲应对变化之前，更重要的，是讲如何不使这些问题出现。这是个关系乾坤的问题，是心态问题。企业要实现无差错服务、超前服务，就是要减少应急的现象。退而言之，紧急状况的出现也断不可能是单一因素造成的。如客人投诉服务质量，从经验中，我们能够发现，真正的投诉原因，除去客人提出的现象之外，必然有别的双方都没注意的隐而未现的东西，如沟通环节处理失当、努力不够、失礼等等。就是说，投诉，乃是各种使客人不满的因素相加积累起来之后，形成的爆发性结果。又如，一些措施在甲用来可以，乙用了就不行，原因是甲已经培养了该措施成功所需的条件，乙则没有。任何事变都是多因素渐变的结果。必定如此。

所以，革卦之后，是第五十卦“鼎”。鼎，锅、熔炉也。

鼎卦，蕴涵着养贤蓄贤的道理，也揭示了革命成败的秘密：其一，渐变，要如熔化钢铁一样，火候到了才可以；其二，彻底摧毁、再建，将所有东西都放进炉中，重新炼化一番，再进行铸造。而无论一二，都必须有人才。现代人常将“鼎革”作为一个词来讲，含义很深刻的。

补充一点，前边井卦的另一重含义，还有井水的说法。井水之所以能清澄，乃在于被经常淘用。淘用也是革新，也是鼎革。自井至鼎，乃是革命的不断升温。升温说明什么？动荡。这也恰是革命的特征。无论怎样形成的革命，都将引起动荡。程度深的，如企业易主，总经理易人，管理方式改变；浅的如一道新政令被公布，一个新人被提拔到领班位置上，都会引起变动。好的坏的都有。

动静自如

这就是第五十一卦“震”。震就是动，动荡。

“物不可以终动”。三天改一个政策，五天换一个经理，这样的企业非乱不可。人员流动是目前行业人士普遍感到头痛的问题。流动是好是坏？以个人兜里的钱作比喻：有钱，却将它放在兜里不动，不好，因为此时，钱就是纸张。必须动——流通，通过动来获得个人的种种满足。有出，有进，这是好的有益的动。但若不停地动，手头的钱只有出项而没有进项就惨了。囊中羞涩，当然不好了。至少兜里要有一些稳定的钱以备不时之需才好。这是经济学。人员流动也一样，必须采取措施，确保员工流失率不致过高。

这便到了第五十二卦“艮”。艮，止的意思。

优秀人士为人做事知道适可而止。适可，就是把握适合动作的时机，就是见好就收，不贪。艮字本来的形象是山，如山一样稳定下来。管理学上称之为指挥若定。一般服务也如此。比如饭店接待一个大型会议，当然要根据客户要求对原有会议场所、人员、用具、环境做各种设计、改动。这是动。但一等会议结束，这种动就必须停止，要恢复。否则就乱了。某家企业的门口在艳阳之日放着一块“雨天路滑,小心脚下”的牌子,更有几家企业在6月份还能看到“欢度五一”的横额。这都是管理不善的标志，有动无静或有静无动。

不过，这个止不是止步不前，不是原地不动，不是死。山静静地矗立在那里，表面不动，其实，内在也有变化。这是物理常识，是自然。所以，在工作中，一旦停止新的追求，就失败了。做人搞学问都一样，逆水行舟，不进必退。服务质量尤其如此，培训效果尤其如此，市场开拓、抢滩、拉客源尤其如此。上经第十一卦讲到的那个营销学调查的结论，也说明了这个问题。很残酷。所以要“苟日新、又日新、日日新”，不满足于眼前的、手头的、脚下的。

人在旅途

于是，有第五十三卦“渐”。渐者进也，是针对前进、进步的管理策略之卦。

出外旅游时，我们总要先订旅馆。道理很简单，是要建立一个前进路上的“营垒”，步步为营，以求稳扎稳打。这个营垒，就是家，是归属，由此，我们能够理解“宾至如归”是怎样一个内涵了。

现实生活中的所有情形，几乎都是大同小异的，每争取一个进步，都会有阻力，所以都有必要考虑到退路。这个退路也是营垒。但要正，亦要相信邪不压正。

因此，又有第五十四卦是“归妹”。

归妹卦不同于家人卦的地方，在于前一个是受伤之后要回家，后一个是进步、取得成就之后要回家。所以，归妹卦又代表着收获，也如结婚一样，是一个收获的结果。有人说，婚姻是人伦的开始，也是人伦的结果。企业经过三年筹建、半年试营业，终于正式挂牌，就是归妹现象。努力有了回报，也是进步的必然。在感觉上，就跟一分一分地攒钱，终于买了一栋房子一样。

再接再厉，就是第五十五卦“丰”。

所谓“得其所归者必大”。丰就是大的意思。盛大、壮大、成长、兴旺、扩展。

正式营业了，客户感到你的服务非常正规了，全体成员都有归属感了，事业自然向上走。不过，这时候，你尤其要居安思危，诚以待人，严于律己，不要自我陶醉，以免于陷入黑暗的窘境。就是说，盛大终有极限，气球吹大了要破碎。再者，盛大者必须有盛大环境的配合，否则就不行了。人人可以坐大班椅，但若在 30 平方米的家里摆一张，就不伦不类了。企业生意很好，是丰卦的现象。另外一家同类型的企业见好便上，也不错，于是，又有第三家同类型的企业出现了。这是这个行业的丰卦的现象。

“丰”的结果是什么？市场分散了，客源不足，竞争日剧。最后可能每家都吃不饱。吃不饱也要吃啊，唯一的办法就是把市场做大，舍此无他。一旦做不大，比如，炉子只有五寸直径，如何烧出一尺的大饼？

于是，有第五十六卦“旅”。旅，出行之意。

衣服小了，只好脱下它。市场做不大，企业无法在原来的位置上发展了，只好寻找多元化的出路。某家商场经过十余年的发展，人心思上，投资做地产、贸易，组建饭店管理公司，一时间红红火火，言必称生意，几乎忘了主业，战线越拉越长。穷大者必失其居。初衷都是美好的，但征途中就难免世事难料了。终有一天，“旅而无所容”。跑累了，跑不开了，落后了，失败了，受伤了。

给人欢喜

这就有了第五十七卦“巽”。巽，入也。

这是回归的卦，也是挤进去的卦。

以谦逊的人格魅力，收拢人心；以个人的独特眼光，果敢行事，细密周详地安排前因后果。所以，企业的发展在每一步上都应考虑“营垒”的问题，有营垒才有后劲。比如提供一套房子给员工，那么，他被外派别的子公司、孙公司做事时，就会少有后顾之忧。或如你要求某人达到某一经营或管理目标时，应告诉他们这样做的结果，要给他一个说法，这个结果也是“家”，是心理上的“家”。或前边或后边，总得给人一个着落才自然。

能有所归时，皆大欢喜；若无所归时，途穷路末。这一点要认真记住并小心地实践。

因此，有第五十八卦“兑”。

兑跟悦一样，高兴之意。

个人有靠山了，有人欣赏了，企业挤进百强行列了，升级了，自然高兴。高兴归高兴，不可以得意忘形，不可以摆劳苦功高的架子，不可以依靠老资格。一旦有了这种现象，在个人则个人涣散，在集体则集体涣散，这有其必然的理由。抑或出现小人献媚，取悦于人的情况，也在此卦象里，很可怕，它会造成机制的病态。

适可而止

故有第五十九卦“涣”。

涣是离散之意。这当如何是好？

节制。节制，就是管理、控制、领导。做事业经营，开支上要严格，开发人力资源要有热情，要运用科学的方法。如果你没有关注到这点，那么说明你没有管理者（危机处理者）的眼光；你没有把握好，说明你管理的本事还不到家；不能按管理原则办事，就是自由主义。

所以，必须有第六十卦“节”。行动谨慎，顺应自然；忌矫枉过正，由一个极端走向另一个极端。这就是节，不节者，迟早会失败。

节，如何节？如何管理、控制、领导？是为第六十一卦“中孚”。

中孚的回答是“诚信”。孚，就是诚信。它是节制的点睛之笔，也是节制的重要成果和作用。所谓“用人不疑，疑人不用”是也。但诚然有信，在事未免矫枉过正，在人未免呆板固执。这是每个老诚厚道的人都可能有的毛病，有时这是美德，但更多的时候，还是要自省，因为诚信之人亦会因诚信而有信心，有了信心，于是不满足于现状，采取行动。行动，在诚信的个性支配之下，常可能发生过度行为，由此，也会招致麻烦。

做事总会有麻烦，做事越多，麻烦也就越多，因为过失与做事的多少成正比。

但不要怕，第五十二卦小过就讲了这个道理。白璧微瑕，总有些美中不足，只要发现及时，迅速补正，还是大吉大利的。不过，小看“小过”的做法决不可取，有些人就因为小过而摔大跟头。再者，“小过”同时也可能是我们的优势，如为人办事不拘小节，超越常情，亦有终足以成就大事者。

危机必然来临，所以……

成大事的现象，就是第六十三卦“既济”。

换句话说，当一个人的诚信达到了一定高度，修养达到了一定深度（哪怕过了头也不打紧），总会有一些新的机会找上你，总会有一个全新的开始的。这当然也是成功。机会是为那些已做好准备的人所用的！成功归成功，并不意味着事情就此完结，保持持续的成功、成果、成就的路更长更远更久，并且还会不断出现上边各卦的现象，无止无休。盛极必衰，务必警惕；防微杜渐，从我做起；否极泰来，重树信心；坚定信念，勇往直前。

《易经》最后的第六十四卦是“未济”，未济就是未完。

成功的道上，通常是危机四伏的，只看你能否发现它们。在这一卦上，人永远处于未成功的路上。成功可能到来，也可能不来，或令你返回起点，重新再来。做危机处理的人会累也会找到累中的欢乐，诚如这六十四卦所揭示的：天道循环不已，人道无穷无尽。当然，要实实在在地干，只有干，才合乎自然之道，才不负人生。

事业成长的路径，是市场的路径，归根到底，是人的路径。

这是一个永远的未济之路……

附 录

中国旅游饭店行业规范

2002.04.05

第一章 总则

第一条 为了倡导履行诚信准则，保障客人和旅游饭店的合法权益，维护旅游饭店业经营管理的正常秩序，促进中国旅游饭店业的健康发展，中国旅游饭店业协会依据国家有关法律、法规，特制定《中国旅游饭店行业规范》(以下简称为《规范》)。

第二条 旅游饭店包括在中国境内开办的各种经济性质的饭店,含宾馆、饭店、度假村等(以下简称为饭店)。

第三条 饭店应当遵守国家的有关法律、法规和规章，遵守社会道德规范，诚信经营，维护中国旅游饭店行业的声誉。

第二章 预订、登记、入住

第四条 饭店应与客人共同履行住宿合同，因不可抗力不能履行双方住宿合同的，任何一方均应当及时通知对方。双方另有约定的，按约定处理。

第五条 由于饭店出现超额预订而使客人不能入住的，饭店应当主动替客人安排本地同档次或高于本饭店档次的饭店入住,所产生的有关费用由饭店承担。

第六条 饭店应当同团队、会议、长住客人签订住房合同。合同内容应包括客人进店和离店的时间、房间等级与价格、餐饮价格、付款方式、违约责任等款项。

第七条　饭店在办理客人入住手续时，应当按照国家的有关规定，要求客人出示有效证件，并如实登记。

第八条　以下情况饭店可以不予接待：(一)携带危害饭店安全的物品入店者；(二)从事违法活动者；(三)影响饭店形象者；(四)无支付能力或曾有过逃账记录者；(五)饭店客满；(六)法律、法规规定的其他情况。

第三章　饭店收费

第九条　饭店应当将房价表置于总服务台显著位置，供客人参考。饭店如给予客人房价折扣，应当书面约定。

第十条　饭店客房收费以"间/夜"为计算单位(钟点房除外)。按客人住一"间/夜"，计收一天房费；次日12时以后、18时以前办理退房手续者，饭店可以加收半天房费；次日18时以后退房者，饭店可以加收一天房费。

第十一条　根据国家规定，饭店可以对客房、餐饮、洗衣、电话等服务项目加收服务费，但应当在房价表及有关服务价目单上注明。客人在饭店商场内购物，不应加收服务费。

第四章　保护客人人身和财产安全

第十二条　为了保护客人的人身和财产安全，饭店客房房门应当装置防盗链、门镜、应急疏散图，卫生间内应当采取有效的防滑措施。客房内应当放置服务指南、住宿须知和防火指南。有条件的饭店应当安装客房电子门锁和公共区域安全监控系统。

第十三条　饭店应当确保健身、娱乐等场所设施、设备的完好和安全。对不按使用说明及饭店员工指导进行操作而造成伤害的，饭店不承担责任。

第十四条　对可能损害客人人身和财产安全的场所，饭店应当采取防护、警示措施。警示牌应当中外文对照。

第十五条　饭店应当采取措施，防止客人放置在客房内的财物灭失、毁损。由于饭店的原因造成客人财物灭失、毁损的，饭店应当承担责任。由于客人自己的行为造成损害的，饭店不承担责任。双方均有过错的，应当各自承担相应的责任。

第十六条　饭店应当保护客人的隐私权。饭店员工未经客人许可不得随意进入客人下榻的房间，除日常清扫卫生、维修保养设施设备或者发生火灾等紧急情况外。

第五章　保管客人贵重物品

第十七条　饭店应当在前厅处设置有双锁的客人贵重物品保险箱。贵重物品保险箱的位置应当安全、方便、隐蔽，能够保护客人的隐私。饭店应当按照规定的时限免费提供住店客人贵重物品的保管服务。

第十八条　饭店应当对住店客人贵重物品的保管服务做出书面规定，并在客人办理入住登记时予以提示。违反第十七条和本条规定，造成客人贵重物品灭失的，饭店应当承担赔偿责任。

第十九条　客人寄存贵重物品时，饭店应当要求客人填写贵重物品寄存单，并办理有关手续。

第二十条　客房内设置的保险箱仅为客人提供存放一般物品之用。对没有按规定存放在饭店前厅贵重物品保险箱内而在客房里灭失、毁损的客人的贵重物品，如果责任在饭店一方，可视为一般物品予以赔偿。

第二十一条　如无事先约定，在客人结账退房离开饭店以后，饭店可以将客人寄存在贵重物品保险箱内的物品取出，并按照有关规定处理。饭店应当将此条规定在客人贵重物品寄存单上明示。

第二十二条　客人如果遗失饭店贵重物品保险箱的钥匙，除赔偿锁匙成本费用外，饭店还可以要求客人承担维修保险箱的费用。

第六章　保管客人一般物品

第二十三条　饭店保管客人寄存在行李寄存处的行李物品时，应当检查其包装是否完好、安全，询问有无违禁物品，并经双方当面确认后签发给客人行李寄存牌。

第二十四条　客人在餐饮、康乐、前厅行李处等场所寄存物品时，饭店应当当面询问客人物品中有无贵重物品。客人寄存的行李中如有贵重物品的，应当向饭店声明，由饭店员工验收并交饭店贵重物品保管处免费保管；客人事先未声明或不同意核实而造成物品灭失、毁损的，如果责任在饭店一方，饭店按照一般物品予以赔偿；客人对寄存物品没有提出需要采取特殊保管措施的，因为物品自身的原因造成毁损或损耗的，饭店不承担赔偿责任；由于客人没有事先说明寄存物的情况，造成饭店损失的，除饭店知道或者应当知道而没有采取补救措施的以外，饭店可以要求客人承担其所受损的赔偿责任。

第七章 洗衣服务

第二十五条 客人送洗衣物，饭店应当要求客人在洗衣单上注明洗涤种类及要求，并应当检查衣物状况有无破损。客人如有特殊要求或者饭店员工发现衣物破损的，双方应当事先确认并在洗衣单上注明。

客人事先没有提出特殊要求，饭店按照常规进行洗涤，造成衣物损坏的，饭店不承担赔偿责任。客人的衣物在洗涤后即时发现破损等问题，而饭店无法证明该衣物是在洗涤以前破损的，饭店承担相应责任。

第二十六条 饭店应当在洗衣单上注明，要求客人将衣物内的物品取出。对洗涤后客人衣物内物品的灭失，饭店不承担责任。

第八章 停车场管理

第二十七条 饭店应当保护停车场内饭店客人的车辆安全。由于保管不善，造成车辆灭失或者毁损的，饭店承担相应责任，但因为客人自身的原因造成车辆灭失或者毁损的除外。双方均有过错的，应当各自承担相应的责任。

第二十八条 饭店应当提示客人保管好放置在汽车内的物品。对汽车内放置的物品的灭失，饭店不承担责任。

第九章 其他

第二十九条 饭店可以谢绝客人自带酒水和食品进入餐厅、酒吧、舞厅等场所享用，但应当将谢绝的告示设置于有关场所的显著位置。

第三十条 饭店有义务提醒客人在客房内遵守国家有关规定，不得私留他人住宿或者擅自将客房转让给他人使用及改变使用用途。对违反规定造成饭店损失的，饭店可以要求下榻该房间的客人承担相应的赔偿责任。

第三十一条 饭店可以口头提示或书面通知客人不得自行对客房进行改造、装饰。未经饭店同意进行改造、装饰并因此造成损失的，饭店可以要求客人承担相应的赔偿责任。

第三十二条 饭店有义务提示客人爱护饭店的财物。由于客人的原因造成损坏的，饭店可以要求客人承担赔偿责任。由于客人原因维修受损设施设备期间导致客房不能出租、场所不能开放而发生的营业损失，饭店可视其情况要求客人承担责任。

第三十三条 对饮酒过量的客人，饭店应恰当、及时地劝阻，防止客人在店内醉酒。客人醉酒后在饭店内肇事造成损失的，饭店可以要求肇事者承担相应的赔偿责任。

第三十四条　客人结账离店后，如有物品遗留在客房内，饭店应当设法同客人取得联系，将物品归还或寄还给客人，或替客人保管，所产生的费用由客人承担。三个月后仍无人认领的，饭店可进行登记造册，按拾遗物品处理。

第三十五条　饭店应当提供与本饭店档次相符的产品与服务。如果存在瑕疵，饭店应当采取措施及时加以改进。由于饭店的原因而给客人造成损失的，饭店应当根据损失程度向客人赔礼道歉，或给予相应的赔偿。

第十章　处理

第三十六条　会员饭店违反本《规范》，造成不良后果和影响的，除按照有关规定进行处理外，中国旅游饭店业协会将给予内部通报批评。

第三十七条　会员饭店违反本《规范》，给客人的人身造成较大伤害或者给客人的财产造成严重损失且情节严重的，除按规定进行赔偿外，中国旅游饭店业协会将给予公开批评。

第三十八条　会员饭店违反本《规范》，给客人人身造成重大伤害或者给客人的财产造成重大损失且情节特别严重的，除按规定进行赔偿外，经中国旅游饭店业协会常务理事会通过，将对该会员饭店予以除名。

第十一章　附则

第三十九条　饭店公共场所的安全疏散标志等应符合国家的规定。饭店的图形符号应符合中华人民共和国旅游行业标准 LB/T001—1995 旅游饭店公共信息图形符号。

第四十条　会员饭店如果同客人发生纠纷应参照本《规范》有关条款协商解决；协商不成的，双方按照国家有关法律、法规和规定处理。

第四十一条　本《规范》适用于中国旅游饭店业协会会员饭店。尚未加入中国旅游饭店业协会的旅游饭店可参照本《规范》执行。